Budget Theory
in the Public Sector

马 骏 牛美丽 主编

公 共 预 算 经 典 与 前 沿 译 丛

公共部门预算理论

[美] 阿曼·卡恩　W.巴特利·希尔德雷思　编

韦曙林　译

格致出版社　上海人民出版社

图书在版编目（CIP）数据

公共部门预算理论/（美）卡恩，（美）希尔德雷思
编;韦曙林译. —上海:格致出版社:上海人民出版社,
2010.2
（公共预算经典与前沿译丛／马骏,牛美丽主编）
书名原文：Budget Theory in the Public Sector
ISBN 978 – 7 – 5432 – 1710 – 2

Ⅰ.公...　Ⅱ.①卡...②希...③韦...　Ⅲ.国家预算
Ⅳ.F810.3

中国版本图书馆 CIP 数据核字（2009）第 227197 号

责任编辑　　田　青
美术编辑　　路　静

公共预算经典与前沿译丛

公共部门预算理论

[美]阿曼·卡恩　W.巴特利·希尔德雷思 编
韦曙林 译

出　　版　世纪出版集团　格 致 出 版 社
　　　　　www.ewen.cc　www.hibooks.cn
　　　　　　　　　　　上海人民出版社

（200001　上海福建中路193号24层）

编辑部热线 021 – 63914988
市场部热线 021 – 63914081

发　　行　世纪出版集团发行中心
印　　刷　上海书刊印刷有限公司
开　　本　635×965毫米　1/16
印　　张　22
插　　页　2
字　　数　292,000
版　　次　2010 年 1 月第 1 版
印　　次　2010 年 1 月第 1 次印刷
ISBN 978 – 7 – 5432 – 1710 – 2/F·240
定　　价　42.00 元

译 丛 总 序

　　从表面上看，公共预算是政府关于未来某个时期（例如一年）的收支测算，是一个技术问题，或者是一个让人乏味的会计问题。然而，仅仅这样理解预算问题就难免失之肤浅。从根本上看，公共预算的本质是政治，是一个国家极其重大的政治问题。收支测算背后反映的是政府在未来某个时期内的活动选择以及相应的成本估算，是政府的政策选择以及相应的政策成本。一个完整的政府预算报告能够向每个公民提供这样的信息：政府在未来一年或者更长的时期内准备做什么事情，这些事情分别要花多少钱。更进一步地，一个完整的政府预算报告可以告诉我们，谁从政府这里得到了政府能够提供的好处，谁又承担了成本。而这正是最大的政治问题。总而言之，公共预算是关乎国家治理的大事，是国家治理的核心。毫不夸张地说，一个国家的治理能力是高还是低，在很大程度上取决于国家的预算能力。

　　一个没有预算的政府是"看不见的政府"，而一个"看不见的政府"不可能是负责的政府。如果政府没有预算，或者预算不向社会公开，我们就无从知道政府在做什么，它做的事情是不是政府该做的，是不是大多数公民希望它做的，也无从知道政府花了多少公共资金去做这些事情，是不是该花这么多钱去做这些事情，我们更无从知晓政府活动的绩效。在这种情况下，我们根本无从知道政府是不是对我们负责，更无法保证它是对我们负责的。反之，如果政府预算能够反映政府的全面活动以及相应的活动成本，能够反映政府支出或活动的绩效，而且这样的预算是向社会公开的，那么，我们就有望建立起一个真正负责的政府。

这样理解的公共预算显然不是一个技术问题，也不仅仅是一个管理问题，而是一个国家的治理问题，是一个政治问题，尽管公共预算同样关心各种技术问题和管理问题。然而，国内的现状是，公共预算主要是财政学家在研究，政治学家和公共行政学家基本上不涉及预算问题。这不仅严重制约了中国政治学和公共行政学的发展与深入，也严重制约了中国的公共预算研究，更影响了我们对预算改革的理解与设计。有鉴于此，我们策划了这套译丛。本译丛有三个特点：

- 本译丛纳入的全部都是国外政治学家和公共行政学家撰写或

编辑的著作。实际上，在国外，公共预算一直是政治学和公共行政学的重要研究领域，公共预算专家也主要是政治学家和公共行政学家。

• 本译丛是学术取向的，纳入的全部都是学术研究作品。

• 本译丛既包括公共预算研究中的一些经典著作，也包括一些前沿探索。

我们真诚希望这套译丛有助于推动中国政治学和公共行政学尽快开展公共预算研究，也希望它有助于中国公共财政学深化公共预算研究。在翻译的过程中，我们既得到了国内政治学和公共行政学同行的热忱支持，也得到了公共财政学同行的鼎力相助。实际上，我们的译者都是来自这三个互相联系的学科。他们都是我们的志同道合者，是我们必须表示衷心感谢的朋友。

译丛的编辑出版需要感谢多方面的支持与帮助。香港中文大学王绍光教授悉心指点了本译丛的设计，并热忱地帮我们挑选了其中的一些作品。上海世纪出版股份有限公司格致出版社的何元龙社长对学术出版的支持，也给我们留下了深刻的印象。2006 年 5 月，何元龙社长专程来到中山大学，在行政管理研究中心的会晤中，我们当即达成了出版这套译丛的计划。上海世纪出版股份有限公司格致出版社的麻俊生先生在落实译丛出版中付出了大量的心血。中山大学行政管理研究中心的熊美娟女士也在沟通协调中做了很多细致而辛勤的工作。本译丛的出版获得了教育部人文社科重点研究基地中山大学行政管理研究中心重大项目"国外公共行政学理论前沿"的支持。在此，一并表示感谢。

马　骏　牛美丽

2008 年 8 月于中山大学行政管理研究中心

前　言

　　作为一个研究领域的公共预算，近年来在形式和内容上都取得了巨大的进展。随着这一进展，为了便于人们了解这一研究领域，产生了建立相应理论及理论体系，定义其基本核心以引领其发展，以及界定处理现实问题范围的需求。早在 1940 年，V. O. 科伊在撰写著名的《预算理论的缺陷》一文时，就认识到了这一点。科伊提出，关于公共预算尚未形成自身理论以供微观经济解决问题，是一个提高政府配置效率的问题。为增进社会福利功能，引导经济学家在帕累托原理更广泛的计划中不断探索，科伊基于同样理由建立了自己的理论。

　　在同一领域里，凡尔纳·刘易斯（Verne Lewis, 1952）尝试解释传统微观经济理论，特别是边际效用概念是怎样决定商品或服务的相关价值，来证明资源配置的总和能增进社会福利。以阿瑟·史密斯（Arthur Smithies, 1955）为代表的其他经济学家所作出的尝试与主流福利经济学家并无太大差别。然而，正如维尔达夫斯基（Wildavsky, 1961）所提醒的，预算不只是在项目 X 和 Y 之间分配稀缺资源，而且是在政治市场通过预算分配的渐进调节所导致的和解来满足社会的冲突需求。不仅如此，正如莫歇尔（Mosher，1954）所指出的，预算是官僚行为和行政能力的测量器。而其他人则认为，与其建立单独的预算理论，不如通过系列理论来解决预算正在提出的单个独特问题更有效（Schick，1988）。

具有讽刺性的是，在科伊的著作发表 60 多年后，理论家们仍然在市政厅、县法院、学区总部、州议会大厦以及独立政府首都的权力大厅上，继续模仿探求预算解释的行为。或许这些缺乏一致性的解释源于预算领域自身的特性。公共预算是折中主义者，它是多维的。正如阿尔伯特·海德（Albert Hyde）指出的：“在庞大而复杂的形式中，预算同时记录政策成果、指明政策重点以及规划目标和目的，描绘政府的总体服务成就，并测量其绩效、影响和整体效果”（Hyde，1992：1）。按照海德的说法，预算是政治、经济、会计和行政管理的组合。作为政治问题，预算在多元冲突和竞争利益中分配社会稀缺资源；作为经济和财政问题，预算是评估管辖区的收入再分配、刺激经济增长和发展、促进充分就业、抑制通货膨胀和保持经济稳定的首要工具；作为会计问题，预算提供了政府开支的上限，使其在法律约束的可分配资金范围内活动；最后，作为管理和行政问题，预算详细说明了提供公共服务的途径和方法，确立其监督、测量和评价标准。公共预算扮演的这些看似分歧的角色，使我们对用单一理论将所有要素捆绑进一个相关主题所面临的困难，有了更全面的认识。

然而，从实践观点看，缺乏内在凝聚力既是不足也是优势所在。预算领域缺乏专门框架会面临被击败的危险，因为人们对这个领域观点的数量和差异感到困惑。纯粹的数字可能会被击败一部分，却也可以作为其优势。因为这一方面是数量、另一方面是探究的差异之间的竞争，这将形成并最终有助于发展综合预算理论，充分体现预算领域的折中主义者本质，并有足够能力提供一个研究它的共同基础。但在这一天到来之前，公共预算仍将是一个折中主义者的领域，被多元并且有时是相互竞争的理论所主导。这本书就是这种差异的一个反映。

本书第 1 章是兰斯·T. 勒娄普（Lance T. LeLoup）的《新世纪的预算理论》，介绍了预算特别是国家预算领域。他追溯预算理论的历史，从渐进主义（20 世纪 50 年代和 60 年代，以部门和总统权力为特征），通过过渡阶段（20 世纪 70 年代到 90 年代早期，以经济困难时期立法和行政部门的冲突为特征），进入当前的时期。20 世纪 90 年代中期以来的时期，被称为"新兴的新典范"，显示出在财政盈余的环境下，同等权利部门制定战术性动态决策的特征。勒娄普考察每一时代依据的预算维度，包括：预算的政治经济环境；政策中心；预算的性质和范围；预算过程的特征；关键因素；预算改革；立法与行政的关系。正如其余章节所证实的，预算的这些维度是公共预算理论的中心。

在第 2 章，朱丽亚·白柯特（Julia Beckett）回到 V. O. 科伊 1940 年关于预算理论缺陷的经典论文中，发现了一个被长期忽略的参考文献。在《早期预算理论：公共支出的进步改革理论》中，她查验了科伊对梅布尔·沃克（Mabel Walker 1930）年《地方性支出》一书的引用。这是很重要的，因为沃克的论著要早于科伊的论著和赫伯特·西蒙在芝加哥的绩效评估研究。沃克的论著包含了对分配的标准或比例的研究。对基于边际效用的积极预算理论来说，这种导向比较支出测量的方法仍是困扰我们的问题。沃克同样预言了我们现在面临的问题。此外，沃克的论著是通过支出研究实现组织认知的早期缔造者。

公共预算必须详细研究行政—立法关系的复杂性。托马斯·P. 劳斯（Thomas P. Lauth）的《分权原则和预算决策》采用了 6 个法院案例——2 个来自美国最高法院，4 个来自州法院——来检测行政与立法关于预算争议的司法解释。他明确引用这些内容作为分权预算基本原则的实例。

在《非常规预算：诠释预算和预算的诠释》中，杰拉尔德·J. 米勒（Gerald J. Miller）回到了全面的核心原则。他关注"超级预算"这种建议，作为适应政策执行者开拓及界定成套新预算项目，以维护、控制这个特殊领域的日益增长倾向的方式。他呼吁建立调节预算来适应这一模式。他检验预算控制的标准，不仅包括经济或政治因素，而且包括人类的解释。

参与预算过程的个人角色和定位会影响决策。凯瑟琳·G. 威洛比（Katherine G. Willoughby）的《预算的多理性模型：预算办公室的导向和分析家的角色》，关注于美国南部 5 个州中行政预算分析员角色的政策、管理和控制视角。她的研究还突出了行政预算办公室与地方长官和支出部门之间关系的差异。

约翰·弗雷斯特（John Forrester）在《委托—代理模型和预算理论》中，研究了预算参与者的行为。这一章探讨了"评估关系的成熟理论框架"，即委托—代理经济理论。它关注信息（交换）。在一个委托—代理的有效合同中，信息是至关重要的。所以这一章考察了预算涉及的谁控制信息——立法机关、部门或是"铁三角"——的问题。它与信息交换的控制管理要求的组织观点有着密切关系。

公共组织丰富的信息环境，给 L. R. 琼斯（L. R. Jones）和弗雷德·汤普森（Fred Thompson）在《责任预算和会计改革》中做出了一个地方分权（或远程控制）管理的案例。这一章将组织经济学（委托—代理的契约理论）与管理会计原理结合在一起。

尽管杰拉西莫斯·A. 加纳基斯（Gerasimos A. Gianakis）和克利福德·P. 麦克丘（Clifford P. McCue）在《适合公共管理和公共

管理者的预算理论》中，并没有设置一个理论，但他们为预算提供了一个以组织、特别是地方政府为基础的分析方法。他们明确"紧密联系""资源配置过程"这个中心，"区分"出"公共组织"的特性——这就是他们所认为的从私人管理理论中分离出的公共管理。他们注意到，一个（地方）公共组织的底线是改进经济基础。

默尔·哈克巴特（Merl Hackbart）和詹姆斯·R. 拉姆齐（James R. Ramsey）在《公共部门预算理论：经济学的视角》中，回到马斯格雷夫（Musgrave）的公共支出理论的三种功能分类。他们这样做，是要重申下面这一中心问题：即项目为什么会被纳入预算，以及哪一级政府应承担责任。

在《作为一种投资组合的预算》中，阿曼·卡恩（Aman Khan）将预算看作是一种投资组合，对预算理论提出了一个管理视角。卡恩的观点基于一个简单的假定，即政府的预算要求与私人部门财务经理按常规原则处理投资组合是非常相似的。从他们的观点看，投资组合必须是有效率的才是可接受的。并非所有投资组合都是有效率的，只有一部分是有效率的。这取决于它们给决策者带来的风险和回报。同样，政府预算经理面临的问题，是如何在一系列有效投资组合中选出最有可能或最佳投资组合。该理论认为，在选择最佳投资组合时，政府预算经理的行为方式与私人企业和商业中的经理是一样的，也就是说，他们会在风险回报投资组合中选择效用最大化的组合。

预算出现在政策议程环境里。研究指出，政策议程环境已经转入不稳定期或非常态时期。米根·M. 乔丹（Meagan M. Jordan）在《间断平衡：基于议程的预算理论》中探讨了这一概念。预算通常反映频繁而小的渐进变化，但是会出现罕见而大的政策变动。乔丹检验议程性质在面对预算时所发生的变化，以及从这个观点看研究所面临的挑战。

预算由下级部门执行。玛西娅·林恩·威克尔（Marcia Lynn Whicker）和莫昌焕（Changhwan Mo）在《部门任务对部门预算策略的影响：一个演绎推论》中，使用一系列精心设计的分类筛选，来描述为完成部门任务而采取的部门预算策略。

长期以来，预算一直关注产出、经济和效率，但很少关注结果和效能。在《结果预算》中，劳伦斯·L. 马丁（Lawrence L. Martin）为思考结果预算，提供了一个参考性概念框架——不是作为新概念，而是作为预算理性方法的一个革新步骤。

在最后一章《哲学、公共预算和信息时代》中，托马斯·D. 林奇（Thomas D. Lynch）和辛西娅·E. 林奇（Cynthia E. Lynch）建议，研究预算者应该透过政治哲学来理解其经验性工作是什么。跨过政治哲学的晦涩地带，从伯克到边沁，从斯图亚特·密尔到林德布洛姆，从奈斯比特（Naisbett）到瑞奇（Reich），学者们一如既往地从理性批判和渐进预算到企业家预算进行争论。他们争论的关键在改变：预算是如何变化的，这些变化的哲学根基是什么，作为专业人士，我们必须怎样接受这些变化以对它做出反应，并利用它带来的机遇？

这本书的每一个章节以其自身方式告诉我们，经过多年的跋涉，我们到达了哪里。它们还告诉我们，我们还需要跋涉多远。沿着这条愈加宽阔的漫漫长路，我们将上下而求索。

致 谢

　　我们非常感激许多人在百忙之中，拨冗阅读本书的各个章节。特别要感谢芝加哥伊利诺伊州立大学的 John Wanat 教授；印第安纳大学的 John Mikesell 教授；马里兰大学 Park 学院的 Irwin Morris 教授；伊利诺伊州立大学师范学院的 Jyl Josephson 教授；克莱姆森大学的 Robert T. Smith 教授；南卡罗来纳大学的 James W. Douglas 教授；得克萨斯理工大学的 Carolina Clarke Cochran, Charles Fox, Brian Gerber, Brain Collins 教授 ；以及政府会计标准委员会 (GASB) 的 Terry K. Patton 博士。此外，还有许多人为阅读、评论本书付出了大量的心血，并对许多章节提出了宝贵建议。在此，我们对他们中的每一个人表示衷心的感谢。

目 录

第 *1* 章

新世纪的预算理论

兰斯·T. 勒娄普

在 20 世纪最后 1/3 的时间里，美国的国家预算理论发生了巨大变化。随着卫生保健和社会事业成本的膨胀以及财政赤字的增加，政治家试图采用长期的宏观预算战略来控制财政平衡。从 20 世纪 60 年代的预期增长转变为 80 年代到 90 年代的限制和削减管理，预算环境发生了显著改变。随着环境变化，行政部门策略和预算行为模式也发生了变化。预算权从行政官员和国会委员会成员手中，上交到总统和高级顾问、参众两院少数政党领导人手中。然而，随着政府部门间冲突的加剧，总统预算变得更像是谈判中的投标，而非权威性的政策声明。由于财政赤字引起的严格限制，预算成为治理过程的中心。伴随着政党之间在民意测验中争取选票和支持的斗争，预算变得不那么封闭和内向，代之以更公开的公民表决。在赤字消失和预算盈余记录被刷新的情况下，国家预算的原动力在新千年里会发生什么变化呢？

正如芬诺（Fenno，1965）和维尔达夫斯基（Wildavsky，1964）所描述的，第二次世界大战后，微观预算——从低层到中层的决策，通常是自下而上对行政部门、计划和项目做出的——以稳定和可预测的预算过程为特征。宏观预算——高层决策，通常是自上而下对支出、收入和赤字总额及相对预算份额做出的——因历史上长期庞大的赤字而逐渐盛行。许多工业化国家适应宏观预算的迹象表明，这些预算发展也在世界各地进行（Schick，1986）。过去 10 年里，民主国家的确存在同样的趋势。欧盟成员国的货币联盟和未来成员的进入标准都要求严格控制赤字。在 20 世纪，对宏观预算的强调改变了美国和世界各地的预算。但在 21 世纪又可能会发生什么呢？

21 世纪初期的今天，与 20 世纪 80、90 年代相比，全世界的赤字状况得到极大改善。随着美国经济的空前扩张，前景变得光明。今天，尽管遭遇了 2001 年 9 月的恐怖袭击大灾难及其造成的经济后果，但美国在可预见的未来仍将面对预算盈余的前景。国家预算的寓意是什么？在过去 30 年引人注目的变革后，会出现一个新的预算范式吗？为回答这个问题，我们将回顾预算的三个时期：前两个时期已经经历过了，而另一个时期正在形成。

第一个时期是从二战后到 20 世纪 70 年代早期，其特征是"渐进主义"占统治地位。这个时期强调稳定和增长，聚焦于自下而上作为政府制定公共政策的宽泛解释的微观预算。第二个时期贯穿了 20 世纪 70 - 90 年代，为回应长期赤字而转向以宏观预算为特征，但并不意味着出现了单一理论来取代渐进主义。美国这个时代制度变化的主要标志，包括《国会预算和截留控制法案》（1974）、《Gramm-Rudman-Hollings 平衡预算和紧急赤字削减法案》（1985）、《预算执行法案》（1990）——包含预付费要求和可自由支配的个人开支上限——以及《平衡预算法案》（1997）。第三个时期刚刚出现。其分析试图描述和解释最新预算趋势，勾勒出 21 世纪新预算范式的形象。

为此，需要检验如下的预算维度：

- 行政和立法部门的关键行动者
- 立法—行政预算权力的平衡、准则程序和预算过程
- 改变预算标准和价值
- 预算政策制定的范围和主要政策重点
- 预算改革的本质和结果

此外，对以下几个关键问题的分析，有助于界定新预算范式的外部特征：

如果盈余继续，预算行为和准则应怎样调整？政策制定者能否比高赤字时期更好地平衡微观预算和宏观预算呢？行政部门和拨款者能否再次获得一些在赤字斗争中失掉的特权？

国会和总统预算权力的平衡和预算特权的设置调整将发生怎样的变化？21世纪的预算会不会以强有力的国会拥有挑战总统及平等磋商的权力为特征？或者，总统的权力将重新主张：总统预算将重获以前的权威政策声明的某些地位吗？

预算是否继续远离20世纪50—60年代的封闭、常规化、内部人控制的过程，朝着20世纪80—90年代更公开、政治化的过程？以民意竞争为特征的公民投票表决的预算还将继续是部门竞争和界定预算成功的核心因素吗？

在盈余时期，预算能否像20世纪80—90年代那样仍是重要的管理方法？抑或预算重新远离国家的重要政策斗争？政策决议将继续广泛地监督预算的长期结果到何种程度？

行政部门——已经不得不自我引导走向管理削减、私有化、解除管制、重组政府部门——将重新回到进一步增长和扩张的方向吗？国家预算将怎样实现在开创新社会计划和债务削减、减税、授权控制间平衡呢？

哪种类型的改革最可能出现新的预算范式？例如，计划项目预算（PPB）、目标管理（MOB）、零基预算（ZBB）或如两年一次更深入的程序改革，改革是否会偏离宏观预算、赤字削减导向（如Gramm-Rudman-Hollings法案）而回到更"理性"的预算改革呢？

渐进主义：旧的预算范式

艾伦·维尔达夫斯基在1964年写道："预算并不复杂，它是渐进的。明智的行政部门预算，是从它不再积极地评论每个年度的预算开始……而是基于去年的预算并对少量的增加或减少给予关注"（Wildavsky，1964：15）。维尔达夫斯基的著作经过理查德·芬诺（Richard Fenno）关于国会和拨款的研究，充实为一个强大的范式。它不仅适用于预算，而且适用于政府政策制定。查尔斯·E. 林德布洛姆（Charles E. Lindblom，1959）的"胡乱应付过去"的理念，构成了渐进主义预算理论的牢固基础。其理论获得了戴维斯、邓普斯特和维尔达夫斯基（1966）基于联邦机构 1946—1963 年衰退模型的经验数据支持。美国的预算过程被描述为稳定可预测的。行政部门充当拥护、保护预算基础以及要求在前一年基础上小幅增加（"渐进"）的角色。拨款小组委员会则扮演在行政部门所要求的预算基础上作少量减少的监护人角色。这两条简单的决策原则总结了预算的过程和结果。它揭示了预算过程显著的规律性（Davis，Dempster and Wildavsky，1966：509）。每年平均增长 5％到 10％，可以被看作渐进主义的证实。衰退模型宣称能解释多达 99％的预算变化。

渐进主义似乎符合对一个范式的检验。它包含广泛的理论框架，可以详细说明相关的研究问题（Kuhn，1970）。被引入经验模型的其他变量，如政治和经济因素，对结果的影响较小（Davis，Dempster and Wildavsky，1974）。渐进主义可以扩张到政府其他层级以及国外。研究发现，渐进主义在城市、州、学校、其他国家、联合国、世界卫生组织和国际劳工组织中都有应用（Anton，1966；Crecine，1967；Gerwin，1969；Cowart et al.，1975；Hoole et al.，1976）。它在美国公共管理、公共政策和政府学教科书中占据着支配地位。然而，到 20 世纪 70 年代末期，渐进主义开始被攻击，被认为不能充分解释预算的迅速变化。

渐进主义是反映那个时代预算环境的理论。在一个经济稳定扩张的时期，政府能够通过扩张即"预算增长"来吸收增长的财政收入（Schick，1990）。这反映在行政部门的战略及对渐进扩张的强调。虽然预算是以总统为中心，行政部门的预算是拨款过程的权威政策声明，但其重点仍在行政部门和拨款委员会。预算是一个被行政部门和国会的知情人支配的封闭的过程。管理和预算办公室（Office of Management and Budget，OMB）被认为是预算过程的严格监护人，主要工作是预算主考者以及提供"中立能力"（Heclo，1975）。很多改革者不喜欢渐进主义的理论基础。发生在这个时期的改革主要是为了使预算更加信息化和合理化。计划项目预算（PPB）、目标管理（MBO）或零基预算（ZBB）都是对改进行政部门的政策制定起导向作用的。即使这样，预算的范围仍是有限的，并且和政府的大部分政策制定相分离。

即使在特定的时期和环境下，渐进主义作为一个全面预算理论也存在许多问题（LeLoup，1978）。首先，它混淆了相互调整和预算结果的谈判过程。贝利和奥康诺（Bailey and O'Cornor，1975：66）断定，"当渐进主义被界定为商谈时，我们就知道非渐进预算过程缺乏经验案例"。即使从渐进主义者承认的数据来观察，也显示行政部门预算结果的变化远远大于5％—10％的范围。研究表明，在预算过程的总统预算中使用请求是实际行政部门拙劣的行为方式（LeLoup and Moreland，1978）。在方法学上也存在问题，其证据包括 R 高平方值被证明是没有控制数据共线性的结果（Wanat，1974）。

渐进主义建立在一系列分析选择上，这严重限制了其理论的适用性，使它不适合解释 20 世纪 70—80 年代预算变化的类型。渐进主义是专注于部分而非整体的微观预算理论，将预算界定为基于年度基础自下而上地进行边际调整从而实现评估的过程，未考虑到宏观预算自上而下形成预算的企图。渐进主义从行政机构而非功能或更广泛的集合体来考虑预算。它只考虑到年度而非更长时期的变化。它没有区分自由决定的开支和其他强制开支的区别。拨定账外的预算总额、收入、赤字或盈余和其他预算措施被忽略了。渐进主义是一个同义反复，因为今年的预算和去年的看上去很像总是真实的。此外，渐进主义作为一个范式被瓦解了，因为它已不能解释实际的预算发生了什么。在渐进主义衰落后出现的过渡时期，一些新的概念、方法和思想被用来解释预算实践中发生的深刻变化。

预算的过渡及改革

预算的环境及构成的变化

政治经济环境的变化和联邦预算构成的转变，是美国预算改革的驱动力之一。1970 年以前，战后时期经济的稳定增长允许国内和国防开支随之增长。经济问题出现端倪，在越南战争后进一步恶化，加上 20 世纪 70 年代的滞胀——高通货膨胀率和高失业率并存——这违背了凯恩斯主义的传统逻辑。尼克松总统对工资和物价进行控制以阻止通货膨胀，但其整体影响却被延迟了。美国经济在 1974 年遭受了 OPEC 石油禁运的重击。阿拉伯世界石油生产者的这种行为造成了所有经济部门价格的增长。随后在整个 70 年代的剩余时间里，经济问题持续不断，折磨着福特和卡特总统。这对政治环境也有明显的冲击，导致公众悲观情绪增加，怀疑政府效率，政府信任度下滑。福特和卡特都在他们的总统连任选举中失败。

伴随着预算的经济政治环境的变化，联邦预算的构成也发生了重要变化。应享权益支出（entitlement spending）迅速从 1970 年的 650 亿美元增加到 1980 年的 2 670 亿美元，增加超过了 400%（CBO，1985）。作为预算的一部分，应享权益支出所占预算的份额从 33% 增加到 1970 年代末的 47%。部分增长是因为通货膨胀，但大部分增长是因为受益自由化和社会计划扩张。几次社会保障金的大幅增加被批准，包括 1970 年增加 15% 和 1972 年增加 20%。这些选举年的红利受到总统和国会的青睐。医疗保险覆盖到残疾人。发给失业者或贫民的食物券在 70 年代增加了 1 000%。巩固了补充保险收入（Supplement security income，SSI），同时，扩张了不符合社会保障条件的个人援助。医疗保险和医疗补助也因保健成本迅速增加而水涨船高，刺激保健提供者鼓励各种服务的过度利用。

一个最重要的变化是，"运用指数的编程程序来修订"许多权利援助（entitlement benefits），特别是社会保障。标定指数——随着消费者价格指数（Consumer Price Index，CPI）而受益——实际上是在 70 年代早期构想出的一种仿效选举年刺激社会保障大幅增长的改革。但是当通货膨胀在 70 年代后期达到两位数的范围时，标定指数驱使应享权益支出以创纪录的速度上升。到 1977 年，社会保障面临不能偿付的状况，随后，大幅增长工资税的建议不得不被采纳。应享权益支出的增长和开支构成变化的一个重要方面，就是这一领域的政策制定与预算过程相分离。大部分确立扩张社会计划的立法，是出自国会常务委员会而非拨款小组委员会。开支的长期结果很少被考虑。直到 70 年代末，大约 36 个计划直接或间接与通货膨胀的指数关联。

预算构成也以其他方式改变了。政府增加提供直接贷款计划或贷款担保，这花费了国库资金。税收支出——花费在免税、排除、扣除和课税扣除——更多地作为惠及选民的有效方式。在这个时期，更多的特别税收优惠被写入税收法令而消耗了有用的税收，并导致赤字增加。所有这些因素导致了联邦预算环境和构成的显著变化。同时，制度上特别是国会也发生了显著的变化。

制度上的变化

在 20 世纪 60 年代后期和 70 年代早期，立法部门和行政部门间的冲突加剧。尼克松总统批评国会挥霍浪费以及无力保持预算平衡。国会则试图通过连续的决议、税收法令、追加拨款以及其他一切可用手段来确定开支上限。作为回应，尼克松使用他的扣留权——拒绝支出法律上已经被国会批准的资金。同时尼克松对预算局（Bureau of the Budget，BOB）进行了改造，改造后的预算局偏离了中立的传统，转而成为总统的政治化政党武器。尼克松的最初目的仅是削弱那些被民主党控制的他所不信任的行政部门。尼克松将预算局

（BOB）重组并入管理和预算办公室（OMB）的议案在 1970 年获得国会批准，这在表面上是更关注管理，实际上则降低了 BOB 对政策制定的影响力。

在这个预算过渡时期，最重要的制度变化是 1974 年实施的预算和扣留控制法案（Budget and Impoundment Control Act）。国会对自己不能全面评价预算和尼克松扣留的灰心，导致其通过了《国会预算法案》（Congressional Budget Act，CBA）。它是在尼克松因水门事件辞职仅仅几个星期之前颁布实施的。《国会预算法案》（CBA）做了大量重要的改革（LeLoup，1980），创造了：

- 国会预算报告详述按功能划分的开支、收入和总数，以及盈余或者赤字的规模。
- 预算委员会草拟一个协调决议来详述国会预算和作为拨款和授权委员会行动的向导。
- 国会预算办公室（Congressional Budget Office，CBO）给国会提供独立的信息来源而非仅仅依靠管理和预算办公室（OMB）。
- 一个完成授权、拨款和采用国会预算的明确时间表，以及把财年开始移到每年的 10 月 1 日。
- 限制拨款程序外的"秘密"开支。
- 严格限制总统扣留资金的权力，允许总统仅能在国会批准的情况下请求废除或延期资金。（McMurtry，1997）

国会预算法案的一个目的，是以宪法赋予的财权名义为国会纠正已察觉到的与总统间权力的不平衡。但直到 20 世纪 80 年代，国会能力扩张到挑战和修改总统的宏观预算优先权时，这个目的才显现出来。更深层的制度与预算环境构成的变化，发生在 80 年代早期。它造成持续的赤字而促使预算进一步改革。

1980 年的选举，为联邦预算的分水岭年打下了根基，对 90 年代后期都有很大影响。罗纳德·里根意外地轻松战胜卡特而成为新总统，共和党 24 年来首次掌控美国参议院。在预算主管大卫·斯托克曼（David Stockman）的领导下，里根政府集中全部精力制定 1981 年的经济发展和预算计划（LeLoup，1982）。计划包括三个主要方面：庞大的全面减税计划、大规模增加国防开支和削减国内开支。随着民主党在众议院中多数优势的丧失，里根总统只需获得大约 30 个民主党人士越过党派界线的支持就能在国会通过其计划。第一个有决定意义的投票是 1984 年 5 月关于预算决议的投票。总统作了一个让人印象深刻的电视演讲，强烈要求公民通过电话号召议员支持计划。随后，国会大厦的接线总机就被民众的电话所淹没。决议最终在国会获得了通过。

民主党对阻止那些具有实质内容的议案在国会的通过充满着信心。但里根政府在方法上进行了创新，决定在预算开始时就采用已濒临废弃的调解程序。这一程序起初设计用在预算过程结束时，对开支清单的预算决定进行调解。这将迫使委员会去答应所要求的削减、取消拨款和不授权某些计划。策略上的成功使大规模的调解议案在 6 月份经过微调后被接受。一个月后，包含 25％的全面减税和许多特别利息税优惠的《经济恢复税收法案》（ERTA）经过更大幅度调整后获得通过。

对 1981 年经济和预算计划的采用，是自上而下史无前例的预算演习。通过尝试在行政部门执行固定议程，政府改变了旧的自下而上的预算过程（Newland，1985）。对国内行政部门而言，这个变化意味着它们的任务减少，同时将被指导实施预算。这样，上诉机会受到很大的限制甚至不存在了。标准政策分析、计划评估和其他数据都被忽略了。管理和预算办公室接替行政部门在国会充当为预算报告辩护的传统角色。当这些变化在几年后变得缓和时，政府部门预算过程已经永久地改变了。以前是封闭的内容，需要政府部门与管理和预算办公室谈判的地方，对总统请求限于少数人阶层，这些都变得更加公众化、更加直率和政治化。利益集团和委托人被利用，泄露给媒体变得更频繁，围绕 OMB 和政府的目标竞选变得更普通。

预算办公室的角色从内部导向行政机构变为外部导向国会。为了使导向国会制度化，斯托克曼建立了一套计算机跟踪体系——集中的预算管理体系（CBMB）——来监督预算过程各阶段的总统请求。随着预算策略越来越高明，预算过程也就一年比一年更易变化了。这些变化反映出国会和总统预算的重点在整体上从微观预算转移到宏观预算上了。这种变化是 1981 年政策的必然结果：持续的赤字将令决策者苦恼近 20 年。

政策的变化：持续赤字的影响

虽然里根在 1981 年获得了胜利，但是预算计划是建立在有缺点的社会计划和"经处理"的数据上。仅仅在预算通过数月后，事实显示：预算并没有达到平衡，年度赤字危险地盘旋上升。1983 财年的赤字超过 2 000 亿美元，这大约是 GDP 的 6.2%，创下了和平时代的赤字纪录。到 1998 财年预算终于平衡时，国家债务已经扩大到超过 4 万亿美元。1980—1990 年代的赤字产生了以下影响：它们产生了严重的政策约束，加剧了党派和部门间的矛盾，导致预算机构和程序的经常修补。

对于总统而言，1981 年错误的预测降低了政府在随后几年的可信度。当共和党在 1982 年的中期选举中失败时，民主党在和白宫的关系中重新赢得了优势。总统预算报告在多数年份被印上了"见光死"（dead on arrival）的标志。总统预算已从权威政策声明转向与国会公开谈判的讨价还价（Schick，1990）。随着国会预算办公室为国会清理形成自己的预算基线，总统的数据对国会的行动已不再是必需的。共和党总统和民主党国会间的冲突加剧了。"僵局"（gridlock）一词越来越多地被用作预算的特征。预算报告一向不能在新的财政年度开始时及时通过，以至需要通过大规模的进一步决议来使计划继续实行。有时，预算僵局不能打破以致政府停工（Meyer，1997）。在法定正常程序外，特殊方法被用来解决预算争论。1983 年，两党人士共同组成委员会，制定了经双方妥协的社会保障紧急融资方案，提供给做出不受欢迎决定的相关者以政治避难。在 1982 年之后 9 年中的 5 年里，举行了某种形式的国会和政府间峰会以打破预算僵局。

《平衡预算及紧急赤字削减法案》（GHR 法案）法案强制赤字削减

国会也对自身的预算过程进行较重要的更改，并在 1985 年实施了激进的赤字削减计划。《平衡预算及紧急赤字削减法案》（经常被称为 G-R-H 法案）设立了五年中一系列的固定目标，以及如果目标不能实现情形下全面的、自动的削减（扣押）（LeLoup et al.，1987）。虽然强制赤字削减是一个新的、有争议的方法，但国会已经对赤字厌烦了，对预算僵局灰心了。法案要求如果在给定的年份，赤字目标没有实现，等量的国防和国内开支将被扣留。此法案有严重的问题，甚至连它的发起者也称之为"其时期已经来临的坏主意"。许多预算并没有进行赤字削减，而仅是把不相称的削减重担放在自由开支上。Gramm-Rudman-Hollings（GRH）法案设想的目标是使国会负责长期赤字削减，但却助长了运用预算花招来达到目的的倾向。仅仅两年后，这些目标就不得不修改；三年后，它们就被全部抛弃了。但是，GRH 法案确实做了几件事。在几十年中，它第一次使国会预算过程产生了有意义的变化，尤其是加强了预算执行。程序上的限制，如限制参议院阻碍议案通过，是历史上最强的程序限制之一。虽然 GRH 法案失败了，但它使增加国会能力来有效应对宏观预算和挑战总统优先权的趋势被延续了。

预算执行法案

赤字从 20 世纪 80—90 年代起一直支配着政策制定。在布什政府时期，特别是在 1990 年，赤字严重制约着政策制定。2 月份，布什总统提交给国会一份符合 GRH 法案要求的 1991 财年预算报告。但仅 6 个月后，因为储蓄和信贷灾难、蹒跚的经济以及评估的技术错误，赤字估计已经 4 倍于预测赤字，最差将达到 3 000 亿美元。预算峰会召开以试图达成史上最大的赤字削减一揽子协议。布什勉强放弃了他在 1998 年大选时的许诺："在我嘴里没有加税"。国会和总统最后达成一致：5 000 亿美元的赤字削减一揽子协议，包括大约等量的增税、国防费削减和国内开支削减。

1990 年的《综合预算调解法案》（Omnibus Budget Reconciliation Act）的部分内容是《预算执行法案》（Budget Enforcement Act，BEA）。它使预算过程发生了几个重要变化。国会为有利于控制开支而放弃了 GRH 法案和固定的赤字目标。BEA 法案建立了一系列拨款上限和量入为出的系统，来保证政策变化不会影响赤字。布什政府期间以其他方面兴趣的增长为标志。在任期的首个预算报告中，布什请求国会批准一个无具体内容的 100 亿美元的赤字削减，并希望国会来确定其具体内容。1990 年，布什同意了来自预算主管达尔曼的大部分预算要点，达尔曼将隐藏的美国政治行动委员会成员类比为小甜饼巨兽，任意花完货币和短期公债托管是独一无二的（OMB，1990）。在独创的妥协达成后，布什事实上在 1990 年把预算职责让给了国会。在 1991 年的海湾战争中，布什采取史无前例的步骤向海湾国家索要了数 10 亿美元的战争费。1993 年连任选举失败后，布什只提交了一份基于最近基线的预算，允许克林顿总统去提出自己的预算报告。

克林顿、共和党国会及平衡预算

克林顿总统或许是因为不断地强调经济而在选举中获胜。但在过渡时期，赤字再一次出现而主宰着政治议程。他惊讶地发现，如果不再次大力削减赤字，到 20 世纪 90 年代末，每年的预算赤字将超过 5 000 亿美元（CBO，1993）。在任期第一年里，他的精力主要用在赤字削减计划。最后他以最小幅度调整取得胜利——副总统戈尔不得不在参议院进行正赛未分胜负时的加赛投票——虽然没有一个共和党人在两院投票。虽然克林顿差点没能使其通过，但这个一揽子计划对赤字产生了引人注目的影响。它使赤字在随后的 8 年里走上了减少的道路。然而，他几乎没有因此得到选民的回报，再加上第二年的医疗改革惨败，民主党在 1994 年的中期选举中灾难性地失败了。共和党 40 年来第一次掌控了参众两院，开创了另一个在预算上部门间冲突的时期。

由国会众议院议长纽特·金里奇领导、共和党控制的第 104 届国会，决定通过一项计划在未来 7 年中平衡预算，即使在削减美国人附加税的情况下，医疗保险这个快速增加的应享权益支出也成了主要削减目标。克林顿以举行新闻发布会的方式开始了处于守势的一年，来使整个国家确信他是没有"离题的"。当预算斗争在 1995年继续时，克林顿和民主党发起了一场反击，控诉共和党试图破坏医疗保险，拨动了公众敏感的神经。但是共和党决定表现强硬，并威胁如果克林顿不接受他们的预算计划就要关闭政府部门。克林顿直率地回应了他们，在两个不同场合把不重要的政府工作人员送回家。民意测试表明，大多数民众责备共和党，国会支持度也骤然下降。因此，共和党期待 1996 年选举后，能拥有自己党派的总统。

事实并非如此。克林顿轻易地获得了连任，共和党也继续掌控参众两院。在这种情况下，双方都意识到他们必须处理好相互关系。1997 年 5 月，克林顿和国会领导人共同发表 2002 年平衡预算的协定声明。在持续的冲突后，这个协定通过了《1997 年平衡预算法案》，并使《1997 年纳税人税务免除法案》得以实施。克林顿是第一个运用单项否决权的总统，使最高法院对原告合法挑战缺乏信誉法律的裁决成为可能。克林顿使用否决权约 80 次，划出了超过 10 亿美元支出或税收优惠（LeLoup et al.，1998）。这一工具最终于 1998 年被最高法院封杀。

在 20 世纪 80—90 年代，赤字和预算支配着被称为国家政治预算的政策制定。预算包括不断增长的许多议题，成为国家中心治理程序而非独立清晰的程序。预算经历了重大改革。高额赤字使人们将重点放在宏观预算和控制预算总量上。由于预算是导向国会,一个更政治化的管理和预算办公室(OMB),除了预算制定和监控外,还担负了一个全新的任务。虽然现在自上而下的预算程度不再如1981—1982年,但政府预算依然较前40年更自上而下。虽然国会预算过程存在问题和不稳定,但国会凭借中央集权建立了优先权。和解机制让国会可以利用多数主义工具去克服过去预算的分裂情形(Gilmour,1990)。预算过程比以往变得更公众化、公开化和利益集团驱动化。许多预算斗争是通过媒体争取选民的支持而非幕后操作。

到2000年,过渡时期似乎快结束了。1998财政年度出现了30年来的第一次盈余。同时2000年财政年度还出现了创纪录的盈余。乔治·W.布什总统任职时财政是盈余的,并且按计划未来几年也是盈余的。他在立法部门最大的优先权,是盈余使他能在第一年获得减税计划。因为有几个民主党议员越过党派而支持他,他成功地从国会得到大部分想要的。但是到2001年8月时,新的预算计划显示,减税和正在变弱的经济将减少联邦预算盈余。尽管1 500亿美元的盈余仍以社会保障资金形式存在,但两党都承诺不去动用这笔盈余。这些重要的变化是将使预算返回赤字时期的模式,还是产生后赤字时代新的预算范式呢?

正在形成的预算新范式

在80年代早期,有人抱怨预算理论不能跟上预算实践的变化(Bozeman and Straussman,1982)。但是,巨大进步的取得在于强调宏观预算,更集中于总统—国会商议,发展了定量模型(涵盖了旧的渐进理论所不包含的收入和预算折衷等观点)等(Kamlet and Mowrey,1987)。只有那些最顽固的渐进主义者仍坚持旧范式(Pitvada and Draper,1984)。但是,这并不是说所有优秀的研究都集中于宏观预算。一些发表的优秀论文表明,在后渐进主义时代的赤字支配时期，行政部门的战略和行为在预算过程中仍然重要（Meyers，1995）。

　　尽管在赤字主导的过渡时期预算发生了许多变化，但所有的变化并不能说明有一个新范式取代了旧范式。可能再也没有一个单一的新理论会像渐进范式那样占有支配地位。但是当赤字时期结束时，一些主要部分在新的预算范式中延续或变化是可行的。下面的分析就是集中于这一点。表 1.1 比较了三个时期的预算范式的一组因素：渐进主义——旧范式时期；赤字主导的过渡时期；形成新范式的时

表 1.1　预算理论的演变

	渐进主义：旧范式	过渡时期：赤字时期	形成的新范式
环境	经济增长，公众支持扩张	经济滞胀，赤字，公众反政府	经济增长，盈余，保守但有建立新计划的压力
政策焦点	经济增长，政府扩张	赤字削减，权利控制，约束自由开支	保持预算平衡，权利，减税，债务削减
预算本质和范围	自下而上，微观层次的，有限的，分离的	自上而下，宏观层次的，综合的管理过程	微观和宏观层次平衡，综合性降低但更具长期性
过程	封闭的，内部人支配的，惯例化的	公开的，公众的，全民投票，即兴的	公众的，公开而手段高明的，更稳定
主要的行政部门参与者	机构，预算监督	总统，白宫职员，预算管理办公室主管	总统，白宫职员，预算管理办公室，机构
行政部门改革	计划项目预算，目标管理预算，零基预算	执行自上而下的预算，中央预算管理系统	私有化，解除管制，重组政府
主要的立法部门参与者	拨款小组委员会	预算委员会，政党领袖	政党领袖平衡授权，拨款和预算委员会
立法部门改革	开支控制，加强拨款管理	BCA，1974；GRH，1985；BEA，1990	权利保护，每两年一次的预算
立法—行政部门间关系	总统为中心	一贯的部门间冲突，非凡的决议	除国家危机时，合作和斗争并存

代。制作这个表是为了突出一些关键点的改变，同时为 21 世纪的预算理论指出一些可能会很重要的因素。

环境及政策焦点

渐进时期是以经济稳定增长以及公众支持政府扩张为特点的。预算建立在期望的增长和政府扩张的基础之上。渐进主义能够解释政府机构的稳定扩张，但不能很好地解释一些政府计划的扩张，例如，医疗保险以及医疗补助制度，这些计划在预算中都有重要作用。不仅经济环境、政治环境，包括罗斯福新政的后续影响，都会导致预算扩张。即使艾森豪威尔总统时期，仍以重要预算结果发起新计划为特征，包括州际公路系统、太空计划以及联邦教育资助计划。

过渡时期的预算环境发生了重大变化，居支配地位的是经济增长缓慢、滞胀和连续赤字。虽然 60 年代的社会自由主义已经消退，但在过渡时期仍有许多人反对政府。这个时期公众的思想是混乱而复杂的。虽然公众笼统地支持低税负和政府削减开支，但是他们继续支持受欢迎的中产阶级权利和其他公共开支。赤字成为推动从微观预算到宏观预算变化的主要驱动力。1981 年后政策的焦点迅速变为赤字削减和权利控制。这些政策在 1997 年平衡预算协议中很大程度地被保留了。

21 世纪预算面临怎样的环境和政策焦点呢？这很大程度上决定于美国经济的持续状况。盈余从 2001 年 3 月的 3 000 亿美元迅速减少到 2001 年 8 月份的 1 500 亿美元（CBO，2001），导致 2003 财年盈余计划的迅速恶化。这是计划对经济和政策很敏感的显著证据。盈余在经历"9·11"恐怖袭击后，因需要数十亿反恐、纽约重建、航空业补助等资金而进一步减少。21 世纪初美国和世界经济的持续低迷，可能会使预算不稳定，盈余迅速转变为赤字。如果计划中的盈余能持续超过 10 年，预算环境将不同于过渡时期。即使在有利的计划下，华盛顿普遍的精神倾向并未显示出像 20 世纪 60 年代的扩张主义，反而感受到在将来减税、扩大教育和反恐等社会计划的压力。

一旦达到预算平衡，就会有因维持平衡而产生的巨大压力。在经济的帮助下，平衡预算规范在 21 世纪初会有良好前景。如果有稳定的盈余，政策的争论点将会集中在债务削减、减税和新的开支计划的竞争上。各个政党都会支持预算平衡和削减赤字的理念。如果经济在低迷时期，利用当前盈余可采取措施阻止庞大的赤字产生。虽然 21 世纪的预算是乐观的，但是权利控制仍然重要。考虑到生育高峰和 1997 年预算协议没有处理好长期的权利增长，因此，在 21 世纪的任何新预算范式中，权利控制仍将是重要的政策焦点。

区分源于社会保障的信托基金盈余与预算的其余资金，将会成为一个持续性的问题。21 世纪初两党不会动用社会保障盈余的许诺，已经和 10 年前老布什没动脑子的"没有新税"誓言一样成为空话。与其保护计划的长期生存能力，不如简单地设置收入的禁入范围，侵犯者要负债收回，这在经济低迷时期也许不是国家最优先考虑的事。克林顿在第二任期内作出了这个誓言。随后乔治·W. 布什和共和党出于政治需要只好与克林顿步伐一致。2001 年美国"9·11"恐怖袭击，暂时结束了在社会保障盈余上的争论。国会和总统毫不犹豫地利用这个盈余去资助 400 亿美元的反恐和重建资金以及另外 150 亿美元的航空业补助。反恐战争的成败以及维持国土安全将对 21 世纪初的第一个 10 年联邦预算产生深刻的冲击。

预算的本质、范围和过程

在旧范式下，政府机构和拨款小组委员会支配预算。随着经济增长放缓、权利迅速扩大以及赤字出现，预算变得更加自上而下地导向宏观控制总收支。这不是说微观预算不存在或不重要，但它必须在由总统和国会高层次协商的宏观预算约束下运作。在新世纪，如果经济继续增长，人们可以期待预算重点从宏观预算返回到微观预算。一些原因使得这种情况不大可能发生，预算肯定无法再回到渐进时期的情形。预算上两党制的存在将产生宏观层次的协商压力。预算构成部分的变化，它对经济的敏感性，长期的赤字经历，已经永远地改变了预算理论。但是，如果盈余持续，预算过程将会把重点放在计划和政策决议上，当然也包括平衡收支总数上。

预算的范围，从渐进时期的较有限的分离过程，变为赤字支配过渡时期的较综合的管理过程。再次强调，预算不会返回到以前了。但是，如果赤字消失，对制定政策的其他因素的约束将不会像过渡时期那样严重。人们已接受预算是一个长期的、多年的过程。它包括大量的联邦政府行为，如授权、税收和开支、信用活动以及非常规开支。但是，由于21世纪初较强大的经济环境，预算过程并不像20世纪80—90年代那样，是居于统治地位的过程。旧的预算过程是一个封闭、由权威人士支配和惯例化的过程。在过渡时期，它迅速变成了一个公开的、政治化的和利益集团渗透的过程。当两部门为赤字斗争时，预算是不稳定的、即兴的和有创新的。就公民投票的本质而言，预算过程可能永远地改变了。大部分的预算争议都是通过争取大多数公众支持而解决的。不幸的是，预算平衡后的经历暗示：由于政党和候选人仅作出姿态，而国会则不断地耍花招，预算真实和诚信度遭到损害。

行政部门参与者和改革

对预算的看法依赖于参与者所具有的知识。从预算监督人和行政部门计划管理者这一层次来看，不论在繁荣或困难时期，预算似乎都相差不大。但在高层次的预算过程中，渐进主义忽略了其他重要的参与者如总统和预算主管等。在20世纪50—60年代，虽然有许多迅速扩张或缩小的例子，但我们还是看到行政部门一般是导向稳步扩张的（LeLoup and Moreland, 1978）。很久以前就有人断言，行政部门是一个利己主义的参与者，也就是说，它在预算中试图维持自己的地位并争取经济增长中自己应得的部分（Downs, 1967）。

改革时期反映了行政部门作为参与者的重要性。设立计划项目预算（PPB）、目标管理预算（MBO）和零基预算（ZBB）都是为了让它们更合理而有效地追求扩张。

在 70 年代，特别是 80 年代，行政部门面临着管理削减的任务。总统、白宫高级顾问和预算主管成为过渡时期预算的主要参与者。在 80 年代，赤字削减驱动着非国防开支的减少。而且，行政部门要比国会面临更强大的自上而下的压力。行政部门改革是自上而下进行的，如预算主管斯托克曼引入的集中的预算管理体系（CBMS）监控系统。过渡时期的赤字削减，产生了一种影响预算的更复杂的官僚主义文化。里根—布什—克林顿时期留下了私有化、解除管制以及重组和缩减政府规模的重要传统。考虑到布什保守的私营部门组织状态，这种趋势还会在乔治·W. 布什政府中延续。在 1998 财政年度预算中，克林顿最让人自豪的成就是联邦政府部门的精简（OMB，1998）。关于这方面有很多记载，其中有很多争论不能在此提及，但这些变化会在新预算范式中得到说明。在新世纪，依照经济政治环境的稳定性，行政部门将继续维护其利益，并尽力增加预算。但这和早期的情况还是不同的。即使在盈余时，作为对政治环境变化的回应，行政部门还是会进行重组和缩减规模。

总统预算在过去几十年里发生了显著变化。相对于近期任何一位总统，老布什把更多权力放弃给国会。但是，在现代预算时期里，克林顿面对的是最有敌意的国会。然而，他熟练地应对国会的挑战，通过使用否决权或威胁使用否决权来打乱国会的初衷，并获得了国会的让步。这为别人开创了先例。关闭政府是国会有力的武器，但它会对公众产生消极影响。一旦国会的这个武器被拿走，总统在协商中的地位将得到改善。在第二个总统任期中，克林顿在重大决议中经常击败国会中的共和党人，从增加教育经费到阻止大量的减税。在新的预算范式里，也许没有对总统的尊重更清楚了。克林顿弹劾案以及与国会的敌对关系将可能是独一无二的。正如我们下面将讨论的一样，即使在统一的政府下，总统在预算中仍将面对一个更强有力的国会。

乔治·W. 布什享有共和党统一控制的政府——第一次是在
1953—1954 年间——不到 6 个月的时间。参议员詹姆斯·杰福德
(佛蒙特州) 从共和党变为独立党的党派变化 (但参加民主党秘密会
议) 使民主党获得了 50∶49 的微弱优势。布什在 10 年间减税 1.3
万亿美元的计划被参众两院采纳。它之所以能通过，不是因为共和
党赞成，相反一些共和党人反对此计划。布什把减税额从最初的 1.6
万亿美元降低到 1.3 万亿美元，吸引了更多民主党人的支持，而没
有失去太多共和党人的支持。虽然对白宫来说，不能控制参议院并
不好，但是它对国会和总统在预算上的对抗态势只有很小的影响。
改变这种对抗态势的是灾难性的恐怖活动。布什向国会请求 200 亿
美元资金，国会随后批准了 2 倍的资金，并给总统在资金开支上巨
大的自由权。恐怖袭击对美国的长期后果还不清楚，但生活可能会
恢复正常。随着时间逝去，国会将会维持自己的优先权和争取其他
党派总统的让步。

立法部门参与者和改革

在早期，国会预算是由评论行政部门预算请求的拨款小组委员
会支配的。从 20 世纪 40 年代后期直到 70 年代，关于预算改革的建
议很少。这些建议主要倾向加强拨款过程，就是通过决议或全面的
开支法案来加强开支控制。1974 年国会预算法案在旧的系统上增加
了一组新的参与者和过程。像我们所看到的一样，靠和解这个有力
的工具，直到 80 年代，预算权力的真正转变发生了。权力从开支委
员会转移到预算委员会——它是执政党的武器。1985 年《平衡预算
及紧急赤字削减法案》在赤字削减上的作用是不幸的，但它包含很
多重要的改革，进一步加强了预算执行。1990 年的《预算执行法案》
也是重要的一揽子赤字削减计划的一部分，它进一步加强了执行机制。

新世纪里谁将是主要的参与者？怎样的预算改革会出现在国会

呢？只要预算大致保持平衡，过去20年的不稳定情况不大可能再发生。赤字的减少允许更好地平衡拨款者和预算者之间的权力。但是，国会预算过程不会再回到20世纪60年代了。尽管有不稳定性和程序上的创新，强预算过程已经制度化。但由于政府受益于预算平衡，并允许拨款者有更大的开支自由，预算看起来已经没有那么多刺耳的争论和约束了。

虽然改革国会预算程序的要求较少，但改革议程仍然包括一些议员要求的几个过程变化或限制。许多议员相信过程应导向保护盈余而非减少赤字。限制追加拨款和让同时发生的决议变为联合决议的建议已经提出。由于拨款者的反对（Parks，2000），在2000年的立法会议上这个建议被拒绝了。考虑到对预算人员的持续需求，每两年一次的预算变得更有吸引力。由于财政状况的改善以及共和党多数优势的缩小，改善预算平衡的兴趣以及争取超半数议员同意来增税的需求已经衰落了。尽管号称"上了锁的箱子"的社会保障盈余更像是不现实的神话，但是社会保障和医疗保险的持续政治重要性可能导致更多的改革建议去保护它们。

总统和国会的关系

即使总统的作用在很大程度上被渐进主义者忽略，但以总统为中心仍是那个时期的预算特征。总统预算是一个权威政策声明，国会以它为基础来做出决定。它是全面评述政府收支的唯一文件。行政部门的预算是封闭的、保密的。所以行政部门都期待着统一的预算报告。现在这些都已经改变。

在过渡时期，预算的特征是近20年持续的行政—立法部门间冲突。芬诺（Fenno，1965）的预算词典——包括"削价"、"大幅削减"、"缩减"和"削弱"，被代替。预算操作语言变为"僵局"、"僵局"、"僵局"和"关闭政府"。1981年之后，部门间似乎总有冲突。即使在1993年的统一政府时期，克林顿的微弱党派优势仍唤起了共和党的激烈反对。在 21 世纪初，参众两院被均匀地分割，参议院回到民主党的掌控之中。党派在预算上的冲突仍然继续。这个时期值得注意的其他特征，是用来解决冲突的特殊方法，其中如峰会、两党联立委托。虽然在一般法律程序之外的协商能在特定年份达成妥协，但这从来没有解决导致僵局的深层的政策差异。

1997 年预算协议的达成，更多是因为共和党领袖与白宫之间的私下谈判而非"峰会"本身。它的成功是经济驱动的结果，标志着总统—国会间关系的显著转变。但是，它似乎对改善部门间的冲突作用很小。在怎样处理盈余的斗争上，看起来很像早年预算赤字削减斗争。1999 年，在国会预算办公室断定国会已经动用社会保障盈余很久后，两党继续撒谎说他们没有动用它。花言巧语的误导和预算花招仍在实践，像提早支付日期通过"降低"10 亿美元支出额，或将已实施 35 年的启蒙计划（Head Start Program）归入"紧急"类而不计入预算等（Taylor，1999）。

"9·11"恐怖袭击之后，尽管国会顺从了总统，但是，国会仍有能力和总统平等地谈判和竞争。国会多数党在合适的条件下，有职员、程序和法规去发展和通过自己的预算。其关系依赖于选举结果、国会的政党组成以及新一代的总统制度。部门间的关系可能会反映出依赖具体议案的关系在合作与斗争间动态转变。当然，在危机时期，政府可以迅速地转向行政部门和立法部门间完全的合作。在未来几年里，政府分裂的继续，表明 20 世纪 80—90 年代冲突的继续。如果赤字再次出现，这一模式就更有可能性。21 世纪的预算，不会回到更受限制的冲突时期以及总统为中心的渐进时期了。

很难完全预测在 21 世纪里，美国及世界各地预算将发生的所有变化。21 世纪已经发生了一件历史上最令人震惊的恐怖行动。它改变了美国的公共意识、公共政策和预算政治。没有一个单一的预算理论可以像渐进主义一样，在政治科学和公共管理学者中占支配地位。不管哪种新的预算范式或概念框架出现，它必须能解释在表 1.1 最后一列里列出的一些因素：预算平衡或盈余的新环境；对权利和强制开支的持续政策关注；对立法部门预算改革以使维持预算盈余而非赤字减少的关心；更好地平衡宏观预算和微观预算的需求；手段高明且高度公众化的预算方法；行政部门规范的变革和非国家危机期的国会——总统间平等关系。如果以上这些以及更多新的因素在新理论中得到解释，21 世纪的预算理论将能够帮助我们理解和解释动态的公共决策过程。

参考文献

Anton, Thomas. *The Politics of State Expenditure in Illinois*. Urbana: University of Illinois Press, 1966.

Bailey, John, and O'Connor, Robert. "Operationalizing Incrementalism: Measuring the Muddles." *Public Administration Review*, 35 (January/February 1975): 60—66.

Bozeman, Barry, and Straussman, Jeffrey D. "Shrinking Budgets and the Shrinkage of Budget Theory." *Public Administration Review* 42 (November/December 1982): 509—515.

Congressional Budget Office. *The Economic and Budget Outlook FY 1986—90* (February 1985).

Congressional Budget Office. *The Economic and Budget Outlook FY 1994—98* (January 1993).

Congressional Budget Office. *The Economic and Budget Outlook: An Update* (August 2001).

Coward, Andrew A.; Hansen, Tore; and Brofoss, Karl-Erik. "Budgetary Strategies and Success at Multiple Decision Levels in the Norwegian Urban Setting." *American Political Science Review*, 70 (June 1975): 543—548.

Crecine, John. "A Computer Simulation Model of Municipal Budgeting." *Management Science* (July 1967): 786—815.

Davis, Michael; Dempster, Michael; and Wildavsky, Aaron. "A Theory of the Budgetary Process." *American Political Science Review*, 60 (September 1966): 509.

Davis, Michael; Dempster, Michael; and Wildavsky, Aaron. "Toward a Predictive Theory of Government Expenditure." *British Journal of Political Science* (October 1974): 419—452.

Downs, Anthony. *Inside Bureaucracy*. Boston: Little Brown, 1967.

Fenno, Richard C. *The Power of the Purse*. Boston: Little Brown, 1965.

Gerwin, Donald A. *Budgeting Public Funds: The Decision Process in an Urban School District.* Madison: University of Wisconsin Press, 1969.

Gilmour, John. *Reconcilable Differences?* Berkeley: University of California Press, 1990.

Heclo, Hugh. "OMB and the Presidency: The Problem of 'Neutral Competence.'" *Public Interest*, 23 (winter 1975): 28—30.

Hool, Francis; Job, Brian; and Tucker, Harvey. "Incremental Budgeting in International Organizations." *American Political Science Review*, 70 (May 1976): 273—301.

Kamlet, Mark, and Mowrey, David C. "Influences on Executive and Congressional Budgetary Priorities, 1955—1981." *American Political Science Review*, 81 (March 1987): 155—178.

Kuhn, Thomas. *The Structure of Scientific Revolutions.* Chicago: University of Chicago Press, 1970.

LeLoup, Lance T. "After the Blitz: Reagan and the U. S. Congressional Budget Process." *Legislative Studies Quarterly*, 12 (August 1982): 321—339.

LeLoup, Lance T. *The Fiscal Congress: Legislative Control of the Budget.* Westport CT: Greenwood Press, 1980.

LeLoup, Lance T. "The Myth of Incrementalism: Analytical Choices in Budgetary Theory." *Polity*, 10 (summer 1978): 488—509.

LeLoup, Lance T., and Moreland, William. "Agency Strategies and Executive Review: The Hidden Politics of Budgeting." *Public Administration Review*, 38 (May/June 1978): 232—239.

LeLoup, Lance T., et al. "Budgeting in Hungary During the Democratic Transition." *Journal of Public Budgeting, Accounting, and Financial Management*, 11 (spring 1998): 89—120.

LeLoup, Lance T., et al. "Deficit Politics and Constitutional Government: The Impact of Gramm-Rudman-Hollings." *Public Budgeting and Finance*, 7 (spring 1987): 83—103.

LeLoup, Lance T., et al. "President Clinton's Fiscal 1998 Budget: Political and Constitutional Paths to Balance." *Public Budgeting and Finance*, 18 (spring 1998): 3—32.

Lindblom, Charles E. "The Science of 'Muddling Through.'" *Public Administration Review*, 19 (spring 1959): 79—88.

McMurtry, Virginia. "The Impoundment Control Act of 1974: Restraining or Reviving Presidential Power?" *Public Budgeting and Finance*, 17 (fall 1997): 39—61.

Meyers, Roy T. "Late Appropriations and Government Shutdowns: Frequency, Causes, Consequences, and Remedies." *Public Budgeting and Finance*, 17 (fall 1997): 25—38.

Meyers, Roy T. *Strategic Budgeting*. Ann Arbor: University of Michigan Press, 1995.

Newland, Chester A. "Executive Office Policy Apparatus: Enforcing the Reagan Agenda. " In Lester M. Salamon and Micheal S. Lund (eds.), *The Reagan Presidency and the Governing of America*. Washington, DC: Urban Institute Press, 1985: 135—168.

Office of Management and Budget. *Budget of the United States FY 1991* (January 1990).

Office of Management and Budget. *Budget of the United States FY 1998* (January 1997).

Parks, Daniel J, "Budget Overhaul's Defeat Leaves Hill Bound by Deficit Era Rules. " *CQ Weekly* (May 20, 2000): 1177—1178.

Pitsvada, Bernard T. , and Draper, Frank D. "Making Sense of the Federal Budget the Old Fashioned Way—Incrementally. " *Public Administration Review*, 44 (September/October 1984): 401—406.

Schick, Allen. "Macro-Budgetary Adaptations to Fiscal Stress in Industrialized Democracies. " *Public Administration Review*, 46 (March/April 1986): 124—34.

Schick, Allen. *The Capacity to Budget*. Washington, D. C. : Urban Institute Press, 1990.

Taylor, Andrew. "Clinton, GOP Bet the Farm on More and Bigger Surpluses. " *CQ Weekly* (November 20, 1999): 2767—2773.

Wanat, John. "The Bases of Budgetary Incrementalism. " *American Political Science Review*, 68 (September 1974): 1221—1228.

Wildavsky, Aaron. *The Politics of the Budgetary Process*. Boston: Little Brown, 1964.

第2章

早期预算理论：公共支出的进步改革理论

朱丽亚·白柯特

预算理论研究不是始于 V. O. 科伊，但他确实曾经把注意力集中在这个问题上。在 1940 年的著名论文中，V. O. 科伊唯一引用的关于分配和支出理论发展的文献是：

梅布尔·沃克是唯一长期关注公共财政支出分配问题的美国学者。她在《地方性支出》一书中，回顾了公共支出理论，并设计出一种确定支出分配趋势的方法，其假设基础是："支出标准要与现有社会·获得的进步状态相一致"。尽管她的方法不适用于联邦预算，而且与地方预算相比，可能更不适用于州预算的分析，但她的研究值得地方预算官员和研究此问题的学者熟虑深思。(V. O. Key, 1987：18)

科伊的评论引起两方面的质疑。第一，谁是沃克？她所说的是什么？《地方性支出》的观点确实对当代预算理论适用和有效吗？第二，地方性支出预算理论是否与州或联邦预算理论不同？或换句话说，是否存在一般支出预算理论的规范问题？本章集中讨论第一方面的问题。

不管是沃克的名字还是她的观点，都不常出现在预算文献中。

沃克生于 1898 年，是长期从事地方税收和支出的专家。《地方性支出》是她的第一本书，也是她从约翰·霍普金斯大学毕业的博士学位论文。1932 年，她成为《税收政策》的编辑，在 1930 年到 1964年间，她撰写了关于地方财政、税收和支出方面的 20 多部著作。本章节不是要写沃克的传记，也不是描述她的著作，而是关注一个更小的问题：什么是改革预算理论及它是否适用于当代预算理论。

注意当时的背景，有利于理解和研究检验沃克的理论。当沃克的改革预算理论在 1930 年出版时，关于政府、行政管理和预算的主流观点是不同的。在科伊哀叹缺乏预算理论的 10 年前，沃克的《地方性支出》就出版了。沃克的理论产生在布朗诺委员会（Brownlow Committee）和新政改革（New Deal）之前，早于古立克 1937 年的行政责任缩写词：POSDCODRB，即计划、组织、配备人员、指挥、协调、报告和预算，早于凯恩斯 1937 年的《通论》一书中指出的赤字适用于政府这一观点，早于马斯洛 1943 年发表的动机理论，早于西蒙 1946 年批评行政管理的格言，早于大萧条、第二次世界大战以及改变州、地方和联邦政府运作的人权运动。

沃克的观点集中在城市生活的挑战和机遇上。她把注意力集中在地方性管理，特别是地方性政府的支出上。吸引沃克注意力的地方性政府问题，不是单个城市的支出分配或执行预算过程的方式，而是是否所有城市都有相似预算分配的大问题。沃克着手确定地方政府支出是否存在一个同类的分配标准。

沃克最有把握的观点，就是将那些被认为是市场经济学的观念，特别是基于边际效用的观念运用到政府收入和支出中。沃克认识到，政治家和预算人员难于判定究竟哪个公共对象有更大诉求。此外，沃克还认识到，预算程序的文本已经存在，而分配问题已被"严重搁置"。沃克确信，实际的理解源自边际效用观念，它是决定政府支出适当分配的方式。

沃克的改革理论是发展积极预算的最早尝试之一。沃克的目的是提出一种基于经济思想、特别是边际效用观点的理论，通过统计数据分析的充分描述来加以检验。她还打算提供一种有助于政府支出分配决策的理论。

社会和政府发展的特性

社会和政府的发展特性是改革论的一个重要原则。这个原则及其所阐明的改革价值巩固了改革预算理论。改革论设置了一个规范语境。沃克的改革理论的术语有两层含义：一是关于改革时期。霍夫斯塔特确定改革时期为 1900—1941 年的国家政治运动；在 1890—1940 年的改革时代期间，改革运动也被认为是政治运动（Hofstadter，1955）。其他历史学家将国家政治改革时代设定在 1900—1920年，而没有将这一时代延伸到 1920 年之后。

改革政治运动或者说改革论，具有中产阶级改革的情感，以见多识广、适度以及涉及城市改革、劳工、社会福利和消费者利益的复杂的思考为特征。而改革论者意识到组织、立法和管理对解决城市社会问题的责任。他们的方法既是实用主义的又是知识分子的（Hofstadter，1955）。尽管沃克的理论在 20 世纪 20 年代后期得到发展，超出了历史学家设定的改革政治运动的时间界线，但它具有改革论者的传统，强调知识基础上的见多识广、严格按科学的方法去管理地方性政府。

改革论的第二层含义是，沃克理论的应用是作为社会和知识分子思想一部分的改革理想的应用。像社会进化论思想一样，改革论者哲学掌握着社会核心价值，即当生产要素发生变化，产生政府帮助下的发展和改进。沃尔多的注解是：

自从文艺复兴时期以来，改革是西方文化的关键概念，与力本说、扩张性、生产力、科技发明和社会变化倾向相联系，表示人类经验的运动前进方向。同样地，改革是一种特殊的现代观念，一种现代发明。古代和中世纪的世界没有改革概念，至少无人通过反复

循环来超越这一运动。（Waldo，1980：123）

这种改革论者哲学是沃克的理论基础。

改革的标准包括公共官员需要理解和使用的隐含和明确的管理价值。改革理论需要阐明价值语境或沃克的前提条件。

第一，假设政府积极寻求改进以达到优秀水平，城市存在发展和进化的特性。假定公共官员为做得更好而正在改进采用的服务和方法，且他们能达成更高的生存水平和生活质量。此外，由理性管理者治理的最先进的改革城市，不会接受最低水平的服务或普通水平的服务。相反，他们会寻求在质和量上尽可能获得的优质服务。

第二，明确政府改革标准是诚实、节约、效率、均衡四个价值。良好管理的这四个改革价值，从定义和操作上反映了学者和社会双方的利益和标准。这些价值的产生大约在 1840—1930 年间。拥有的这些必备价值既不是独立的也不是互相排斥的，而是在特性上是累积的。

对政府的基本要求就是诚实。因为诚实在 19 世纪 40—80 年代一直被强调而为改革者所认可，需要提倡诚实来防止掠夺、抢劫并减少各种嚣张的贪污。

对政府的第二个要求是节约。节约是政府的节省和削减，特别是保持税率和降低政府收入。这一价值以低收支为基础，是真正意义上的节约。

效率的价值与节约不同。"低税率是重要的，但更重要的是纳税人对城市支出的每一美元都觉得物有所值，并且其重要功能未被忽视"（Walker，1930：13—14）。效率强调资源的利用。提高效率和减少浪费的工具是科学管理和生产重组。伴随效率变化，专家进入政府，并导致一系列创新的效果。沃克把对效率的强调归因于两个动机："贫困和扩张城市功能的愿望——都是权力动机——在 1900—1910 年爆发了它们之间的斗争，其结果开始了美国地方性政府最近的大阶段——效率——在财政意义上意味着价值的实现"（Walker，1930：22—23）。

均衡是最后一个改革价值。沃克的均衡价值包含两方面内容：第一，均衡意味着城市现有事务的平衡；城市选择的各项活动需要得到平衡。第二，均衡意味着伴随新职责或服务的有序承担而缓慢、适应地发展。达到均衡和服务的有序承担是政府官员的任务。

诚实、经济与效率价值在美国公共管理中是根深蒂固的。均衡和平衡的理想是预算的中心，在涉及支出问题时尤为如此。对于沃克来说，将理论应用于系统研究政府活动，特别是支出，对实现均衡提供了指导方法。与其他预算分配理论一样，沃克的研究认识到均衡的价值。均衡和分配问题的理论环境在下一部分讨论。

预算理论的基础：边际效用理论

沃克断言，系统化、理论化的知识是预算决策所必需的，她寄予经济学的观点、特别是边际效用理论以最大期望。但沃克也注意到，经济学家或者将政府当作必然邪恶，或者不将政府支出目标视为对经济学家有价值的专业化目标。那么，沃克是怎样建立边际效用理论的呢？

纵观财政理论史，沃克指出这些理论可分为两类：经济—科学的或批判的。批判方法是正当的，它们呼吁正义的主张，例如 1892 年巴斯塔布尔（Bastable）的著作。沃克相信这些批判方法不能为制定预算计划和决策提供系统帮助，因为她认为有理本质上是一种辩护。"陈旧的为政府支出辩护的注意力在消退，随着它的过时，为支出理论的真正发展提供了机会"（Walker，1930：31）。因此，沃克反对批判方法，代之以经济—科学方法作为其著作的基础。

经济科学方法对预算和财政而言，是我们认为的理性现代分析技术；它以经济理论和模型为研究基础，细心收集经验数据，采用统计学和其他定量方法进行系统分析。沃克偏好在预算和分配上采用经济—科学方法，但正如她所说的，政府财政理论的发展实际上主要依据在本质上更为规范的逻辑推论。依据沃克所说，一个更现代、科学和经验的方法是适用的。"但对此类研究来说，确实是有必要；的确，理论家不会放弃任何标准，在每一项和每个功能上体现支出数量的严格均衡，但实际上，合意的研究实践流行在美国城市和一些即将发生的发展路径的预测上"（Walker，1930：31）。

沃克限定其公共财政发展史的讨论范围。她对均衡和分配问题有兴趣。沃克的原话是：

> 社会收入量应由政府来承担，并且其目的是将其投入覆盖到比现在的讨论更广泛的领域去。只应考虑那些被国家广泛接受为地方性职责的功能。问题是每项功能应获得的收入均衡。（Walker，1930：32，增加了黑体字的着重号）

沃克把边际效用这个经济学观念作为理论基础。第一，从 1900 年作为公共财政理论开始，支出的边际效用已被"毫无疑问"地接受了。沃克对边际效用影响历史的描述："公共支出的边际概念是相对新的事物。边际效用理论问世于约 50 年前……这个理论彻底改革了经济思想。它至今不仅被用于价值决定，而且被用于地租、工资、利润和利息"（Walker，1930：32）。将边际效用理论应用于政府始于 1887 年的埃米尔·萨克斯（Emil Sax），其结果是导致"赋予该理论最丰富的应用之一"（Walker，1930：32，引自 Weiser，1893）。沃克还说，"然而，萨克斯对公共财政理论做出的非常重要的贡献，是特别涉及年税收总量和征税方式的决定。征税第一次在纯经济的基础上被证明是正当的，而不是依据公平的抽象诉求。"

沃克注意到，指导分配决策需要可测量的标准，这是经济理论与"功利理想"相关联的第二个原因：它们能提供一个框架。一般经济理论决定税收和公共财政的观点最引起人们兴趣，因为它为需求、产品、节约和价值等经济范畴提供了可测量的标准。

在考虑可测量的标准时，需要决定均衡和权衡选择的方法。在此问题中边际效用理论能获知分配结果。沃克的解释是：

一旦证明公共与私人支出的分界点，那么，州或个人是否增加额外支出就是经济学无差异问题了。这是必须要走的一步，但要进一步说明，既定的税收量是非常公平地分配到政府的各种功能中，使增加的钱花到哪里去成为一个无差异问题。（Walker，1930：32—33）

这种无差异或需求功能，就是如行政管理者和政治家所了解的公民无差异曲线。更值得注意的是，沃克断言无差异点是在市场上大规模确定的，于是，所有地方政府无差异点的集合与市场无差异点概念相等。

沃克也注意到边际效用观念有两个缺陷。一个是，边际效用理论不能表现公共财政的"社会心理"方面。"政府的支出能表达需要、愿望、希望、恐惧、习性、刺激、人类风俗，如果要对这一切从多角度理解的话，就必须加以研究"（Walker，1930：44，引自Guest，1927）。社会心理学断言起点是消费的社会特征，而非市场经济学一开始所断言的个人特征。这表明预算除了"经济观念"还有必要考虑其他因素。

边际效用理论应用的第二个局限性与公共官员有关。沃克解释说：

作为一个规则，政治官员无疑常常与习惯、训练、当务之急、政治压力和其他困难因素形成的局限作斗争，以获得社会利益最大化……政府官方一般对社会效用观念是极其模糊的，往往用个人成功、发达和权利等词来表达。（Walker，1930：44，引自Guest，1927）

因此，沃克承认要接受或应用基于边际效用的预算分配理论可能带来的问题。

沃克的改革理论

沃克关心城市生活水平和购买能力。一个城市的生活水平包括政府提供服务的数量和质量。沃克的改革预算理论集中于在选项间选定如何分配的方法的前提之上，是通过"功利观念"或是通过经济理论的无差异点应用到政府预算。无差异点是当前支出的尺度，作为市民需求和政府服务供给间平衡的符号。基于经济观念的支出理论，优于依靠抽象请求公平的需要，这种需要对政府而言是非经济的和外部的。换句话说，以经济学为基础的分配尽管有局限性，但提供了事实来代替批判性争论。

沃克的目的是要使研究指导实践。沃克注意到通过系统研究可以找到预算制定者的真正问题，但公共官员和经济学家没有互相交流。沃克询问："学者高深的理论与公共官员粗糙现成的方法之间的鸿沟能否逾越？"（Walker，1930：47）沃克描述预算决策的原文如下：

> 预算分配问题是一种力学。最终拨款是所有力量作用的结果，其运转与物理学中的情况非常类似。要理解地方预算的制定，就有必要将这种来自各方施加的巨大压力形象化——组织利益、雄心勃勃的部门领导、公民团体、官员偏好、低税率的政治力量，甚至是不代表上述任何一方的公众意见的压力。最终预算是合力的结果，而不是对各种功能冷静评估的结果。（Walker，1930：47—48）

沃克提升其信心，认为边际效用理论是合意的，但需要按照"改革—价值"或"人类本性价值"来应用它。问题是发展一种既承认环境的局限性，又可修改测量法和应用的理论。沃克确定的无差异点至少是一个起点，可从美国各城市当前承担的支出加以测量。沃克的使用基于她的测量方法的评定。沃克测量和运用边际效用理论的基本方法有三个：

（1）边际效用在商界通过市场、自由竞争和标准化产品来测量，但这种方法不能贯彻到政府服务中。

（2）利用关于不同政府功能效用变化度的意见的一致认可，可能产生效用的测量，但全体一致认可是不存在的。此外，一致认可的测量方法要以推断为基础，而且会被认为是同义反复。

（3）现有预算的客观研究接近边际效用。这更简单、原始和更注重实效。

沃克的推论是：

既然预算分配标准不能通过推断来达成，它就不能像从客观方法一样获得明智的帮助吗？这些城市怎样划分他们的拨款？什么是整个国家的一般预算分配？什么是各种分类下城市群的平均水平？从实际情况调查中能否得出结论？（Walker，1930：49—50）

沃克选择第三种方法作为检验其主张的最佳方法，通过运用边际效用理论，在政府预算分配中可辨别一个平均数或一个无差异点。在这一"实用主义的"方法中，沃克尝试从城市居民和提供服务的确定方法中辨别出无差异。掌握实际条件和实际数据能更好地为地方政府测量边际效用。一些方法需要考虑的事项如下：

就像市场测量商品价值一样，这个假设似乎是合理的，于是，我们通过许多不同城市投入的平均预算比例，来粗略估计政府服务的边际效用。在因特殊政治和地缘障碍被清除而变更后，如果有足够数量的大多数进步城市的预算能够分析和比较，特定的趋势会显现出来并指向支出标准与现有社会取得的进步状态相一致的方向。

这绝不会如数学般精确，并且绝不可能准确地同样适用于任意两个城市。它只是表示限制，多少有些不完美的定义，其中，在特殊情形的适当补助后，某些支出应该下降。（Walker，1930：50—51）

沃克承认，边际效用理论是一种不能被完全接受的理想。她主张对城市而言，最好的边际效用近似值，首先是以普通方法或不分地点区域的总合，然后，基于地方偏好的区域无差异点就能更好地被确定。她认为，尽管"它最多代表一种方法的方向，而不是目标的近似值"，但值得做这样的努力。可供选择的办法是"放弃寻求公平的预算分配"，同时将它交付给"不能解决问题的地狱"（Walker，1930：47）。她拒绝承认预算分配和均衡问题是无责任或义务研究的。

沃克的研究方法和结果

沃克所列出的生活水平和期望服务表是："清洁的街道、令人愉悦的建筑、宽阔的大道、低火灾和死亡率、超现代的学校、有效率的图书馆和丰富充足的公园、给个人名下一点点显而易见的报酬"（Walker 1930：31）。这些是预算分配应考虑的种类和服务。沃克的研究广泛检验了她的地方性支出理论。她寻求论证针对美国所有城市的普通预算分配，同时论证关于提供优质服务水平的预算过程状况。研究中隐含的设想是：城市间竞争并努力做到最好；行政管理政策的实质是提供多种类和高质量的服务；政策服务的数量和质量反映在预算和支出中。沃克的研究方法包括统计数据分析、面谈、现场访问、预算程序和文件评估。最重要的方面是如何将边际效用理论在全国所有城市中加以扩展和检验。沃克要测量的是服务供应的情况，而不是对公民满意度或其他服务质量的测量。

沃克认为一般情况下，社区都有一个生活水平，并且人们不断努力提升其生活水平以达到最好城市的标准。模范或最好的城市是那些拥有最高生活水平的城市。沃克检验其理论假设的研究，是希望展示其造诣及模范城市。首先，沃克要在比较预算分配前，先比较城市实际获得的服务。提供服务依照的等级重要性，是看得到的城市地方政府实际提供的服务，且市民有最终结果要求权。第二，也是至关重要的考虑事项，是提供服务的成本。我们只有知道城市正在提供什么服务，才能对其服务成本进行质疑。

沃克在发现未有前人尝试对城市主要服务质量综合等级评定时，

开始了这项工作。她把服务分为三类：给予保护、福利和公共品。一般的行政机关不包括在内，因为它仅仅支持而不是对公民提供直接服务。地方政府的质量的等级评定以下面 12 个服务方法为基础：对垃圾收集、下水道、火灾、图书馆和公园各一种；两种对学校；两种对保健；三种对街道状况（见表 2.1）。

表 2.1　沃克评估地方服务

种类	服务	服务测量
公共品		
	街道清洁	每周次数
	垃圾收集	每周次数
	排水设备	总人口拥有下水道的百分比
	公路	总街区铺设面积的百分比
	公路	总耐用路面的百分比
给予保护		
	火灾	每年火灾毁坏的总不动产百分比
	健康	核算死亡率千分比
	健康	新生婴儿死亡千分比
福利		
	学校	学期长度
	学校	总入学百分比
	图书馆	每人每年书籍流通数
	公园	每英亩公园和操场的人数

　　服务输送的等级评定是基于现有的数据，以及专家对先前研究的测量。这些数据并不理想。例如，对正常的警务活动如逮捕行为，就没有统一的定义或测量方法。利用人口普查分类，样本开始于涉及 250 个城市的 3 万多人口；最末的等级则包括 160 个城市。90 个不合格城市被排除在外，多数是因为研究所要包括的最少五项服务测量的数据不足。少数不合格城市是因为郊外宿舍区的"寄生性"，而不是真正的城市。

　　评估不是为了寻找少数优秀城市，而是集中在大部分中等或接近正态分布的城市。可输送服务的等级评定处于 50 至 100 之间，没有一个城市的等级评定超过 90。"全国的平均水平是 78.49，乡村排名的范围是 66.39～86.68"（Walker 1930：113）。"最值得一提的结果是，它们大致说明了城市地方政府正在提供的服务类型"（Walker 1930：109）。因此，沃克对这些城市的平均实际条件和总额标准作了全面调查。

　　沃克实验研究的重要成果是，服务是可以比较的，而且存在一个可确定的预算标准。公共官员准备分析预算时会决定这个标准的有效性，正如沃克所陈述的：

　　任何城市的地方政府部门想精确遵守支出标准，的确是非常肤浅的行为，但每个预算制定部门出于尊重，应该对预算偏离"说明原因和理由"。公共官员应该在作出拨款的事情上进行防范，并对每个地方社会支出的误差证明其正当性。他们应该遵守规定标准的观点并不过分，而当公民询问他们为什么没有遵守时，他们应该能够给出满意的解释。

　　试图严格把握支出标准，会妨碍向更理想预算分配前进。同类改革城市的平均支出经过充分考虑后，开明的社会能敏锐地感受强调某些特殊功能的社会愿望，会大大增加对其的拨款。然而，这应该是自觉的社会政策行为，而非政治诡计的结果。（Walker，1930：157—158）

　　沃克继续描述了约束预算分配的地方因素和环境。三大约束是：政府外部制约、权威重叠和公众压力。她为了解预算制定程序调查了七个城市：芝加哥、密尔沃基、底特律、克利夫兰、布法罗、费城和巴尔的摩。因此，沃克的研究包括定性和定量分析方法。

　　沃克能够证明，存在按功能类别进行预算分配的标准。她不再说边际支出分配理想是为了地方政府的分配，但她坚信这一研究成果和相类似的方法能够了解和帮助预算分配。

沃克的贡献

沃克的贡献如何适用于当代预算理论？它对未来研究蕴涵着什么意义？在概述完主要观点，指出改革理论的两大缺陷后，下面这个部分的内容将会思考这些问题。沃克的理论提供了互补观念，部分是因为它是描述性的理论，还有部分是因为她的观点预示了当代主题和关注点。

在进一步分析沃克观点的当代意义之前，先来回顾沃克的主要观点：(1) 政府要想提供更高水平而不是低劣贫乏的服务质量就要改革；(2) 预算分配包括四个价值：诚实、节约、效率和均衡；(3) 将经济学的边际效用概念扩展为预算基本原理，即给定量税收理想的支出以公平分配，会导致每新增一美元花费所在都是无差异的；(4) 通过与其他政府的对比确定服务的类型和水平；(5) 尽管各城市间的影响因素，如地理位置、州的法律以及影响单个政府预算分配的地方决策不同，但所有城市提供的类似服务都有一个共同核心；(6) 能够以经验为主，为政府基本服务建立预算分配标准；(7) 预算分配的经验研究应建立在相似政府群（一定规模的城市群）基础上；(8) 服务分配的比较应该建立在实际供给的服务质量之上；(9) 可能不存在反映任何政府的一般标准，但政府应该能够解释他们与标准如何不同以及为什么不同。

沃克理论的缺陷与她提出的经济学"无差异点"有关，同时与她缺乏针对所供给服务质量的公民满意度或其他指数的测量有关。第一，沃克的经济学无差异观点可看作是对公民的一般测量，而不是对每个社区的特殊测量。沃克从非经济偏好或者社会—心理因素的影响角度来考察地区差异。其观点是城市服务就像是一个太大的集合，存在一个一般无差异点，而不是地方或区域存在区别性差异。这不符合对市场和地方需求的现有理解。第二，它暗示管理者和政治家将会对一般无差异点做出反应。实际服务供给无差异点的确定，并没有表明这种无差异测量方法是如何传递或被行政管理者和经理负责人接收的。因此，预算无差异点的观念传播及语境是空泛的，显示出这也许是未来的一个研究领域，或可在建立一般测量方法后开始研究地方差异。

对沃克的另一个批评是其质量测量法。沃克用服务频率来测量服务质量，这是产出测量法。她接着运用了少数现场访问和直接观察法，没有对市民作全面调查。今天，研究期望通过绩效评估或公民满意度调查，对供给服务进行更系统客观的测量。

沃克的著作还有许多分析预算的主题。第一，沃克用边际效用理论来发展预算理论。第二，她使用了多种解释和理解的定量定性方法来检验其理论。因此，沃克达到了描述经验理论的目的。第三个主题是比较方法。将政府本性比作一个边际效用点的大致近似值确实是有用的概念。大致近似值的测量方法或预算分配标准，虽有局限性但现在已被认可，这个方法提供了适当描述和担当未来理论的模块。第四个主题是地方的焦点。沃克选择城市地方政府作为参考和主题，这是 V. O. 科伊不屑应用到其他政府中的一个原因。然而，从一个层级政府到另一层级政府的推断或概括能够提供预算理论观点，而不是局限于关注单个层级，即国家预算理论、州预算理论或地方预算理论。第五个主题是研究能够诉诸实践。各级政府尽管存在差异，但从业者和理论家都可加以比较。沃克既是实用主义者又是早期实践的倡导者。第六个也是最后一个主题，是沃克考虑质量和成就问题坚持的主张。质量观念有两个效用：一是作为城市本性及目标的基本假设，二是对供给服务质量的测量，而不是税收投入增长或支出范畴。质量和成就问题现在仍然存在。

问题变成：沃克对预算理论的影响和贡献是什么？沃克的《地方性支出》在科伊之后未被广泛引用，要引用也是作为财政理论发展史来引用。尽管如此，沃克对预算理论，特别是分配问题有重大影响。沃克说分配"问题是每种功能应该获得的税收收入比例"（Walker，1930：32）。科伊在读了沃克的文章之后，指出预算的基本问题是，"究竟基于什么我们决定将 X 美元分配给项目 A，而不是给项目 B"（Key，1987：117）。预算理论中的比例问题是 21 世纪的中心议题。沃克的其他重要贡献都是在历史层面的。沃克在 50 年（约 1880—1930 年）的初期，具有说服力地概括了影响预算理论的、产生于经济学的边际效用理论的起源和发展。

沃克的观点没有被广泛引用，她的许多观点都是被其他人独立思考发现的。要解释为什么没有被广泛引用是很困难的，就像难以证明否定不成立一样。然而，对沃克的观点为什么不被广泛认识，可作出一些综合观察。第一，沃克的学术兴趣是在地方政府。在过去 60 年中，这个领域大多关注于国家预算的理论、实践及其重要性。文献多专注于联邦的实践，发达的渐进主义理论解释了特殊联邦预算和研究的纵向本质（Wildavsky，1964）。在这个层面的政府主题，不可能有统计上的启发和有意义的比较。相反，沃克寻求可能与地方政府更大集群或范畴的外部比较。然而，现在的标准预算，如绩效预算或基于结果的预算，注意的是州和地方实践的建议以及改进联邦实践的观念，《重塑政府》就是一个例子（Osborne and Gaebler，1992）。

即使在预算可比较的州和市，沃克证实的经验标准典型被看作是基本信息。分配需求函数的适当标准似乎是不证自明的，它也是通常实际展现人口普查数据的方式。这一现在被接受为正统的方法在应用上有限制（Rubin，1988）。在资历和权威认可上也存在局限性。沃克引用的专家——埃米尔·萨克斯(1887)，C. F. 巴斯塔布尔(1887)，弗里德里希·冯·维塞尔(1893)，哈罗德·盖斯特(1927)，阿瑟·本特利(1908)——今天仍不为人熟知。将思想归属于其发明者的事被交给了该领域的历史或脚注。姓名和作品接踵而至。这些学术知识基础的有效进步及发展已超越了沃克。

对沃克理论缺乏认识的另一可选原因是与学科方法有关。凯顿注意到，预算理论在三个一般学科类型中发展：管理学、经济学和政治科学（Caiden，1990）。此外，这些观点以所提问题和模型的不同来划分。预算研究被包含在各单独学科、多种学科中及包括各种学科方法是罕见的（Rubin，1988）。沃克的书是政治科学系列的一部分，它以经济理论为基础，目的是有助于行政管理实践。沃克的主要理论是以市场经济学为基础，但她的方法是多学科的。

对改革理论缺乏认识的最后一个可能原因是，基于理论观点的时机选择和支配权。外部事件可显著地改变传统学识，或用库恩的话说，影响范式转变。反映时代的理论在转变或更紧迫问题使得焦点改变时也会无法生存。大萧条改变了人们所接受的社会经济环境的学识。沃克解释道：

> 经济大萧条使我们认识到深层社会经济的失调。繁荣时期，优势群体的一切都显得非常平静，也丝毫没有留意到潜藏的经济威胁，大肆宣传的艺术家和果断指出时代精神背后缺点的耶利米（Jeremiahs）是"有爱国心的"。
>
> 但是，1929年后的痛苦岁月，美国精神发生了一些事情，老式的绝对自信和虚荣大多荡然无存——希望永远如此。更真挚的自我反省态度出现了。对抵抗萧条感到自信的经济组织在接下来的20年应变期的无数端点垮掉，许多思想严肃的人第一次明白，美国不再值得领导一切事情，它在很多方面落后于别的伟大民族。（Walker，1938：vi）

随着经济大萧条，预算和公共财政问题改变了，焦点从城市增长转向国家恢复。在地方财政中，预算要考虑的事项不是进步和改进，而是履行义务能力和考虑预算危机模式是极为重要的。沃克也将兴趣转移到其他事情上。在发展其预算理论后，沃克于1932年担任了税收政策联盟的执行秘书和《税收政策》的编辑。

当代预算理论的意义

沃克的许多主题和观念都对当代预算理论做出了贡献。尽管缺乏历史参考会引导其他人独立地发展学科和理论（再造车轮），但仍存在未来预算理论做深入研究的适当交叉的领域。这些研究领域包括：政府间的比较、服务的比例、数据搜集问题、经济学边际效用理论的应用、分配、价值和改革理想。

许多预算理论都着重研究税收投入和分配决策。然而，沃克超越了这一框架，着眼于当代环境下流行的产出方式。沃克建议进行政府间及服务质量的比较。这就预示了当前兴趣集中在寇普所概述的关于绩效评估、质量改进和成为较低级企业家（Cope，1996）。

沃克把理性比较作为采纳新服务项目的原因以及成就和质量的决定方式。政府间项目或成就的比较具有现实的意义。规范预算理论与实践近来的重点是关注政府间对比的实践方面。在最佳的实践行为范围之内，组织可以积极地寻求和分配关于预算和服务实践的信息。例如，由鲁特格斯（Rutgers）、哈佛（Harvard）、福特基金（the Ford Foundation）、全国公民联合会（the National Civic League）和其他组织发起的奖励和创新捐助（Holzer and Callahan，1998）。连接预算和绩效的预算评价，是政府财政官员联合会的预算奖励计划中的目标和工具性方法（Lehan，1996）。关于结果预算的另一成就，是政府决算标准委员会计划确立统一的服务成效测量方法（GASB，1990）。沃克使用一个框架进行预算的系统比较，但沃克预算分配决策的描述性理论，很可能基于外部的比较和竞争，能更好地为预示当代方法和挑战服务。

沃克关于社会生活水平及渴望改进生活水平的理论，一定程度上具有现实意义。沃克认为，现有供给服务和期望服务之间的平衡是均衡和反应问题。这是她关于社会生活水平的中心思想，但竞争也会影响生活水平。政府影响生活质量、提供服务的观念反映在目前的利害关系中。均衡就是要处理好谁提供服务，是私人、公共部门还是一些合作者。比较服务提供者、特别是私有化讨论，能够处理一些竞争性议题（Holzer and Halamachi，1996）。政府服务水平的均衡和平衡问题现在更难确定。成为一流城市的理想和拥有高质量生活的愿望是值得评估的概念。

沃克在收集数据和检验预算理论时所面临的困难，是我们现在同样要面对的。数据目录收集的问题包括：定义模糊、构造不完整、项目分类宽泛、报告本身的错误、不重视负面名声（如高犯罪率）。沃克用一个章节（第5章）的篇幅讨论了政府间比较的基本问题。当然，这些问题包括服务供给的显著差异、内外部组织结构以及政府权力。这些局限性转向有效性、可靠性和概括性。尽管研究的技术有所进步，但有趣的是这些研究问题或多或少已发生了变化。

市场经济学被用于描述预算分配、生产和供应决策。沃克运用经济学理论中的边际效用概念作为分配的基础。沃克考虑作为供给者的地方政府是如何作出供给决策的。在预算理论中，应用市场隐喻和边际效用以及均衡理论的经济学概念时，有另外两种截然不同的方法：公共选择理论和尼斯坎南（Niskanen）预算程序的传统。

公共选择理论评价和设定了地方分配、生产和服务供给问题。这一范式支持者是从强调公共需求和市场如何回应需求的经济立场出发。蒂布特（Tiebout）的抽象理论假设是地方政府竞争引诱居民（Tiebout，1956）。塔洛克（Tullock）和布坎南跟随此观点，考虑个人理性的自我利益是如何影响其对政府服务和税收的投票方式的（Buchanan and Tullock，1962）。公共选择理论是建立在消费者要求服务，因而会影响所提供服务的个体模型上，因为政府要回应这种需求（Kraan，1996）。这个推理在延伸。

一个类似基于市场方法的反常方法，是建立在均衡和边际效用基础上，它出自尼斯坎南，又由其他人进一步延伸（Niskanen，

1971；Bendor，1990）。这些模型以联邦层级为基础，认为立法机关是买主，部门是供应者（Bendor，1990）。讨论重点是关于预算分配的组织决策。但尼斯坎南模型延续了公共选择理论家关注的焦点，即政府预算决策者的需求如何影响供给。

公共选择及尼斯坎南的边际效用方法强调需求和回应需求。其悬而未决的问题在于，政府是否预先采取行动收集信息、开发和营销产品。相反，沃克理论是与经济交易相关，但她断言服务供给者通过将自身与其他政府比较来作决策。沃克关于服务分配和质量的发现为这些假设提供了脆弱的支撑。将来的研究领域可能建立在比较、评估和适应沃克、尼斯坎南以及市场交换模型的公共选择变化等理论的基础上。

沃克在讨论分配预算时，认为政治只是公共官员关心的一部分。沃克对决策过程中的理性和范围广泛的数据分析抱有很大信心。政治是决策的环境。沃克主张预算决策可通过实验研究和群组比较得出，在其理论中包含组织学习成分。与其他政府进行系统比较和改进的愿望，是以批判性类推方法为基础的理念，而不是沃克所希望的实验论证标准。渐进的方法对预算决策是重要的，沃克的观点是建议通过内部和外部的比较来确定是否调整增量。组织学习关联的这一预算分配领域，为深化思想提供了成熟的时机。

需要进一步研究的领域，还包括沃克传播的明晰的和隐含的价值。当代的四个价值——诚实、节约、效率和均衡——也许要增加其他价值，如效力和公平。然而问题是改革者的理想现在是否流行。一些人认为改革者的观点是美国公共管理和社会的核心价值（Dahl and Lindblom，1953；Waldo，1980；Wamsley，1996）。政府扮演的改革者角色是与美国梦联系在一起的。期望从政府获得更高、更好服务的改革设想，引起一些共鸣。当前对卓越和进步的探求似乎回应着改革者的理想。

改革者的理想提出了认知和行动问题。乍一看，改革时代"发展的"设想，好像是幼稚的、不完善的。这正好是为什么要评估它们的理由。改革者的词汇里不存在降低生活水平和减少政府服务的理念。社会持续更好、更高的生活水平成就被一系列事件掩饰：大萧条、20世纪60年代的城市危机以及大城市的财政高平顶。对于这个问题的解释是什么？沃克提出了振兴论。其他解释包括：集体审议、积极思考和财政周期的特性。其他人建议避免强硬选择和拖延。但也许乐观阻碍了对需要做强硬选择的认知。改革论者基本乐观主义的理想，如过分乐观的预算项目或经济低迷时期的迟钝反应，可以解释财政危机的因素。这值得进一步调查。

沃克主张，比较和对比预算和服务是公共官员程序的一部分。预算决策过程通常被划分为政治焦点、经济架构或司法的独立部分。比较州级支出标准的分类，如教育、监狱或道路，这种比较类型被视为基于政策决策和辩护的有用信息。沃克要表明的是，预算不仅是一个地方，不仅是政治也不仅是经济问题，而是一个更大的社会问题。多种学科研究法为当代思想基础上的理论进展提供了某些暗示。预算与意识形态及社会相联系，它能阐明接受替代和差异的理论观点，对进一步努力是适当的。

结论

沃克的改革预算理论值得我们思考。首先，沃克的理论从历史角度提出了值得深思的有趣问题。预算思想发展报告和改革预算理论出现，这二者都提供了语境。正如希腊历史学家修昔底德所说，那些不懂得历史的人注定会重蹈历史覆辙。

另外，改革预算理论的许多主题，尤其是在预算计划、服务成就的决定以及预算设想的改进和发展这些方面的比较特性上，仍会与相关事物及效用发生共鸣。不完全和不确定领域有待理论进一步发展，其中最重要的也许是科伊的推断，即地方预算理论对联邦预算而言，是否截然不同且毫无用处。

　　沃克的观点断言或预示了当代关注的预算理论。沃克理论中的一些因素仍然具有描述力和解释力。建立在实验研究深入基础上的描述和概括能力受到限制。由于实证证据不可避免的限制，理论担当起构建预算知识和实践的核心角色。改革预算理论注重实效积极的一面，反映在沃克自己的评估上："也许最显著的调查效果，就是提出对未来有极大可能性的建议"（Walker，1930：83）。

参考文献

Bastable, Charles F. *Public Finance*. London: Macmillan and Co., 1892.

Bendor, Jonathan. "Formal Models of Bureaucracy: A Review. " In N. B. Lynn and A. Wildavsky, (eds.), *Public Administration: The State of the Discipline*. Chatham, NJ: Chatham House Publishers, 1990: 373—417.

Bentley, Arthur F. *The Process of Government; A Study of Social Pressures*. Chicago: University of Chicago Press, 1980.

Buchanan, James M. , and Tullock, Gordon. *The Calculus of Consent*. Ann Arbor: University of Michigan Press, 1962.

Caiden, Naomi. "Public Budgeting in the United States: The State of the Discipline. " In N. B. Lynn and A. Wildavsky, (eds.), *Public Administration: The State of the Discipline*. Chatham, NJ: Chatham House Publishers, 1990: 228—255.

Cope, Glen Hahn. "Budgeting for Public Programs. " In J. L. Perry (ed.), *Handbook of Public Administration* 2nd ed. San Francisco: Jossey-Bass, 1996: 297—311.

Dahl, Robert A. , and Lindblom, Charles E. *Politics, Economics and Welfare*. New York: Harper and Brothers, 1953.

Governmental Accounting Standards Board. *Service Efforts and Accomplishments Reporting: Its Time Has Come, an Overview*, GASB Research Report. Norwalk, CT: Governmental Accounting Standards Board, 1990.

Guest, Harold W. *Public Expenditure, the Present Ills and the Proposed Remedies*. New York: G. P. Putnam's Sons, 1927.

Hatry, Harry P. ; Winnie, Richard E. ; and Fisk, Donald M. *Practical Program Evaluation for State and Local Governments*, 2nd ed. Washington, DC: Urban Institute Press, 1981.

Hofstadter, Richard. *The Age of Reform: From Bryan to F. D. R.* New York: Vintage Books, 1955.

Holzer, Marc, and Callahan, Kathe. *Government at Work: Best Practices and Model Programs*. Thousand Oaks, CA: Sage Publications, 1998.

Holzer, Marc, and Halamachi, Arie. "Government as Competitor: Alternatives to Privatization. " In J. Rabin, W. B. Hildredth, and G. J. Miller (eds.), *Budgeting: Formulation and Execution*. Athens, GA: Carl Vinson Institute, 1996: 57—62.

Key, V. O. "The Lack of a Budgetary Theory. " In J. M. Shafritz and A. C. Hyde (eds.), *Classics of Public Administration*, 2nd ed. Reprinted from *American Political Science Review*, 34 (December 1940). Chicago: Dorsey Press, 1987:116—122.

Keynes, John Maynard. *The General Theory of Employment, Interest and Money*. New York: Harcourt, Brace and Co. , 1936.

Koven, Steven G. *Ideological Budgeting: The Influence of Political Philosophy on Public Policy*. New York: Praeger, 1988.

Kraan, Dirk-Jan. *Budgetary Decisions: A Public Choice Approach*. New York: Cambridge University Press, 1996.

Lehan, Edward Anthony. "Budget Appraisal—The Next Step in the Quest for Better Budgeting?" *Public Budgeting and Finance*, 16(1996): 3—20.

Niskanen, William A. , Jr. *Bureaucracy and Representative Government*. New York: Aldine Atherton, 1971.

Osborne, David, and Gaebler, Ted. *Reinventing Government: How the Entrepreneurial Spirit Is Transforming the Public Sector*. Reading, MA: Addison-Wesley Publishing Co. , 1992.

Rivlin, Alice M. *Reviving the American Dream: The Economy, the States and the Federal Government*. Washington, DC: Brookings Institution, 1992.

Rubin, Irene S. "Budget Theory and Budget Practice: How Good the Fit?" *Public Administration Review*, 50 (1990): 179—189.

Rubin, Irene S. *Class, Tax and Power: Municipal Budgeting in the United States*. Chatham, N. J. : Chatham House Publishers, 1998.

Rubin, Irene S. "Introduction. " In I. S. Rubin, (ed.); *New Directions in Budget Theory*. Albany: State University of New York Press, 1988: 1—18.

Sax, Emil. *Grundlegung der theoretischen staatswirthschafi*. Vienna: A Holder, 1887.

Tiebout, Charles M. "A Pure Theory of Local Expenditure. " *Journal of Political Economy*, 64 (October 1956): 416—424.

Waldo, *Dwight. The Enterprise of Public Administration*. Naivete, CA: Chandler and Sharp, 1980.

Walker, Mabel L. *Municipal Expenditures*. Baltimore: Johns Hopkins Press, 1930.

Walker, Mabel L. *Urban Blight and Slums: Economic and Legal Factors in Their Origin, Reclamation, and Prevention*. Harvard Planning Studies, XII.

第 2 章 早期预算理论：公共支出的进步改革理论

Cambridge, MA: Harvard University Press, 1938.

Wamsley, Gary L. "A Public Philosophy and Ontological Disclosure as the Basis for Normatively Grounded Theorizing in Public Administration." In G. L. Wamsley and J. E. Wolf (eds.), *Refounding Democratic Public Administration: Modem Paradoxes, Postmodem Challenges*. Thousand Oaks, CA: Sage Publications, 1996.

Weiser, Friedrich Freiherr von. *Natural Value*. London: Macmillan, 1893.

Wildavsky, Aaron. *The Politics of the Budgetary Process*. Boston: Little Brown, 1964.

第 *3* 章

三权分立原则与预算决策

托马斯·P. 劳斯

美国公共预算的主要内容是会计与财务管理，它同时包括问责与规制。美国政权体系的一个基本原则是三权分立。美国联邦宪法、州宪法与一些地方政府规章[1]把政府权力划分给立法部门、行政部门与司法部门。每个部门大多独立于其他部门，并且有权相互监督与制衡，如立法部门可以通过拨款来监督行政部门。同样，最高行政部门可以通过否决法案来监督立法部门。本章主要讲述三权分立对制衡各部门及取得公共预算问责成果的重要性。

三权分立原则及其在预算决策中的应用：理论与实践

三权分立理论

在《联邦党人文集》第 48 篇中，詹姆斯·麦迪逊写道：

有一点已为人们所公认，那就是任一部门的权力不应直接或完全地被另外两个部门掌控。同样明显的是，三个部门中的任一部门都不应该直接或间接地拥有凌驾于其他部门各自管理权之上的权力。不可否认，权力有着不断扩张的本性，因此应该通过有限的权力配置对其进行有效制约。[2]

在《联邦党人文集》第 47 篇中，麦迪逊引用了孟德斯鸠的一句名言："当立法权和行政权集中在同一个人或同一个机构之手，自由便不复存在。"[3] 在《联邦党人文集》第 51 篇中，麦迪逊写道："……以此来优化政府的内部结构，从而使政府的各个组成部门通过其相互关系而互相制约，确保各司其职。"[4]

立法部门的财权

三权分立是美国政治体系中最重要的政治原则，它旨在保护本国居民免于过重的赋税和肆意的财政支出。[5]根据三权分立原则，征税权和将适当的税收收益用于各种政府职能和政策的权力归立法部门所有。[6]为集体或公共目的向个人征收部分财政是政府拥有的最突出的权力之一。为此，税收和开支权力分配给了最能代表政府的部门——立法部门。如美国宪法第一章第九节写道："除非法律规定拨款，否则财政部不得支出款项。"总统只有在人民的代表者——国会的同意下，才可以通过行政部门执行机构执行他的正常开支。而且，无论是通过法律还是一般性实践，税收和拨款立法决议通常是在立法机关下议院或众议院中形成的。那些拥有较小的行政区域，在某种情况下频繁进行选举的立法机构，被认为是最接近民众的。詹姆斯·麦迪逊坚信，资本的力量将会成为这些人民代表手中反对行政机构权力过度膨胀的有力武器。在《联邦党人文集》第 58 篇中，他写道：

众议院不仅能否决，还可以提议政府扩充内需。总而言之，在英国宪政历史上可以看到，他们握有财权——那是我们关注的强大工具，那些幼稚而谦恭的民众代表，正如期望的一样，逐渐扩大其社会活动范围，并在社会事务中日益重要，直至发展到最终有希望削弱政府部门滥用权力的程度。这种财权，实际上可被认为是任何政体为了解除人民疾苦，有效实施所有公正和有益的措施，能够立即向人民提供援助和服务的最完善、最有效的武器。[7]

行政部门预算权力的发展与执行

在 20 世纪时，立法部门就试图集中预算权和行政主管的执行权，以实现对行政部门财政的控制，保留他们批准由行政部门制定开支计划和拨付公共资金的权力。[8]塔夫脱（Taft）经济与效率委员会在 1912 年发表声明说，行政主管在预算编制中拥有"发起和领导权"，而立法机关则拥有"最终决策控制权"。总统——作为全体人民的代表，被认为是提交综合开支计划的最适合人选。而国会——由当地不同的利益集团和选区组成，被认为最适合享有接受或否决预算的权力，而非制定预算。[9]1921 年制定的预算与决算法概括说明了行政预算的相关内容，该法建立了预算局（BOB），以在预算发展过程中对总统提供帮助，概括行政部门的预算。[10]各州在这方面也有了类似的进展。[11]

在执行预算活动前，行政部门通常直接将它们的开支估算提交给立法部门。考虑到它们之间相互联系，或者说在可得收入估算中相互制衡，无论是行政主管，还是其他行政部门都没有权力调整或修订那些估算。行政预算运动使得部门的要求只有经过最高行政长官调整和检查后才能被提交到立法部门。行政主管递交给立法部门的预算计划是一个综合性文件，它不仅检验部门估算的准确性，还权衡它们相互间的重要性，并且评估它们是否与行政主管的政治战略目标和项目目标相适应。随着行政长官编制预算责任的增加，他/她引导和控制行政部门的能力随之增强。[12]

为何立法机关赋予行政主管这样的权力？在一篇关于州行政预算的文章中，格伦·阿布尼（Glen Abney）和托马斯·劳斯（Thomas Lauth）写道：

尽管一个州长拥有强大的预算权也许会非常棘手，但州立法机关在许多重要方面从行政预算中获得了利益。依赖于州长对部门预算需求的解释和提交的综合报告，立法机关可以减轻其直接处理大量行政部门机构全部要求的压力。预算责任集中到州长办公室的同时，立法机关能够把焦点聚集到由行政部门制定的资源和开支决定上来。执行者的领导能力为立法机构所认可，因为它促进了立法机关的预算控制。[13]

在世界上的许多国家，行政机构和立法机构都是不可分离的，前者源于立法机构中的多数党派或者多数党派联盟。在议会系统中，预算报告是由多数党领导人准备并提交的，通常认为，这个报告上的多数项目都能够顺利通过。然而，在美国，总统、州长、地方行政主管改进预算，并通过建议的形式提交给立法机关。预算报告的通过是立法机关的特权。立法机关和行政主管的选民有所不同（前者具有区域性，而后者则代表政府部门），这样，要在预算问题上达成共识，就变得难以实现。正如约瑟夫·怀特（Joseph White）和艾伦·维尔达夫斯基（Aaron Wildavsky）所指出的那样，三权分立原则不是为提高政府效率而设计的，而是为了防止权力的滥用。[14]关于这一点，首席大法官 Warren Burger 写道："虽然这种权力分离体制偶尔会使内部产生冲突、混乱和失序，但它的组织架构是经过深思熟虑的，以确保对影响人们的重大问题上的全面性、强大性和公开性，并为政府权力的行使提供了监督的途径。"[15]

三权分立的实际运用

三权分立不是一个静态的概念，它是政府各部门之间的联系，贯穿于政府的各个时期和各个部分。艾伦·希克（Allen Schick）把联邦预算的发展分为三个时期：立法统治时期（1789—1921 年）、总统预算时期（1921—1974 年）以及国会为解决赤字的自我探索预算过程时期（1974 年至今）。在立法统治期间，"与其他财政问题一样，税收和开支立法集中在众议院的筹款委员会和参议院财政委员会身上"。立法权的分裂，以收入和开支分离的判决，分配给拨款委员会开支为特点，之后，一些拨款活动分配给了其他的立法委员会，导致"国会转向求助于总统协调财政决定"。[16]

1921 年制定的预算与决算法规定，总统每年需向议会递交一份预算报告，并成立预算局，[17] 作为一个协助总统准备和执行预算计划的参谋机构。接下来是对部门进行大量的审查，审查的内容包括预算报告的准确性、可靠性，评估它们与总统财政目标的契合度，以及对可支配收入的建议性分配进行协调。在进行完这些程序后，总统便向国会推荐提交下个财政年度的开支计划。事实上，希克写道："1921 年的法案使总统成为了国会控制财政的代理人。"[18] 20 世纪 70 年代早期，接近总统预算期末期的时候，财政预算中用于直接消费（如社会保障、医疗保障和救助以及其他项目）的比例、规模及增长速度使联邦财政显现出赤字的趋势，这导致了公众对总统管理联邦开支和进行开支决策信任度的下降。意识到这个困难之后，作为回应，国会尝试寻找提高自身制定收入和开支决策能力的方法。

国会在预算过程中的苏醒使《国会预算与扣押控制法案》于1974 年出台。这个法案的核心特征——关于国会与总统在预算过程中的角色定位——是要求国会采用一个预算条款详述预算总数、赤字/盈余以及在规定总数内的职能分工。如果说总统的预算建议代表了其收支计划，那预算条款就代表了国会的收支计划。[19] 该法案同时成立了国会预算办公室（CBO），相当于一个专门为国会而设的专家意见组，减少了国会对总统的管理与预算办公室（OMB）的依赖。1985 年制定的《平衡预算和紧急赤字控制法案》（格拉姆-鲁德曼-霍林斯法案）与 1990 年制定的《预算执行法案》是国会为解决联邦财政赤字颁布的一些附加法令。

根据州长和立法机关对预算的相关影响，爱德华·克林奇（Edward Clynch）和托马斯·劳斯将美国的预算类型按州分成了 13

个。[20]加利福尼亚、伊利诺伊和俄亥俄三个州被划分为行政管制州。在这些州中，州长改进预算说明，接受和审查部门的预算要求，准备并向立法机关提交一份标准的预算建议。立法机关无法接触部门的原始要求，只能在预算的审批阶段把州长的建言作为他们商议的基础。在这些州，否决权使州长可以影响预算决定。但是执政者并非享有绝对的控制权。这三个州的其中两个，州议会在规划税收上占有一席之地。

康涅狄格、佐治亚[21]、爱达荷、肯塔基和明尼苏达五个州被划为这样的州：州长在预算过程中处于中心地位，但立法机关有独立裁决和质疑行政预算假设和动议的权力。这5个州中的4个，立法机关和它的工作人员接受最初的部门的要求，但州长的行政预算报告仍被当作立法机关的工作文件使用。在佐治亚和爱达荷州，立法预算办公室提供行政开支建议分析的服务，这提高了立法机关质疑行政假设和动议的能力。在肯塔基州，立法机构主张其自己有编撰预算案指示的权力。

佛罗里达、密西西比、得克萨斯和犹他四个州被划为立法管制州，因为这些州的立法机关保留了它们对预算解释的实质性影响。在密西西比州和得克萨斯州，立法机关同时从州长和立法机关领导人处接受预算建议报告。在犹他州和佛罗里达州，立法机关的财政人员提前接收行政机关机构请求的副本，审查这些请求，并向立法机关作预算建议。尽管犹他州和佛罗里达州的拨款委员会不接受单独的立法预算报告，但委员会仍单独审查政府推荐的代理请求。在佛罗里达州，州长与立法机关联合改进预算说明，同时，立法部门与州长合作改进统一的收入估算。

在南卡罗来纳州，行政部门与立法部门联合起来，通过州预算与控制委员会参与预算规划，在这一过程中，立法部门占据统治地位。然而，从1988年的卡罗尔·坎贝尔州长开始到现在，州长都要向立法机关提交一个行政预算，以同预算与控制委员会的建议做一个取舍。[22]

克林奇和劳斯总结道：

各州商讨权力平衡变化的建议的模式，常常会加强预算决策者角色的影响力，而美国人对集中政治权力持有矛盾的观点。关于州预算决定的犹豫重新出现——它决定了社会流行的价值观。对多元化社会中强有力的领导责任的渴望，推动了立法管制体系中更多的行政部门起杠杆作用。同时，对多元化途径的渴望开启了行政统治体系，它使行政机关对开支选择有更多的立法影响力。只要美国各州的行政部门和立法部门独立行使权力，那么预算决策权就会在这两者之间此起彼伏。[23]

重要主题的深入理解

三权分立在预算决策中是一个重要主题。最近几年，我们目睹了克林顿总统与共和党控制的国会间的财政停滞——很大程度上通过总统代表和国会领导之间的预算峰会解决。结合处理部门间冲突的潜力与促进部门间合作的必要性，我们能够清楚证明三权分立在当代联邦预算过程中的重要性。

为了更好地理解三权分立原则和预算决策，我们拿 6 个法庭案件加以研究。其中两个案件是关于美国宪法三权分立原则的，两个是关于密西西比州宪法和肯塔基州宪法的三权分立；一个源自于纽约州奥奈达（Oneida）县的案件，质疑纽约州预算制订的合法性；还有一个案件涉及佐治亚州迪卡尔布县（DeKalb）《组织法》中的三权分立原则。这些案件已由美国最高法院和四个州的最高法院裁决。精选这些案件是因为它们形象地说明了三权分立原则在预算决策制定中的重要一面。当然，这些只是三权分立在拨款与预算运用中的争论案件的例子之一。例如，有许多州级案件详细地描述了款项否决权。那些对三权分立原则有蕴涵意义的案例，已经在两篇优秀文章中被其他人研究过了。[24]

对格拉姆-鲁德曼-霍林斯法案合宪性的质疑

介绍

美国国会通过了 1985 年的《平衡预算及紧急赤字控制法案》
（公共法律案第 99—177，99 法令 1038，美国宪法 901 及以下，等
等)[25]，其目的是通过限制 1986—1991 年（财政年度）的花销来消
除联邦预算赤字，并逐步将赤字于 1991 年降到零。如果美国财政赤
字超过上限，美国总统必须下达一份扣押令，来执行一份由美国审
计长为限制美国财政赤字而出台的报告。

《平衡预算及紧急赤字控制法案》要求管理和预算办公室(OMB)
和国会预算局（CBO）的领导人对每个财政年度的赤字进行估算，
并判断这个估计的赤字是否超过了格拉姆-鲁德曼-霍林斯法案制定
的年度赤字上限。这些领导人要求统一向审计长会议汇报他们的研
究结果。审计长需对他们的信息进行总合估算，制定一份他自己的
估算报告。总统不允许对其做任何修改或重新计算。

审计长经参议院建议和同意并由总统任命，因某些特殊原因
（包括工作低效和疏忽职守）不仅会被弹劾而且会被国会的联合决议
所撤销。

合宪性问题

该结果涉及的宪法问题是：在格拉姆-鲁德曼-霍林斯法案中，
国会赋予审计长的这一职能是否违背了三权分立原则？因为这项法
案实质上授予了审计官以执行的权力。

地方与最高法院的判决

1986 年 2 月 7 日，三法官联邦地方法院[26]判定，审计长的这项

权力（自动削减赤字）是违反宪法的，因为它违背了三权分立原则：

我们因此认为，既然授予审计长的自动削减赤字程序是一项行政权力，它本质上不能被国会任命的官员行使。这些权力不能被行使，所以处于重要地位的自动削减赤字程序不能被执行。

地方法院决定的影响是，将削减赤字的压力转移到该法案的后备条款上。该条款是为管理和预算办公室（OMB）和国会预算局（CBO）领导人提供的处方，只有被上下两议院的共同决议案，即立法所采纳才能实行。考虑到这一决定的影响，法院写道：

缩减如此重要且难以决断的立法项目，对剥夺审计长相关权力起到决定作用。这个事实也许看起来有些奇怪……但是由宪法规定的在不同权力之间的平衡，精确地构成了一系列技术条款，这些条款对自由所起的作用比表面现象更为重要。同时任何人对于这种平衡的遵守都不能因时势需要而被法院批准和反对。

1986 年 7 月 7 日，美国最高法院认为，国会赋予审计长的职能违背了三权分立原则，并且违反宪法。最高法官伯格为法院写道：（1）确认：审计员是立法机关的辅助性部门；（2）结论：赤字控制法授予审计长自动削减赤字的职权，侵犯了行政部门的权力。[27]法院的注释：国会无权执行法律，因此，不能授予国会控制下的官员不应拥有的权力。

总统单项否决权

介绍

单项否决权法案（公共法律编号 104—130）在 1997 年 1 月正式施行。它的制定是克林顿总统和国会共和党人的一个胜利。从尤里西斯·S. 格兰特（Ulysses S. Grant）开始，总统一直倾向于给自己司法权力中加上单项否决权，同时，总统单项否决权是众议院共和党《与美国有约》[28]文件中的一个重要组成部分。事实上，这个新的权力结束了总统必须全盘驳回国会或接受国会通过的预算案的要求。赞成总统否决权者所引证的代表性理由是：控制议员为选民争取到的地方建设经费支出以削减赤字。

国会的一些议员质疑单项否决权法案的合宪性。他们的论点最初得到美国一个地方法院的支持。当联邦最高法院以国会议员缺少诉讼证据为由，撤销地方法院的裁决时，也就为克林顿总统行使这项新的总统权力扫清了道路。[29]当克林顿总统废除1998财政年度一对预算调解法案（公共法律编号105-33和公共法律编号105-34）中的一个开支法案、两个税收条款时，他成了第一个使用单项否决权的美国总统。接着，在1998财政年度的13个拨款法案中，他又否决了9个法案中的79个项目。

总统单项否决权的建议者，在陈述支持赋予总统此权力的理由中，经常引用州单项否决权的经验。43个州的州长所拥有的单项否决权已经有了一定的发展。行政否决权在处理拨款议案中的浪费和议员为选民争取到的地方建设经费时效率十分低下。修补州长权力的目的是为了保障其行政预算权，即州长能够否决立法机关在拨款法案中制定的引起反对的款项。

在国会考虑总统单项否决权期间，州在这方面的成功经验经常被引用。然而，事实上，总统单项否决权与各州长所拥有的各种形式的单项否决权存在着许多的差异。例如，新的单项否决权赋予总统对已经制定或签署的法律进行实质性修改的权力，而州长只有在签署拨款预算案使其成为法律的过程当中才能对法案中的项目进行否决。总统不能减少款项，[30]而12个州的州长有权减少和取消开支款项。总统对于政策中拨款法案或对资金使用的限制规定没有否决权，州长则经常否决这些法案。而且，正如其他人[31]所指出的，新（通过）的总统单项否决权不是宪法中规定的州长所拥有的单项否决权，而是总统已经拥有的废除（国会）已经通过的拨款项目的权力的升级。同样，总统能够否决税收受益款和新的直接开支条款；而州长则不能，除非法院将开支看作拨款。

1998年6月25号，联邦最高法院宣布单项否决权违反宪法（美国宪法691以及下列几项等）。[32]

单项否决权法案

单项否决权法案允许总统废除如下条款：（1）任何、任意的开支预算，这在任何一个拨款法案中都能找到；（2）任何新的直接开支款项，例如像医疗保险或公共医疗补助制这样通过立法保护的应有权利的项目；（3）任何有限税务救济，指的是受益人为100位或更少人的（税务）拨款。[33]

在签署开支或税收法案的五天时间内，总统可以向国会递交一个报告，上面罗列出将要取消的条款。单项否决权的权力不能被用在没有总统签署但已经成为法律的开支或税收法案上，或经总统否决仍成为法律的法案上。[34]可撤销项目包括一次性付清的类型，即使没有在拨款法案中具体规定多少数额，只要在附带的委员会报告中能被识别或在授权的法规内注明即可。[35]除非国会在两院没有闭会的30天内通过不同意案，废除才能生效。加强款项取消权是在1974年制定的《国会预算与扣留控制法案》中的重要内容，它标志着款项取消权的权力变化。然而，与这个法案相反，新单项否决权将担子转移给了国会，国会为了防止一些预算案的实施而采取反对意见。总统能够否决不同意案，国会可以以2/3多数推翻总统的否决。[36]单项否决权直接针对削减赤字，并且不能运用于其他开支决定。

国会议员对单项否决权的上诉

1997年2月2号，6名国会议员[37]在联邦法院中提起诉讼，声称总统的新权力是违反宪法的，它是否决开支和税收法案中的特定款项，而不是对包含这些款项的整个法案的否决。他们坚持认为单项否决权违背了联邦宪法第一章第七项第二条的内容，它规定一项法案经国会两院的大多数通过后，该项法案应该是：（a）总统签署整个法案；（b）全盘否决整个法案；（c）不用总统签署即成为法律。但它不能被部分地或分条款地否决。

1997 年 4 月 10 号，联邦区域法院法官托马斯·P. 杰克逊（Thomas Penfield Jackson）为原告做出裁决，他认为国会不应该授予总统撤销拨款法案中特定的开支条款，或废除已经签署成为法律的税收收益款的权力。[38]杰克逊法官在判决书中认为，"如果总统签署一项法案，但随后提议取消它的一部分，那么他越过了宪法赋予他的权力的界限，并阻碍了国会两院参与法律制定的权力"。他同时认为，"国会颠倒了在立法上的宪法责任分配"。

单项否决权法案迅速上诉到美国最高法院而不是联邦上诉法院。在最高法院 1997 年 5 月 27 日终审前的辩论中，政府方面声称国会议员缺少上诉的证据，因为起诉时总统单项否决权并未对原告造成伤害，也就是说，没有证据或争议。1997 年 6 月 26 日，最高法院认定国会议员缺少有力的证据，并命令地方法院撤回判决。大法官威廉·H. 伦奎斯特（William H. Rehnquist）写道，国会议员"宣称他们个人没有受到伤害"，同时"制度的伤害"并不足以构成上诉的理由。他同时认为不会阻碍那些在"法院可受理的范围内遭受该法伤害"的人对该法的质疑。[39]尽管最高法院没有谈及这项权力是否合法，但推翻地方法院裁决的效果等同于单项否决权法案依然有效。

克林顿总统否决三个条款

对于单项否决权的传统理解，是一种从拨款法案中取消某些选定项目的机制。[40]然而，总统单项否决权的第一次使用是在 1997 年 8 月 11 日，不是关于任意开支案（拨款法案的开支条款），而是关于一个直接开支条款和两个有限税收收益条款。那个直接开支条款是一个医疗救助条款，这个条款将允许纽约市继续对医疗服务提供者征收一定额度的税，目的是为了筹集资金以代替州提供的医疗救助对等资金。两个有限税收收益款，[41]一个是在向农民合作社销售一些食品加工厂时允许延缓缴纳主要资本所得税的条款，一个是允许金融服务公司延缓支付其海外经营所得税收的条款。[42]这三个项目不属于拨款法案，但包括在 1997 年 8 月 5 日通过的一对预算调解法案[43]之中，以调整现有开支和征税法来达到于 1997 年 6 月 5 日表决通过的 1998 财政年度预算决议案（H. Con. Res. 84）中所提出的 5 年内削减赤字的目标。该取消案使克林顿总统和共和党人在国会的领导人之间的"预算交易"具体化（1997 年 5 月 2 日）。[44]预算取消案设定了赤字削减目标；协调法鉴别这些项目，削减资金以及改变财政来源以达到削减赤字的目标。[45]

克林顿总统对单向否决权的使用是对"特殊利益集团"发出了这样一个信号，即浪费开支和税收漏洞将不再被允许，尽管他的这三项否决对赤字的影响可能无足轻重。第一时间运用这个新的否决权的政治利益很明显是总统决定不再等待拨款法案送到他的办公桌上，而是主动出击。在取消权中受到损害的党派人员继续上诉，对该权力合宪性的争论又重新回到法庭。

受害党派的上诉

1998 年 2 月 12 日，一个联邦地方法院再次宣判 1996 年制定的单向否决权法案违反宪法，因为这违反了宪法规定的立法方式，将立法权移交给了执行部门。起诉者是纽约市斯内克河马铃薯种植股份有限公司，他们声称克林顿总统的否决对他们造成了经济伤害。美国健康与人类服务部门裁定纽约市为了在医疗救助支付份额上获取利润，而对医疗服务提供者不公平地征税。但是，1998 财政年度协调法（编号 105—33）又准许纽约市做美国健康与人类服务部门所禁止的事情。克林顿总统废除了调解法上有关纽约市税收的条款，这个条款能帮助纽约市通过向医疗服务提供者征税，为它的医疗救助计划提供资金，因此纽约市决定上诉。[46]克林顿总统同样否决了1998财政年度调解法（编号105—34）中的一个条款，该条款允许合格的农业加工或精加工企业股票的持有者，在将该股票出售给合格的农民合作组织时，缓交资本利得税，只要此资本利得收入重新投资于股票中。克林顿总统否决该条款后，农民合作组织对其进行上诉。[47]地方法院法官托马斯·霍根（Thomas Hogan）判定总统对这些条款的否决损害了纽约市斯内克河马铃薯种植股份有限公司的利益。

最高法院判定单向否决权违宪

1998年4月27日，美国最高法院听到了一些口头争论。[48]最受关注的两个争论是纽约市斯内克河马铃薯种植公司的上诉以及总统在行使其取消权前5天内将法案签署成法律的要求是否符合宪法第一章第七项第二条的规定，该规定要求递交给总统的法案只能被全盘签署或全盘否决。后来的观点中，政府争辩说它符合宪法第一章的规定，取消权仅仅是执行宪法第二章中国会授予总统的一个权力。

1998年6月25日，最高法院判定1996年制定的单项否决权法案违反宪法；宪法禁止总统通过否决单个开支项目来修改国会通过的法律。约翰·鲍威尔·斯蒂芬（John Paul Stevens）为法院（编号6—3）写道：

诉讼的焦点是，总统的行为通过废除法案的部分款项修改了国会的两个法案……宪法没有赋予总统修改或废除法律的权力。在条款制定时，由两院通过但"在其成为法律之前"，它必须先递交给总统，如果他赞同该法案，他将"签字"。反之，他将"退回"，即"否决"它。"退回"与废除条款有很大的区别：宪法规定的退回是指全盘退回并在它成为法律之前实施，而法定的废除是在法案成为法律之后实施的，且只能废除部分。

法院对该法案的明智之处没有表达意见。

密西西比预算与决算委员会：允许发展预算，禁止执行预算

介绍

1983 年 11 月 23 日，密西西比州最高法院宣布在委员会中和有行政责任的委员会中任职的立法人员是违反宪法的。[49] 法院的决定允许立法机关领导制定预算案提交给立法部门，但不允许立法机关参与预算执行。这个案件是由司法部长比尔·阿莱恩（Bill Allain）发起的。争论的焦点是密西西比州宪法中关于三权分立的规定。

密西西比州宪法第一章第一项和第二项规定：

第一项：密西西比州州政府的权力应被分为三个独立的部门，每个部门由相互独立的地方行政官掌管，也就是说：立法部门归属于一个行政长官；司法部门归属于另外一个；行政部门又归属于另一个。

第二项：本部门或者隶属于本部门的任何人或集团，不能行使本应属于任何其他部门的权力。

预算与决算委员会

从 1955 年到 1983 年期间，预算与决算委员会都是密西西比州预算发展与执行的主要研究机构。它由州长担任主席，由来自立法院的各 5 位领导（副州长，参议院临时主席，参议院财政委员会主席，参议院拨款委员会主席和一个由副州长指定的内阁成员；众议

院发言人，众议院筹款委员会主席，众议院拨款委员会主席以及两个由众议院发言人指定的众议院成员）组成。委员会通过领导者及其他支持者来处理各项事务，它为州议会准备适当的财政预算方案，即"预算制定过程"，并在拨款法案通过后执行拨款，即"预算控制过程。"

立法委员与司法部长的抗衡

这个案件开始于 1982 年 4 月 7 日，当州立法委员在巡回法院对比尔·阿莱恩提起诉讼时，密西西比州司法部长就他一封信中的一个观点做出了回应。立法者起诉说他们同时在立法部门和委员会中任职（包括预算与决算委员会）并没有违背密西西比州 1890 年宪法第一章第一节、第二节的规定，他们的任职是合宪的。同一天稍晚时候，司法部长起诉了立法委员，起诉的内容是：（1）特定的委员会（包括预算与决算委员会）都在政府行政部门里；（2）就规章中授权立法委员任命委员会成员的权力看来，这个特定的规章是违宪的；（3）立法委员违背了密西西比州 1890 年宪法第一章第一节、第二节的规定。同时，司法部长试图将被告的立法委员开除出立法部门或者委员会。概括而言，争论的焦点是在执行预算职能的过程中立法人员是否可以"越过宪法对他们的限制，侵犯宪法赋予行政部门的权力"。

最后，法院判定，那些有争议的授权立法者以预算委员会席位的规章是违反宪法的，同时法院还宣布免去立法者在委员会中的职务，并撤销他们在立法机关中的职务。

最高法院部分维持、部分撤销

密西西比州最高法院在上诉时敲定了几个焦点问题。然而，只有一个问题是与我们的争论直接相关的，即密西西比州宪法是否禁止立法者在委员会中任职（包括预算与决算委员会）。

通过将行政权定义为"执行和维护由立法机关制定的、法院解释的法律权力"，法院开始了它对立法机关是否侵犯行政部门权力的研究。美国最高法院引用了行政权的定义，并对其与立法权做了恰当的区分："立法权与行政权不同，立法权是制定法律的，而不是行使法律或者指定授权机构来行使法律。后者是行政部门的职能"。[50]

司法部长认为，根据宪法第一章第二节的规定，推荐州预算、"预算制定过程"、在划拨法案制定后执行拨款决定、"预算控制过程"是仅仅属于政府行政部门的行政职能，不管是直接还是间接，宪法都禁止立法人员行使这些职能。

立法者则是另一种想法，他们认为宪法中关于三权分立的条款应该有一个更灵活的解释，以允许权力在实践中的重叠。他们同样争论道，在现有的体系中，立法人员对委员会——他们所拥有的权力被认为是与生俱来的，因此，他们的秩序不应该被扰乱——有相当大的影响力。但法院没有发现任何一个争论有足够的说服力。

最高法院认为，"所有的立法权已经授予了这个州的立法机关。并且我们还认为，所有的行政权已经授予了政府的各个独立部门，没有任何立法部门的成员可拥有基本上是行政性质的宪法授予的权力"。在阐明这个指导性原则后，法院将重点转移到了两大预算程序上——"预算制定"与"预算控制"。

预算制定权

法院发布了三条与预算制定有关的原则：第一，预算制定是立法机关的一项特权；第二，州长有权向立法部递交预算建议书，包括递交整个行政预算报告供立法机关参考；第三，任何参与制定预算案的委员会和部门，包括立法委员以及执行分支机构人员，都不能参加预算案表决。[51]

谈到第一个原则，法院写道："根据宪法规定，在密西西比州，预算制定是立法机关的一项特权和责任。立法机关有权通过税收和其他途径为财政收入做好准备，有权划拨或引导开支过快。尽管容易遭受州长否决，但主要的预算制定责任还是属于立法机关的。"

谈到第二个原则，法院写道：

> 立法机关已承认州长有权对预算与决算委员会制定的预算提出建议，但不包括修改预算的建议，即使执政团体有此意愿……虽然法律陈述更倾向于州长仅对由预算和会计部门给出的提案进行修正，不过，这并不代表州长被排除了直接制定完整可行的预算案，进而提交立法院审核的可能性……综上，我们达成共识：州长依法每年向立法院提交一套可行的预算提案，以使州政府可依此预算案正确施政。当然，最终立法机关有权力和特权——全盘或部分地接受或拒绝州长的预算建议。

关于第三个原则，法院说："宪法将政府权力分为相互独立和区别的部门，然而，我们认为在目前的结构机制下预算与决算委员会违背了密西西比州三权分立的原则"，现行的"成立一个同时包括立法机关人员和行政部门人员共同组成的预算与决算委员会作为有表决权成员的条例是违宪的"。

法院同样注明立法机关和州长有权成立帮助承担预算制定责任的委员会。

预算控制过程

法院规定预算控制过程是行政部门特有的行政职能：

> 预算控制进程所引发的不同争论就在于它是一项行政职能。一旦完成税收和拨款工作，立法机关的特权就结束了，那么行政机关便开始行使它的责任——管理拨款及完成它的计划、目标。当然，立法机关会对行政机关不断地施加一些限制……综上所述，我们认为宪法不允许立法机关直接或间接地侵犯政府行政部门的权力和特权。因此，一旦合法的拨款决定制定后，立法机关便不能插手拨款

事务，并且，在无立法机关完全同意的情况下，立法机关不能对这类经费开支强加什么新的限制、约束及条件。

现行法规将"预算控制权力和责任赋予一个委员会，而委员会的成员又是立法机构的成员，因此是违反宪法的"。

最高法院撤销了巡回法院罢黜立法人员在立法机关中职务的判决，理由是，作为一个正式选出的政府协调部门的人员，他们应该得到与他们的地位相称的尊重。虽然有充分的理由认为，他们行使原本属于行政部门的权力是违反宪法的，但并没有充足的理由要求他们撤职。

附言

依照最高法院的决定，立法机关在 1984 年成立了议会联合预算委员会（JLBC），它由 10 个同样在预算与控制委员会任职的立法领导人组成，他们行使立法机关的预算制定特权。立法机关成立了立法机关预算局作为议会联合预算委员会的参谋机构。同时，1984 年，立法机关成立了财政管理委员会（FMB）辅助行政部门，它由州长和两个州长任命的人员组成，负责行使州长的预算制定和预算控制权。1989 年，立法机关废除了财政管理委员会，由财政与管理部门取而代之，它有单独的预算部门。[52]

密西西比州预算过程中的三权分立问题于 20 世纪 90 年代末再度出现。一纸起诉称，副委员长参与议会联合预算委员会违反了密西西比州宪法中关于分离行政权及立法权的规定。

密西西比州注释法典，27—103—101（1）部分注明：兹设立议会联合预算委员会和立法预算办公室，立法预算办公室应由议会联合预算委员会管理。议会联合预算委员会应该由以下人员组成：参议院财政委员会主席，密西西比州参议院临时主席，密西西比州副州长，参议院拨款委员会主席和一个由副州长指定的参议院议员；众议院筹款委员会主席，众议院拨款委员会主席，众议院发言人，以及两个由众议院发言人指定的众议院成员。

根据"亚历山大等人诉密西西比州"［通过 Allain，441 so 2d 1329 (1983)］的判例，原告提出下列主张：（1）一个政府机构的官员不能行使属于其他两个政府机构的"核心权力"；（2）制定预算是立法机构的"核心权力"；（3）副州长是行政机构的官员。

最高法院认为这个案例与亚历山大案的裁决并不同。最高法院认为，副州长不单是行政部门的官员，同时还是宪法规定的立法部门和行政部门的官员。正如参议院主席本身有资格享有建立联合预算立法委员会的法律所赋予他的立法权力一样。[53]

肯塔基的立法独立运动

介绍

肯塔基是一个在预算问题上州长相对强势的州，即使肯塔基州长只任职 4 年。[54]自 1972 年起，政策与管理办公室（OPM）便成为州长的预算与计划智囊机构。政策与管理局协助州长进行预算准备与审察，跟进立法拨款。政策与管理办公室对项目资金进行分配。肯塔基州两年一次的立法会议有 60 天的时间限制。施奈德和爱尔兰德指出，历届州长经常把预算拖到会议最后讨论，并将其作为与想增加行政预算项目的立法者讨价还价的工具。[55]然而，20 世纪 70 年代后期和 80 年代前期，立法机关开始采取行动维护它的独立。1978年，立法机关成立了立法预算审察局，为拨款税收委员会提供参谋支持。[56]梅尔·哈克巴特（Merl Hackbart）称，"立法独立化势头渐猛是在 1982 年立法会期内第 649 项法案通过后"，这个法案包含了"一系列为加强立法机关在预算过程中的作用而设计的一系列改革"：[57]

众议院 649 号议案要求的内容是：（1）州长需在立法会议在会期间的 15 天内提交他（她）的预算报告（他/她的第一个预算报告），

或在立法期间的 10 天内提交（他/她的第二个预算报告）；（2）预算报告包括一个预算削减计划，从而限制了在资源短缺的情况下州长对资源的调配能力；（3）立法调查委员会被授权指定州预算说明；（4）立法部门起草一份预算契约书以阐明立法目的；（5）预算要写成条款的形式，而不是法案的形式。[58]

众议院 649 号议案中的一些条款并没有受到州长约翰·Y. 布朗的质疑，如要求在立法会议期间尽早递交预算报告的条款。然而，其他几个条款遭到了质疑，并且由于关系到联邦立法，肯塔基州最高法庭被要求理顺行政及立法部门特权事宜及分权原则。

1984 年 1 月，肯塔基最高法院认为立法机关——由它的参谋机构立法调查委员会[59]协助立法——有权对两年一次的总资金预算进行预算说明的阐述。同时，法院也赞成预算提交日期和预算削减条款。然而，它认为将条款制定成决议的形式比制定成法案的形式更显得违反宪法。[60]

立法机关解决多数宪法问题

在立法调查委员会诉约翰·Y. 布朗等人的案例中，争论的焦点是与预算制定过程和对预算通过的监督相关的一些条例。在每个例子中，那些规章条例[61]可能都违背了预算决策中的三权分立原则。根据州的三权分立原则，最高法院写道：

我们现行的宪法包含了明确的条款规定，一方面，它规定了政府三个部门的相互独立；另一方面，它特别禁止政府部门间权力和职能的侵犯。因此我们的宪法有双重障碍，既有积极的一面，又有消极的一面：

第二十七章 肯塔基政府的权力应分为三个独立的部门，每个部门由各自独立的地方行政官掌管，也就是说：立法部门归属于一个行政长官；行政部门归属于另外一个；司法部门又归属于另一个。

第二十八章　除非本宪法明确指示或允许，任何有责任行使属于这些部门权力之一的个人或集团，皆不得行使属于其他两个部门的任何正当权力。

条例 KRS48.130 要求当向下议院提交预算请求时，每个政府部门都要制定和提交一份预算削减计划书，以防国会收入不足。如果收入不足在立法会议期间持续发展，下议院支持的预算削减计划将有可能被执行。在约翰·Y.布朗州长头两年执政期间，收入不足迫使其削减立法部门制定的预算计划。立法机构对他的一些选择提出异议，因为这些选择使法令规定了如何进行将来的预算缩减。[62] 审讯法庭宣布这个法令违宪，因为它允许立法调查委员会（LRC）否决管理预算的行政决策，而执行预算是行政部门的特权。最高法院则相反，认为这个法令没有授予控制权给立法调查委员会，而仅是指导各个政府部门执行由州议会通过而成为法律的缩减计划。相关法规（KRS48.400；KRS48.600）要求行政部门对联邦的财务状况进行监管，并定期向其他部门报告；若收入严重短缺（超过联邦议会规定的任何削减计划），则需进行判断并根据最合适的方法进行处理，但应向相应的立法委员会汇报其行动。最高法院认为，这些法令并不是对行政部门职权领域的一种侵入，也不损害分权学说。

法令 KPS 48.500 要求每个政府部门，按照由州议会正式通过的预算表说明关于拨款行为的规定。当州议会休会期间，这些说明就由关于拨款和税收的临时联合立法委员会检阅。如果行政部门和临时委员会在说明上有不一致意见，法令提供了两种选择：（1）这种说明不被执行，直到它被决定依从立法机构的意向；（2）行政部门告知临时立法委员会它不服从的意向，然后为它的不服从提供一份解释。审讯法庭认为，这个法令是违宪的，因为它允许通过一个立法机构的委员会否决预算管理方面的行政行为。最高法院则相反，他们认为，如果行政部门遵守任何章程的规定，即（1）修改说明，以符合临时委员会的要求；或（2）如持否定意见应通知委员会，并进行解释。所以，这里不存在立法机构的否决权，也没有妨碍行政部门执行它的预算。勉强地把这个法令解释成仅仅要求行政部门报告和临时委员会的意向不一致，但不服从临时委员会的解释，法院有可能撤销这个法令中所包含的拥护宪法的内容。[63]

另一个法令（KPS 48.310）要求将预算看作一个决议而不是法案，它进一步规定了预算应该服从肯塔基修订法，以及预算不应该包括任何使它可以免除现有法令的语言。对这个行为合理的解释是降低预算议案与现行条例发生冲突的可能性。然而，审判法庭宣称这个法令是违宪的，因为肯塔基宪法要求预算经由法案颁布，而这个法案州长是可以根据一个条款否决的。最高法院维持了中级法院的原判，实际上维护了行政首长的单项否决特权。

底线

施奈德和爱尔兰德认为，"在立法调查委员会诉约翰·Y.布朗等人的案件中，法庭在使一些侵犯州长'忠实执行'预算的宪法义务失效的同时，也承认了立法机关在预算事务上的权威"。[64]立法机关在编写国家预算细则文本方面的作用是独一无二的。立法机关于立法会议上就其尽早获得预算的请求获得了成功。立法机关达到了在财政收入不足的时期，在减少预算支出方面施予更大影响力的目的。但符合"立法意图"关于必需的行政部门的法定标准仍然不明确。州长对预算法案的否决特权通过这样的方式而得到保留：立法机关必须通过法案而不是通过决议颁布预算。

纽约州行政部门缺少扣押拨款的权力

介绍

纽约州有一个拥护宪法的行政预算系统。然而，立法机构对预算过程施加了相当大的影响，这可从如下要求来说明：当预算机构向行政部门提交他们的预算申请时，他们必须同时向众议院筹款委员会和参议院财政委员会提交其申请。这两个委员会共同做出的预算与州长预算部门的预算相吻合。

在 1976—1977 财政年度的行政预算中，纽约州长胡·L. 凯里（Hugh L. Carey）建议，为污水净化工程拨款 120 万美元。在立法机关的预算考虑中，立法机关增加了 140 万美元给这个工程，总共批准了 260 万美元。州长签名使这个拨款有了法律效力。在 1976 年 10 月，大约在财政年度的中期，[65] 预算主管减少了之前分配给环境保护部门的用于支持和维护当地污水处理系统的 70 万美元的预算。对于这个扣押，他们所宣称的理由是保持财政年度的预算平衡。奥奈达县声称，这不正当地剥夺了其运作与维修污水处理设备的费用，并且请求发放被扣押的资金。[66]

宪法问题

争议的问题是：作为州长的代理人，州财政预算局长是否可以拒绝支付由州议会通过的 70 万美元的拨款。行政部门争辩道，州长拥有宪法赋予的职责，要在财政年度里保持预算平衡。而那个扣押对于达到这个目标是必需的，并且拨款法令授予了预算主管者随机行事、减少拨款的权力。最高法院，受理上诉的部门和上诉法院[67] 全部都裁定："在国家宪法下州长不存在扣押法定拨款的权力，并且……拨款法令没有授予预算随机行事的权力来否决其他的适当支出。扣押 70 万美元拨款的行为是违宪的"。

上诉法庭的决议：不存在扣押权

上诉法庭裁定：虽然州长有宪法法定的义务去设计一个平衡的财政预算，但他没有在财政年度保持预算平衡的义务，也不具有隐含的宪法权力来减少已经通过而成为法律的拨款来达到预算平衡。

在之前的案例中，法院认为预算部门主管作为州长的代理人，不能为了减少州财政支出而拒绝支付由州议会通过的用来支持市政当局的运作与维护污染治理工程的 70 万美元拨款。法院以一个较早的声明为自己引证，它申明一个适时的成为法律的规定，"一旦通过，就不能由于任何官员、委员会或个人的一时兴致或反复无常而变更或修改。未经立法机关撤销或修订不得更改"。[68]

法院同样也注意到，虽然州长拥有对拨款进行单项否决的权力，但他没有运用这一权力，并且同意了由州议会呈递的拨款议案。关于州议会对州长的预算建议的修订，法院写道，"作为立法的补充，这 140 万美元适用于州长否决权。但是州长投票支持这项措施，所以它就成了法律……一旦这项拨款通过，州长和他的下属就有责任'保证它切实地被执行'"。[69]最终法院认为，拨款必须被行政部门视作强制的，而不是任意的："无论其目的如何冠冕堂皇，行政部门都不得凌驾于经过立法程序而形成的法规之上。除非被否决或者司法失效，否则立法机关的政策声明必须得到贯彻执行。"

关于三权分立原则，最高法院裁定：行政扣押构成了一种"对立法机关领域的侵犯"。上诉法院宣称，运用行政权力来扣押资金会与国家的宪法相矛盾："我们的国家宪法建立了一种体制，在这种体制下政治权力被分配在三个同等地位、同等权力的部门间……不需要多余的分析来具体说明在三者之间权力的这种脆弱的平衡，因为历史告诫我们，当任一同等地位的部门合并或干涉另一个部门时，那么自由政府的基石将受危及"。在同样的主题上，法院进一步写道，"诚然，在一些领域内，政体的这三个重要部门的职责是重叠或交叉的，并且在这些领域内权力不可能是永恒固定的。但是这不能否认，行政部门的一个最重要的职能就是执行国家法律，不管它们是由法令或是由其他形式体现出来"。

附言

约瑟夫·齐默尔曼（Joseph Zimmerman）宣称，"奥奈达县诉伯利"判决的直接结果是，"复苏条款否决权是由总统使用的重要武器，用以保卫它的财政计划，以对待立法机关通过条款添加或增大的形式所采取的过度行为"。[70]从 1874 年起，纽约各州长均拥有单项否决权，但随着 1929 年各州行政预算系统的建立，州长更倾向于利用单项否决权来抵制挥金如土的州议会。[71]

这种发展解释了扣押与单项否决权的关系。如果允许行政主管扣押州议会通过的拨款资金，使用单项否决就没必要了。如果在由州长和州议会领导人共同制定出来的可接受区域内采取扣留制度，就不再需要运用单项否决权来保护行政预算的完整性。然而，正如尼克松总统和国会之间由扣押引发的争议一样，超出可接受的限度就有可能引发诸如 1974 年国会预算和扣押控制法令等条例约束，或者像纽约州案例中那样判决失效（Oneida v. Berle，1980）。

在一个有某些相似之处的联邦案例中，美国最高法院认为：环境保护局（EPA）的管理者应当依据 1972 年批准的《〈联邦水污染控制法案〉修正案》[72]的授权来分配下拨的资金。在那个案例中，法院支持：虽然总统发出指令，不要分派最大数额，[73]但环保局管理者向纽约市及类似地域分派资金不得少于应分派数额。然而，法院并没有宣扬总统扣押的合宪性，而是选择了用解释 1972 年法令的详细规定的形式来裁决这个案子。

尝试对抗迪卡尔布县首席执行官的"政变"

介绍

1998 年，迪卡尔布县（佐治亚州）[74]委员会和这个县的首席执行官忙于为首席执政官的预算权而斗争。紧接着的结果是委员会通过的法令的持续，这个法令指导着政府支出项目的管理。利益攸关的原则是对国家立法部门与行政部门之间的权限划分。[75]

1998 年 5 月 19 日，该县委员会颁布两项法令（第 98 - 06 号和 98 - 07 号），要求该县依照宅基地期权销售和使用税（HOST）计划年度项目清单提留项目基金，同时制定了一套对宅基地期权销售和使用税（HOST）[76]基金项目清进行预算、批准、监审的标准。前者即为人们所熟知的"项目管理法"，后者被称为"宅基地期权销售和使用税预算编制条例"。首席执行官于 1998 年 5 月 26 日否决了该条例，并斥责此条例是"对她行政权力的非法篡夺"。然而县委员会却于 5 月 28 日驳回了她的否决意见。[77]委员会不考虑这一否决。首席执行官向迪卡尔布县的高级法院[78]提出申诉，指出委员会公布的法令触犯了迪卡尔布县的组织法令。

事件发生的背景是首席执行官和几个委员会成员长期的论战。在这场引起诉讼的争端中，首席执行官声称她有权履行国家法令、政策和法规，并提议成立一个联营工程公司，拟定一系列由销售税基金来承担的公共项目工程，该销售税基金是 1997 年投票通过的。然而，委员会声明它有权解释哪些项目可以得到资助，坚持这些项目要在该县五个行政区平均分配。

宅基地期权销售和使用税

1997 年 3 月，迪卡尔布县的选民通过了一项计划，从 1997 年 7 月 1 日起增加 1 个百分点的销售税（在该州 4％销售税的基础上），并且从 1999 年开始削减财产税。这一计划是由地区的宅基地期权销售和使用税条款审定的。[79]提交给投票者的方案包括了一项措施，内容是前 18 个月新增的销售税将用于急需的公共项目，包括法院大楼扩建项目、公路及人行道工程。此后，新增 1％的销售税中的 80％将用作个人拥有住房的财产税支付，[80]另外的 20％将用于资本支出项目。资本支出项目将根据优先顺序来支付和实施。

该措施旨在形成新的收入机制，缓解财产税压力，并将用此收入帮助投资平衡和发展。据预计，很大一部分新增的税收来自于非当地居民，并且该减税方案会吸引更多的人在当地买房。

迪卡尔布县的组织法

根据宪章的说明（迪卡尔布县 1982 年组织法是首席执政官和委员会争论的焦点），7 位由 5 个地区选举产生的委员，制定了包括已批准县预算的政策。而由选举产生的行政部门的首席执行官负责该县的日常工作，向委员会提交县预算，并拥有否决权。[81]这个县没有县长而由首席执行官行使着像县长一样的职能。首席执行官主持委员会的召开，[82]但并不是委员会的成员。首席执行官宣称，根据组织法的规定，她有权监督如何将销售税收益用于公共事业。委员会条例要求雇用一名项目经理来监督工程，并且像一系列公共会议和隐含的委托中要求的那样，选择应当被资助的工程。项目经理必须向委员会汇报，委员会希望通过指令影响着从项目选择到项目完成整个过程的每一阶段。首席执行官将委员会的条例描述为"微观管理"和"监护政治"。[83]她认为这个过程应该是：委员会挑选项目并分配资金，但是接下来就依靠首席执行官和行政部门来实施该项目。

在首席执行官的诉讼案中，她用了组织法规定中的一个条款进行引证："有关县政府各部门、机关和办公室的运行，督导和管理一应事务，应交予首席执行官单独处理。委员会的任何成员都不应直接或间接地命令、指示或者企图支配行政人员的执行权和首席执行官的监督权"。委员会条例中关于项目经理的措施被争论是违反这一条款的。

首席执行官在高级法院赢得了第一回合

1998 年 8 月 6 日，迪卡尔布县高级法院法官裁决：引起争论的两条委员会条例是无效的。HOST 项目经理条例和 HOST 预算条例被认为是对县组织法的直接侵犯。在裁决附着的声明上，法院将这些条例描述为委员会的"政变"。[84]

裁决写道:"在每一层次……每级政府……,行政部门和立法部门之间都存在一种天然矛盾,而那些被选出的公务员的职责就是在这样的局限之内进行工作。"法院宣称:"组织法详细阐述了县政府在行政和立法部门间的权力分离。立法机关和委员会有权决定投入多少资金以及投入给哪些项目……委员们无权管理基金的使用情况,监管及控制执行的权力只能由首席执行官专有。"类似的,法院的观点表明,"委员会在法令的授权下仅可以决定某个具体项目是否符合迪卡尔布县公民的利益以及是否应该给予资助。立法机关做出政策决定后,合同管理……成为了首席执行官而不是委员们的特权"。

法庭进一步陈述,首席执行官任何权力的更改不得由委员会的条例来决定,而必须根据组织法的程序进行:首先由佐治亚州议会提出草案,后由迪卡尔布县选民投票决定。法院特别提到,"……委员们试图通过 HOST 法令来增强对资金的行政管理及预算控制权,从实质上削弱首席执行官的相关权力。但是这些仅靠通过一条法令是不够的"。

具体谈到该项目经理人条例,法院裁定它有违县组织法,因为它将委员会凌驾于行政人员之上,直接对行政部门人员进行监管,而这一职能是首席执行官所独有的。具体谈到该预算法案,法院裁定它有违组织法,因为它创造了一项独立的不受 HOST 项目约束的程序,它被赋予额外的职责,凌驾于首席执行官之上进行项目预算的编制,已脱离了每年制定县预算的程序和步骤。这个预算法案违反了组织法,还因为它有可能使委员们在处理县采购合同的行政管理问题细节上,僭越使用首席执行官的特权。

在高级法院的第二回合接近平局

1999 年 1 月 22 日,佐治亚州最高法院一致认为,根据迪卡尔布县组织法的规定,委员会设置方针和通过预算,首席执行官负责政府的日常运营。[85]争议双方都宣称是获胜者。首席执行官宣称一审判决支持了她的观点，即"大多数的委员都逾越了他们的权限"。一位委员则声称，"法院重申了我们作为监督者的职权"。[86]

最高法院认为，委员会不能强令首席执政官聘请项目经理，此外，首席执行官在申请投标或联邦资金前并不需要得到委员会的许可。然而，法院的判决中指出，委员会在接到项目标书后也有权进行投票表决。并且委员会可以指派一名审计员，调查该县的资金出入。谈到分权原则，法院认为，对县组织法的解释已经揭示了委员会和首席执行官的权力是不同等的；条例授予委员会的权力有限，但却赋予首席执行官很大的决策和执行权力。在这方面，法院认为：法律规定委员会有权制定拨款并决定资金使用的优先权。但是，拨款法令一旦经委员会核准，就由首席执行官执行相关规定，保障按照预算规定去执行。法院引用该县的组织法，称首席执行官"对县政府的行政管理应享受唯一的监督权、指导权和控制权"。并且委员会应该"只通过首席执行官……在有关县政府各部门、办公室和机构的运作、监督以及行政管理方面"。

更具体地说，法院认为这个项目经理人条例要求县里聘请一名项目经理对 HOST 计划资助的项目实行监控并提供管理，而将首席执行官的日常监督权取而代之，是有违县组织法的。同样的，预算条例的条款规定，首席执行官在要求提供诸如联邦配套资金等额外资金和服务之前，以及在对 HOST 项目发出投标计划或申请前，必须获得委员会的批准，这与县组织法条例赋予首席执行官制定县政府采购规则的权力是相抵触的。组织法规定给予了首席执行官建立调控县购买行为的规则的权力。然而，预算条例的规定详细阐述了委员会拨出 HOST 基金款项，并决定被该基金资助的重点项目优先权的过程，并没有不允许改变县组织法设置的预算过程。预算条例要求首席执行官参加公开会议和委员会改变决定的规定被认为是无效的。[87]

结论

在分权体制中，立法机构的任务是防止行政机关独裁；而行政机构作为全体人民的代表，它的任务是遏制立法机关的宗派利益。立法机关制定公共政策；行政机关发起及（向立法机关）推荐政策，实施已由立法机关颁布的政策。然而，立法机关与行政机关的作用不是相互排斥的，它们各自的成功取决于各个环节的相互合作。但是，有时候它们会侵犯到对方的权力，就如麦迪逊警告的那样。当这种情况发生时，法院就被要求定义各个角色的权限。本章所讨论的六个案例，每一个都展现了在政府预算制定中对于宪法规定的分权原则的不同威胁。

在 Gramm-Rudman-Hollings 赤字缩减案例中，国会企图指派审计员行使一项本该是行政部门的职权。美国最高法院认为，因为国会无法定的执行权，所以无权行使政府官员的权力。不管立法机构缩减赤字的目的多么重要，它被执行的过程必须通过关于立法机关与行政机关权力分离的宪法检验。

在总统的单项否决权案例中，国会企图通过在条例中增加相当于单项否决权的项目来扩大条例的行政否决权力，即要增强废除的权力。美国最高法庭裁定那个行为是对分权原则的违反，因为制定和改变法律是只有国会才可以行使的权力；这种权力不可以被转移到行政部门，即使是部分地转移也不行。权力分离的另一面是控制与平衡。传统的单项否决权（这一权力为许多州长所拥有）是行政部门对立法机关行为的一种控制。它是对立法行为的否定，而不是对分配给立法机关的立法职能的积极表现。宪法在增强废除权力，接近于给予总统相当于条款否决权的职能方面的缺点是，它同意了首席执行官有一个直接的在法律被国会通过后改变它的权力。这种违反立法与行政权力分离原则的条款是不允许的。

在密西西比州的案例中，立法机关在将近 30 年的时间里要通过预算与会计委员会行使权力，预算与会计委员会侵占了行政部门的预算执行特权。密西西比州最高法院裁定："预算决策"程序是议会的特权，尽管州长也可以给议会提供预算建议；"预算控制"或执行过程是行政部门独有的特权，无论是预算制定过程还是预算控制过程都不应该由包含着立法与行政部门成员的机构实施。然而，法院在一个随后的案例中裁定，当州长的副手作为一个立法与预算委员会的成员提供服务时，这并不是一种对权力分离原则的违背，州长的副手既是立法部门的官员，又是行政部门的官员。

在肯塔基州案例中，一系列旨在加强立法机构在预算编制过程中地位的法规在很大程度上得到了维护。法庭确认立法机构在编制州预算过程中应发挥主导作用，而州长的职责在于将立法机构所通过的内容付诸实施。法庭指出，尽管州长可以向立法机构推荐某些预算项目，但在法律上并未规定他（她）有此义务。法庭也注意到行政预算的建议对立法机构没有约束力。

在纽约州案例中，长期存在的州长扣押拨款的实际情况被裁定为违宪。立法机关的拨款设定对行政部门来说应该是强制性的而不是可以随机行事的。随着州长扣押权的失效，据报道，条款否决权的使用显著增加。

在迪卡尔布县案例中，委员会企图通过任命一名对立法机构负责的项目经理来侵占首席执行官的财政管理特权。佐治亚州最高法院阐明了这一原则：立法机构拥有批准主要花费项目的权力，但是这些项目的日常财政管理是首席执行官和行政部门的特权。

历史上，将国库管理的权力置于立法机关的手中是为了免于君主专制。今天，将预算发展与执行的职责聚集于首席行政长官身上是为了控制公共支出。相反的，行政主管有权监控、指导预算执行，有权全部或部分否决立法机构拨款，有权执行拨款措施，给他这些权限是为了防止公众开支过程效率低下，并防止出现笼络民心的政治拨款。简而言之，公共预算中的分权原则是为了防止权力滥用。

正是因为这个原因，它才成为预算决策的基本原则。

【注释】

Edward J. Clynch，Phillip J. Cooper，Merl Hackbart，Philip G. Joyce 以及 Joseph F. Zimmerman 阅读过这个章节的较早版本，为其改进提供了有益建议。非常感谢他们的贡献。

［1］在市长—委员会制和委员会—经理制的地方政府中，部门之间存在着权力的分离。在委员会中，市长在某种程度上比经理处于更强大的地位，因为他们常常拥有否决委员会的预算制定权。在委员会制的地方政府中，并没有部门中的权力分离。每个委员都同时是部门领导和委员会成员。关于这种关联，爱伦·鲁宾（Irene S. Rubin）写道："部门间的权力分离没有国家和州水平上那么严格，因此部门间的竞争也就没那么显著。"Irene S. Rubin，*Class*，*Tax*，*and Power*：*Municipal budgeting in the United States*（Chatham，NJ：Chatham House，1998），3。也可参见 James J. Gosling，*Budgetary Politics in American Governments*，2nd ed.（New York：Garland Publishing，1997），197—201。

［2］Alexznder Hamilton，John Jay and James Madison，*The Federalist*：*A Commentary on the Constitution of the United Stetes*（New York：The Modern Library，1937），321。

［3］同上，314。

［4］同上，336。

［5］在 20 世纪 70—80 年代，税收和支出限制（TELS）运动，依靠公民表决达到在一定程度上约束政府增加预算或税收能力的目标。

［6］这个原则在大宪章（1215）中确立，它明确规定，当国王想增加一项税收时，它必须得到当地公民委员会的同意。

［7］Hamilton，Jay and Madison，*The Federalist*，380。

［8］Allen Schick，*Budget Innovations in the States*，Washington，DC：The Brookings Institution，1971。

［9］President's Commission on Economy and Efficiency，*The Need for a National Budget*（Washington，DC：U. S. Government Printing Office，1912），143—145。

［10］Larry Berman，*The Office of Management and Budget and the Presidency*，*1921—1979*（Princeton，NJ：Princeton University Press，1979）。

［11］Glenn Abney and Thomas P. Lauth，"The Executive Budget in the States：Normative Idea and Empirical Observation，" *Policy Studies Journal*，17（summer 1989）：829—840。

［12］同上，831。

［13］同上，829。

［14］Joseph White and Aaron Wildavsky, *The Deficit and the Public Interest: The Search for Responsible Budgeting in the 1980s* (Berkeley: University of California Press, 1989), 1.

［15］*Bowsher v. Synar et al.*, 478 U. S. 714, 92 L. Ed. 2d 583, 106 S. Ct. 3181 (1986).

［16］Allen Schick, *The Federal Budget: Politics, Process and Policy* (Washington, DC: The Brookings Institution, 1995), 34—35.

［17］在 1970 年更名为管理和预算办公室。

［18］Schick, *The Federal Budget*, 35.

［19］同上，37—38。

［20］Edward J. Clynch and Thomas P. Lauth, eds., *Governors, Legislatures, and Budgets: Diversity across the American States* (Westport, CT: Greenwood Press, 1991), 149—155. See also: Glenn Abney and Thomas P. Lauth, "Perception of the Impact of Governors and Legislatures in the State Appropriation Process," *Western Political Quarterly*, 40 (June 1987): 335—342.

［21］一项佐治亚州的研究推断："本世纪佐治亚州预算史已具有极端时期立法统治（1931 年前）和行政统治（1931—1961 年）的特点。从 1962 年州长权力被监察……通过收入盈余分配方式被限制；而另一方面又通过增加正式预算权力强化州长的权力。在同一时期，立法机构已经设法与行政部门保持平衡，通过更为独立地选择官员、自身人员专业化和在拨款法案中增加分项排列的控制来维持。"见 Thomas P. Lauth, "The Executive Budget in Georgia", *State and local Government Review*, 18 (spring 1986): 58。

［22］1993 年南卡罗来纳州国民大会颁布了一项法案，涉及地方长官递交年度州预算推荐给立法机构的州预算和控制委员会职能（1993 年第 132 号法案）。

［23］Clynch and Lauth, *Governors, Legislatures, and Budgets*, 155.

［24］Richard Briffault, "The Item Veto in State Courts," *Temple Law Review*, 66 (1993): 1171—1204; and Louis J. Fisher, "The Line Item Veto Act of 1996: Heads-up from the States," *Publick Budgeting and Finance*, 17 (summer 1997): 3—17.

［25］该法案流行的称谓是格拉姆-鲁德曼-霍林斯（Gramm-Rudman-Hollings），发起人的姓名是：参议员 Phil Gramm（R-Texas 州）、Warren Rudman（R-NH 州）和 Ernest Hollings（D-SC 州）。

［26］美国哥伦比亚地方法院（85—1377）。

［27］*Bowsher v. Synar et al.*, 478 U. S. 714, 92 L. Ed. 2d 583, 106 S. Ct. 3181 (1986).

［28］Ed Gillespie and Bob Schellhas, eds., *Contract With America* (New York: Times Books/Random House, 1994).

［29］*Franklin D. Raines et al. v. Robert C. Byrd et al.*, 117 S. Ct. 2312 (1997).

　　［30］法案的这个规定在一定程度上是不明确的。法令明确宣布了总统不能缩减项目。然而，如果总统可以建议取消拨款项目的一部分，而保留拨款项目的剩余部分完整无缺，那就是起到缩减项目的效果。保留1996年分项列支否决权法案，使这个规定的内容很可能成为诉讼的主题。

　　［31］Thomas P. Lauth, "The Line Item Veto in Government Budgeting," *Public Budgeting and Finance*, 16（summer 1996）：97—111; and Philip G. Joyce and Robert D. Reischauer, "The Federal Line-Item Veto: What Is It and What Will It Do?" *Public Administration Review*, 57（March/April 1997）：95—104.

　　［32］*William J. Clinton, President of the United States et al. v. City of New York et al.*, No. 97—1374. Argued April 27, 1998; decided June 25, 1998.

　　［33］Committee on the Budget, U.S. Senate, *The Congressional Budget Process: An Explanation*（Washington, DC: U.S. Government Printing Office, December 1996）, 23—26.

　　［34］House Committee on Rules, *The Uses and Application of the Line Item Veto*（Washington, DC: U.S. Government Printing Office, Janauary 2, 1997）, 4.

　　［35］Joyce and Reischauer, "The Federal Line Item Veto," 98; and House Committee on Rules, *The Use and Application of the Line Item Veto*, 2—3.

　　［36］例如，克林顿总统在1997年10月6日取消了军事建设拨款法案中的38个条款（PL105—45）；参议院在10月30日投票（69—30），众议院在11月8日投票（352—64）来恢复这些被取消了的条款；总统在11月13日再次否决了被恢复的条款；众议院在1998年2月5号（347—69），参议院在2月25日投票（78—20）弃绝总统的否决。

　　［37］参议员Robert C. Byrd（WV）、Carl Levin（MI）、Daniel P. Moynihan（NY）和前参议员Mark Hatfield（OR），以及众议院成员David E. Skaggs（CO）和Henry A. Waxman（CA）。

　　［38］*Robert C. Byrd et al. v. Franklin D. Raines et al.*, 956 F. Supp. 25（1997）.

　　［39］*Franklin D. Raines, Director, Office of Management and Budget et al. v. Robert C. Byrd et al.*, No. 96—1671（1997）, 18.

　　［40］由众议院和参议院拨款委员会的13个小组委员会发布的拨款法令提供资金给：农业、贸易、国务和司法；防卫；哥伦比亚特区；能源和水开发；外交；内政；劳动部、卫生部和教育部；立法部门；军队建设；运输；财政部和邮政服务；退伍军人管理处，美国住房和城市开发部，以及其他独立机构。

　　［41］税收联合委员会已确认税收议案中的79项条款是符合有限税收收益的定义的。

　　［42］*The Atlanta Constitution*, August 12, 1997, p. 1, and the *New York Times*, August 12, 1997, p. A13.

　　［43］平衡预算法案（PL105—33）和纳税人减税法案（PL105—34）。

　　［44］为彻底分析1997年预算事务，见Daniel J. Palazzolo, *Done Deal?: The Politics of the 1997 Budget Agreement*, Chappaqua, NY: Chatham House

Publishers, 1999.

　　[45] Schick, *The Federal Budget*, 82—86.

　　[46] *City of New York v. William J. Clinton*, 985 F. Supp. 168 (1998).

　　[47] *Snake River Potato Growers, Inc. v. Robert E. Rubin*, 985 F. Supp. 168 (1998).

　　[48] *Clinton, President, et al. v. New York City et al.*, No. 97—1374 (1998).

　　[49] *Alexander et al. v. The State of Mississippi, By and Through Allain*, 411 So. 2d 1329 (1983).

　　[50] *Springer v. Phillipine Island*, 277 U. S. 189, 202, 72 L. Ed. 845, 849, 48 S. Ct. 480 (1927).

　　[51] 然而，在有些类似的情况下，南卡罗来纳州最高法院支持其州预算与控制部的合宪性（*State of South Carolina ex rel. McLeod v. Edwards, et al.*），269 S. C. 75，236 S. E. 2d 406 (1977)。预算与控制部是一个处理州政府财政事务的行政主体。该部由州长、州财政部长、总审计长、参议院财政委员会主席和众议院方法委员会主席组成。有关宪法的抨击是两方面的：第一，该部包括了参议院财政委员会主席和众议院方法委员会主席，而违反了南卡罗来纳宪法第一章第八条所说的："在本州政体中，政府的立法、行政和司法权应该永远分离和相互区别，在上述部门中行使职能的一人或多人，不可以承担或履行任何其他部门的职责"；第二，两个立法者在该部的成员资格侵占了政府的行政权力，违反了第四章第一条的规定："本州的最高行政权授予……南卡罗来纳州的州长"。在裁决这个案子时，最高法院引证了其他州案例中确立的先例，以准许立法机关成员成为该部的成员。然而，法院也提供了对以下原则的解释：

　　　　这个案例中重要的是一个事实：会员大会已小心地把立法成员置于该部的少数派位置。该部的法定构成并不代表企图侵犯行政部门的职能，但它显然代表了一种合作的效能，即在州财政事务和一般立法程序中，可利用两个财政委员会主席拥有的行政部门特殊知识和专业技术。我们认为立法者在该部的成员资格是依职权与行政部门的事务合作，这些事务与其立法者的职责相关，而不是侵占行政部门的职责。

　　[52] For a discussion of the resulting institutional changes in Mississippi state government, see: Edward J. Clynch, "Budgeting in Mississippi: Are Two Budgets Better Than One?" *State and Local Government Review*, 18 (spring 1986): 49—55; and Edward J. Clynch, "Mississippi: Does the Governor Really Count?" In Edward J. Clynch and Thomas P. Lauth (eds.), *Governors, Legislatures, and Budgets: Diversity across the American States* (Westport, CT: Greenwood Press, 1991).

　　[53] *Kirksey et al. v. Dye et al.*, 564 So. 2d 1333 (1990).

　　[54] Clynch and Lauth, *Governors, Legislatures, and Budgets*, 153.

［55］ Sheryl G. Snyder and Robert M. Ireland, "The Separation of Governmental Powers under the Constitution of Kentucky: A Legal and Historical Analysis of L. R. C. v. Brown," *Kentucky Law Journal* (1984—85): 226.

［56］ Merl Hackbart, "Kentucky: Transitions, Adjustments, and Innovations," in Clynch and Lauth, *Governors, Legislatures, and Budgets*, 83—91.

［57］ 同上，88。

［58］ 同上。

［59］ 立法调查委员会是会员大会的"武器"，它由以下成员组成：参议院现任议长、众议院发言人、参众两院多数派和少数派的基层领导者。

［60］ *The Legislative Research Commission et al. v. John Y. Brown, et al.*, 664 S. W. 2d 907 (1984).

［61］ 肯塔基州修正章程第 48 章（1983 年）。

［62］ Snyder and Ireland, "The Separation of Governmental Powers," 226.

［63］ 同上。

［64］ 同上，228。

［65］ 纽约州的财政年从 4 月 1 日开始。

［66］ *In the Matter of County of Oneida et al. v. Peter A. Berle, Commissioner of the Department of Environmental Conservation of the State of New York et al.*, 49 N. Y. 2d 515, 404 N. E. 2d 133 (1980).

［67］ 在纽约，最高法院是具有最初审判权的州法院，上诉法院则是最高的州法院。

［68］ *Schumer v. Caplin*, 241 NY 346 (1925), at 351.

［69］ 纽约州宪法第四章第三部分。

［70］ Joseph F. Zimmerman, "Rebirth of the Item Veto in the Empire State," *State Government*, 54 (1980): 51—52, at 51.

［71］ 同上。

［72］ *Train, Administrator, Environmental Protection Agency v. New York City et al.*, 420 U. S. 35; 95 S. Ct. 839; 43 L. Ed. 2d 1 (1975).

［73］ 尼克松总统给 William D. Ruckelshaus 的信，1972 年 11 月 22 日。

［74］ 迪卡尔布县是亚特兰大首府地区的一部分。

［75］ 在行政部门中，城市的县有两种基本形式：选举产生的执行者，由部或委员会任命的管理者或经理。在这两种情况中，行政部门都负责预算发展、建议和执行，而部里的委员或管理者则对预算批准负责。在乡村的县，这些典型的预算职能由部里的委员或管理者执行，他们同时也行使预算批准的职能。

［76］ 客基地期权销售和使用税（Homestead Option Sales and Use Tax）（HOST）。

［77］ *Atlanta Constitution* (May 27, 1998), BI.

［78］ *Liane Levetan v. Board of Commissioner of DeKalb County et al.* (No. 98—5945—3)。上级法院是一个具有普通审判权的州法院，它广泛听证严重案

件，包括重罪和重要民事诉讼。

　　[79] 佐治亚州被注解的官方代码，包括：48—7—149，48—8—3，48—8—6。

　　[80] 财产税减免仅适用于通用的县政府运作。财产所有者仍要为县债券、学校运作、亚特兰大城市运作（对同时居住在亚特兰大城的那些县居民）以及州运作（0.25%）支付财产税。HOST 几乎从居民财产税账单中把通用的县政府运作费用全部除掉了。

　　[81] 除了以上分区制的决策。

　　[82] 这种做法模糊了县宪章权力分立的特色。

　　[83] *Atlanta Constitution*（May 29, 1998），D1.

　　[84] 作为佐治亚州迪卡尔布县的首席执行官，*Liane Levetan* 诉迪卡尔布县预算委员会委员等人。

　　[85] *Board of Commissioners et al. v. Levetan, et al.*，270 Ga. 544，512 S. E. 2d 627（1999）.

　　[86] *Atlanta Constitution*（February 22, 1999），E1.

　　[87] *Board of Commissioners et al. v. Levetan et al.*，270 Ga. 544，512 S. E. 2d 627（1999）.

参考文献

Abney, Glenn, and Lauth, Thomas P. "The Executive Budget in the States: Normative Idea and Empirical Observation." *Policy Studies Journal*, 17 (summer 1989): 829—840.

Abney, Glenn, and Lauth, Thomas P. "Perception of the Impact of Governors and Legislatures in the State Appropriations Process." *Western Political Quarterly*, 40 (June 1987): 335—342.

Berman, Larry. *The Office of Management and Budget and the Presidency, 1921—1979*. Princeton, NJ: Princeton University Press, 1979.

Briffault, Richard. "The Item Veto in State Courts." *Temple Law Review*, 66 (1993): 1171—1204.

Clynch, Edward J. "Budgeting in Mississippi: Are Two Budgets Better Than One?" *State and Local Government Review*, 18 (spring 1986): 49—55.

Clynch, Edward J. "Mississippi: Does the Governor Really Count?" In Edward J. Clynch and Thomas P. Lauth (eds.), *Governors, Legislatures, and Budgets: Diversity Across the American States*. Westport, CT: Greenwood Press, 1991.

Clynch, Edward J., and Lauth, Thomas P. eds. *Governors, Legislatures, and Budgets: Diversity Across the American States*. Westport, CT: Greenwood Press,

1991.

Committee on the Budget, U. S. Senate. *The Congressional Budget Process: An Explanation*. Washington, DC: U. S. Government Printing Office, December 1996.

Fisher, Louis J. "The Line Item Veto Act of 1996: Heads-up from the States." *Public Budgeting and Finance*, 17 (Summer 1997): 3—17.

Gillespie, Ed, and Schellhas, Bob, eds. *Contract With America*. New York: Times Books/Random House, 1994.

Gosling, James J. *Budgetary Politics in American Governments*. 2nd ed. New York: Garland Publishing, 1997.

Hackbart, Med. "Kentucky: Transitions, Adjustments, and Innovations." In Edward J. Clynch and Thomas P. Lauth (eds.), *Governors, Legislatures, and Budgets: Diversity Across the American States*. Westport, CT: Greenwood Press, 1991: 83—91.

Hamilton, Alexander; Jay, John; and Madison, James. *The Federalist: A Commentary on the Constitution of the United States*. New York: The Modem Library, 1937.

House Committee on Rules. *The Uses and Application of the Line Item Veto*. Washington, DC: U. S. Government Printing Office, January 2, 1997.

Joyce, Philip G. , and Reischauer, Robert D. "The Federal Line-Item Veto: What Is It and What Will It Do?" *Public Administration Review*, 57 (March/April 1997): 95—104.

Lauth, Thomas P. "The Executive Budget in Georgia." *State and Local Government Review*, 18 (spring 1986):56—64.

Lauth, Thomas P. "The Line Item Veto in Government Budgeting." *Public Budgeting and Finance*, 16 (summer 1996): 97—111.

Palazzolo, Daniel J. *Done Deal?: The Politics of the 1997 Budget Agreement*. Chappaqua, NY: Chatham House Publishers, 1999.

President's Commission on Economy and Efficiency. *The Need for a National Budget*. Washington, DC: U. S. Government Printing Office, 1912: 143—145.

Rubin, Irene S. *Class, Tax, and Power: Municipal Budgeting in the United States*. Chatham, NJ: Chatham House Publishers, 1998.

Schick, Allen. *Budget Innovations in the States*. Washington, DC: The Brookings Institution, 1971.

Schick, Allen. *The Federal Budget: Politics, Process and Policy*. Washington, DC: The Brookings Institution, 1995.

Snyder, Sheryl G. , and Ireland, Robert M. "The Separation of Governmental Powers Under the Constitution of Kentucky: A Legal and Historical Analysis of *L. R. C. v. Brown.*" *Kentucky Law Journal* (1984—85): 226.

White, Joseph, and Wildavsky, Aaron. *The Deficit and the Public Interest: The Search for Responsible Budgeting in the 1980s*. Berkeley, CA: University of California Press，1989.

Zimmerman，Joseph F. "Rebirth of the Item Veto in the Empire State. " *State Government*，54 (1980)；51—52.

判例

Alexander et al. v. The State of Mississippi，*By and Through Allain*，441 So. 2d 1329 (1983).

Board of Commissioners et al. v. Levetan et al.，270 Ga. 544，512 S. E. 2d 627 (1999).

Bowsher v. Synar et al.，478 U. S. 714，92 L. Ed. 2d 583，106 S. Ct. 3181 (1986).

Robert C. Byrd et al. v. Franklin D. Raines et al.，956 F. Supp. 25 (1997).

City of New York v. William J. Clinton，958 F. Supp. 168 (1998).

William J. Clinton，*President of the United States et al. v. New York City et al.*，No. 97—1374 (1998).

In the Matter of County of Oneida et al. v. Peter A. Berle，*Commissioner of the Department of Environmental Conservation of the State of New York et al.*，49 N. Y. 2d 515，404 N. E. 2d 133 (1980).

The Legislative Research Commission et al. v. John Y. Brown et al.，664 S. W. 2d 907 (1984).

Liane Levetan v. Board of Commissioners et al.，No. 98—5945—3 (1998).

Franklin D. Raines，*Director*，*Office of Management and Budget et al. v. Robert C. Byrd et al.*，No. 96—1671 (1997).

Schumer v. Caplin，241 NY 346，150 N. E. 139 (1925).

Snake River Potato Growers，*Inc.*，*v. Robert E. Rubin*，985 F. Supp. 168 (1998).

Springer v. Phillipine Island，277 U. S. 189，72 L. Ed. 845，48 S. Ct. 480 (1927).

State of South Carolina ex tel. McLeod v. Edwards et al.，269 S. C. 75，236 S. E. 2d 406 (1977).

Train，*Administrator*，*Environmental Protection Agency v. New York City et al.*，420 U. S. 35，43 L. Ed. 2d 1，95 S. Ct. 839 (1975).

第 *4* 章

非常规预算：诠释预算和预算的诠释

杰拉尔德·J.米勒

　　对预算的呼声从未停止！在世界上任何国家的政府里，我们不仅可以发现传统的单项资金预算的需求，而且还可以发现对税收支出预算、执行预算、常规预算、信用预算和安全保障预算的需求。我们假设对其他预算的需求会如观察家所解释的在其他领域的"隐性支出"中显现出来。这些需求出现在许多不同的国家和政府的所有层级，但是或许对美国的联邦层级而言，这种呼声最为突出。

　　本章探寻了非常规支出预算的多种方法与途径。我们从调查非常规支出的控制问题和诠释这个问题的方法出发。然后，我们从若干个角度分析当前的预算控制提案———一个超级预算，从而试图假定在有关此提案的各种既有观点下，这种财政制度都将运行的方法。

　　我们把预算控制称为预算规范化控制。预算控制建议我们在预算规范化过程中给予监护人或在预算规范化里起到"保护"作用的预算参与者以特殊权力，而反对那些"声称支持作用"的人或者一直想得到更多并将运用不可预测的权力去获取的那些人。

　　当前对税收支出预算、执行预算、常规预算、信用预算、安全保障预算和其他预算的需求持续增加。尽管已被评估衡量过，但我们对这些领域内预算需求的增长，很可能是因为我们只是传统地将预算理解为一种控制手段。拥有预算意味着在一个某些人认为增长超出限制的领域坚持控制。对没有限制的增长的反应不仅在保守型诠释中体现，激进型的诠释也有涉及。保守观点将非常规支出增长视为政府权力不受限制的表现方式之一，而激进型的观点则认为这是政府对社会采取适当的干预手段之一。

解读控制：控制政府取代控制民众

保守者反对政府权力膨胀。整体上而言，通过一系列非常规支出的工具，政府在控制民众。一些人认为，对不同技术手段的运用，这些手段起初看来仅仅是规避传统预算控制的手段，比政府可以控制它们的效用增长更快，也比控制政府付出的努力增长更快。

我们再一次讨论的，简单而言就是政府预算首要的努力就是去控制民众，这种控制，不论是通过税收、习惯性支出、常规、信用或者是安全保障，不论是不是为了政府的自身利益而控制民众，或者不论是代表任何一个群体反对其他群体而控制统治，或者不代表任何一个群体而控制民众，依然构成了预算控制。

通过这个预算控制的诠释，我们了解到限制政府权力使用的必要性。在政府控制民众的能力方面，预算犹如一个刹车制动器。从某种意义上来说，政府承担的第二大责任就是控制它本身。

这些显著特点的归纳来自詹姆斯·麦迪逊的《联邦党人文集》第 51 篇。他指出："管理一个为了限制人类、操纵人类式的政府，最大的困难就在于：首先必须是保证政府有能力控制民众；接下来就要强制政府控制自身"。

这提出了预算概念化的第一个解读的维度。联邦党人的观点引起了当今时代的共鸣。政府努力通过预算来控制自己和政府努力通过非常规手段控制民众的显著差别激起了预算研究两种学派的广泛讨论。首先，维尔达夫斯基认为，"看起来政府越试图去影响公民的行为，它就越不能够维持自己本身的秩序。这种政府与公民之间的新型关系可能有很多优点，但是对支出的控制却不在这些优点之列"（1986：350）。

关于这个问题，希克比维尔达夫斯基更具有影响力。他揭示了偏离预算支出的增长的一个"控制矛盾"，即：

> 偏离的预算支出来自于从一个支出在政府内部完成的公共部门转变为一个支出大部分发生在政府外部的公共部门的过程。这种转变的极其重要的原因就在于政府明显地加强其对经济、收入分配、投资政策和商品及服务的供给的控制。矛盾就在于它努力将控制扩展、延伸至私人部门，以及它对公共部门的控制的让步。

对民众的控制说明了一个与自由有关的问题。政府通过在事务和决定中掌权的政府利益代表进行赤裸裸的干预，最终容许那些掌权的人为了控制的利益而进行控制。

解读控制：对社会的干预

通过分析寻找政府的适当角色和限制政府的权力，激进型人士把非常规支出仅仅视为干预社会的另一种形式。因此，税收激励、信用和安全保障激励、常规激励和州政府、地方政府在同一尺度范围内的执行体现了不同的价值观。一般而言，这些政策手段起到了诱导作用或者是鼓励的作用。总之，在诱导和鼓励作用之间并没有什么根本不同之处，它们都是政府干预社会的手段。

因此，非常规支出是干预的一个变量。我们把政府干预理解成为政策手段实施的一系列进展（Vedung，1988：22—25；Anderson，1977）。这个学派提出了疑问：当我们面对一个公共问题时，我们能够做什么？回答是：我们经常把它留给个人、家庭或者是家人决定。

我们认为，有时"社区"应该决定问题的重要性。最后，一些问题是在没有政府干预的情况下应该由"市场"进行决定的事情。

当我们信任政府干预时，它意味着是诱导的产生和鼓励的具体化或者是两者之间。有些时候，会采取一种直接的方法，比如教育、道德说服、天字第一号讲坛、宣传或者其他类似布道的方法。

解读控制：可代替的政策工具

图 4.1 中，常规和非常规的支出努力——政策手段——表明了政府活动范围的终端。比政府直接或者间接的成果之间的区别更为重要的是，预算能确定事项的优先次序，合理配给，利于节约或者有效的控制，也更"适于"利用合适的政策手段解决手上的问题。为了实现明确的深思熟虑的目标，通过会在互相竞争的手段之中做出有分量的抉择来施加控制，从而使政府干预的影响达到最大化。

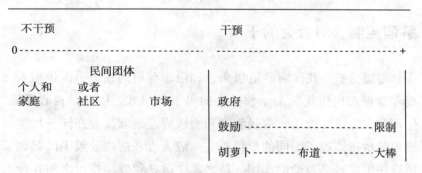

图 4.1 政府干预与政策手段

添加一些因素也能施加控制。换言之，整体上不容许干预所花费的成本超过 x。为了达到政府干预效用的最大化，我们或者限制成本，或者为一系列的干预设定一个将会引领我们步入公平和繁荣的社会的目标。

非常规支出的激进型观点倾向于理性认识技术手段的运用。这些不同于非常规观点的偏离预算的项目真正体现了两种观点对待事情的不同方式。它们经常是被采用的政策手段。对于控制它们的努力，不仅应该关注它们的成本，而且也应该关注它们之间的相互替代性。

因此，预算控制不仅仅是控制成本的问题，而且也是对相互替代的政策手段的分析和基于在被检测的情形下最优的一个贴切的选择。根据萨里（Surrey）和麦克丹尼尔（McDaniel）所指出：

> 无论政府怎样决定同意对一项活动或者一个群体实施资金援助，他都可能要从一系列的方法措施中进行选择。如，政府直接拨款或者提供补助；或者是低于市场利率的政府贷款；或者经政府担保的一个私人贷款；或者政府动用税收体系，通过减免特殊税务和减税来减少企业税收债务，抑或是其他对企业有利的行为。（1985：3）

税收信贷的运作可能类似于政府的拨款。税收信贷也许会有一些行政优势，就像政府拨款再分配一样。然而许多人认为，分析应该关注于许多尺度范围之间的权衡，在政策手段中挑选最适合目的的那一个。然后，把它施加于控制一切所有的传统和非常规的支出。

总之，预算作为政府干预社会的一个手段，诱导、教育或者鼓励行为和努力。预算控制是政府为了获得干预效果最大化而挑选的最合适的一个工具手段。

在选择政府干预社会最有效的手段中对政策工具进行分析，我们发现了领会一个预算的一般积极尝试。在政府控制的讨论中，我们发现预算包含的许多不同理解和关于政府在社会中的角色的不同政治理论。

虽然二者都能够对预算产生一个清晰指令和相应的控制，但是预算的传统观点也是一个信仰的问题：预算控制通常意味着某人在某地方知道什么事正在发生，他或她知道这些行为将会产生什么样的效果。预算控制也意味着某些人应该限定和指引正在进行的这些

事，我们所追求的是通过政府和政府担保这一系列活动，应该至少
在一定程度上达到大多数人的一致。

　　预算控制议题也是一个研究问题。财政制度做了什么——体系、
程序、法则、组织——产生什么样的结果？波特伯（Poterba）和
冯·哈根（von Hagen）的著作（1999）（依然处于初期阶段），为确
定和衡量财政制度及其所带来的成果提供了许多可行的途径。

当代对控制的解读：非常规支出的成本控制

　　在非常规支出的保守型观点和激进型观点之间，我们应该支持
哪一方呢？迄今为止，通过如同我们现在知道和使用的预算手段，
非常规的每一个领域或者自由支出领域似乎已经起到了一些控制效
果。考虑到美国联邦政府的经历，伴随着 1990 年《强制预算法案》
的出台，预算制度以几条刚刚启动的法律的形式强有力地控制了直
接性的支出、税收支出和授权。行政和法律的共同努力集中于权衡
政府以私人的名义进行直接操纵、签订合约和拨款。信用改革已迫
使传统的预算过程转变为利率资助的直接成本和贷款违约的未来折
算率。尤其是与银行储备金有关的安全保障改革导致了大量的法律
审查和预算漏洞处理的新建议——未来花费的折扣和期望财政资助
的获得之间的差额。一般而言，许多不同的非常规财政技术手段现
在被迫逐渐采用受到现金预算[1]限制的现金交易。

　　执行预算和常规预算却忽略了这一点，到目前仅仅做出了一些
温和的措施。面对州政府、地方政府和旨在对私人部门的常规行政
评估，成文法为直接执行提供了法律复审方案。如果执行预算要超
过 5 000 万美元，在执法的商议过程中运用于州政府和地方政府的执
行预算必须遵守指令规则的要点（这些资金包括州政府与地方政府
的纯收入和联邦政府的直接投资）。指令规则的要点简单来说就是确
保通过一个争论的投票过程允许对预算的执行进行详细检查。

当私人部门的提案超过 1 亿美元时，修订扩充指令规则的立法为了它们而进行执行预算（H. R. 350，1999 年的《托管信息法案》）。提案的成本好似超出"一个常规机构的财政负担，它可能分摊到私人部门中的个人、组织、国家政府和下级部门"，并通过正常的立法机构授权给它，拨款给它，然后通过行政和立法预算渠道将其付诸实施。

提案也可以使执行预算和常规预算货币化。对执行预算而言，一些提案以成本共享来提供赔偿。对商业规则而言，一些提案对那些遵守规章的公司征收普通税。这些钱主要来自那时同意支付无论何种关注常规预算的问题所带来不良后果的一些补偿的人们或者用于补偿那些受害的人们。

这些提案无论适当与否，都能通过成本因素表明政府控制非常规预算的能力。采取针对非常规支出问题的一系列活动正在深入地开展，下大力控制灰色支出或者到目前为止自由支出正在一次一个地域地逐渐采用。

一项或多项预算：我们想要的或者体系所允许的

我们应该做什么来限制政府对民众的控制或者确定干预的优先次序？首先采取踩点式的逐步努力。现在我们采取的控制政府行为的每一种工具，至少在特殊的审查范围之内。这种每一个领域活动的相对复杂性或者原始预算的形式被我们称为"隐性支出"。总之，我们现在已经或者将来不久将会拥有基本的税收支出预算、信用预算、安全保障预算和常规预算。

然而，如同麦迪逊、维尔达夫斯基和希克所指出的一样，在大多数领域，这依然不是政府干预社会或者控制政府本身影响的最大化。最终，考虑到政策议题、预算理论和实践事务上的论述，我们呼吁统一的预算或者"超级预算"。

政策议题

在政策议题中，尤其对常规预算改革而言，我们从将预算解读为控制统治的一种手段到将其解读为一个完美的控制政府的手段。这种超预算思想来自利坦（Litan）和诺德豪斯（Nordhaus）的常规预算。他们意见并不是毫无根据的：

如果存在大量的失业会计，那么将存在把所有的联邦活动——支出、税收支出、信贷分配计划、常规项目——整合为一个独立的"超级预算"的需求。这样的一个预算将允许国会和执行机关不仅保持联邦组织的高经济效果，而且可以类比和权衡所有不同政府努力的结果。

利坦和诺德豪斯接着指出其存在的困境，但是，乐观地看来，其他人对技术上的可行性存在质疑，至少如果常规预算是某种指标的话。

预算理论

超级预算的思想也深深地体现在公共管理的预算理论作品中。在预算学或者统一的预算思想中，它被称为综合标准。

首先，斯图姆（Stourm）把综合统一的思想称为普遍性。他声称："一方面普遍性意味着预算是所有支出之门，另一方面也意味着预算是所有收入之门，这两方面截然不同"。其次，他认为基于政治和法律的普遍性，"所有的公共收入和所有的公共支出（无一例外），必须经过国家代理人的批准"，因此，必须提出一个综合理论以至于被接受为"这种必须的约束"。

除了法律还有其他原因。考廷·塞（Quoting Say）（1917：166）、斯图姆声称统一是提倡简明和清晰的问题：

统一的原则就是清晰的原则。除非人们综合衡量，他们才能认识到他们的经济状况……如果不能使所有的财政收入流入国库，使所有的支出费用出自同一个基金库，就不会存在预算的统一性。如果不能使拨款方案通过议院在同一个条件下辩护、废除和执行，就不会存在预算的统一性。

政府部门和人类的基本价值观需要在斯图姆和塞主张的统一性下作出决定。

许多年以后，对统一的寻求产生了最富有影响力的效果：在美国联邦预算中产生了整体的影响。在政府的这一层级中有关统一的控制性文件是《总统委员会预算报告》（1967），在报告中（第24—25页），委员会成员认为："政府预算过程运行良好应该包括整个计划和联邦部门内部的过渡，并且不遵从市场的经济规律……预算作为一个总制度应该是联邦整个活动范围的综合标准。"委员会成员不必花很大精力来确认"运行良好"意味着什么，但是我们则认为它们意味着政府干预社会效果的最大化，而控制型政府权力的最小化。

报告接着指出把预算决议者的注意力集中在预算中应该包含哪些内容：

[获取统一]，然而，在联邦政府的预算里，提出的实际问题应该精确到收入和支出什么。问题的答案并不总是如同它看起来那样明显：联邦行政机关的界限范围有时很难划分……很明显，提供国家安全和人口普查信息的收集是属于联邦政府活动的范围。这些活动都应该清晰地显示在"预算"里面。同样，家庭主妇商品的购买或者一个私人公司从一个代表联邦部门外部交易的商业银行借款也应清晰明了。然而在这种明显的极端之间是联邦领域内部到联邦机构外部程度不等的清晰的一系列活动（1967：24）。

因此，联邦预算的内部和外部都需要联邦委员会认可"公众与政府之间的现金流是一个整体"的观念，而反对"在经济上，联邦政府对收入和产出施加影响"的观念。

在《联邦委员会的预算观念》实施了约 30 年后，尽管存在问题，维尔达夫斯基却依然阐述了现在环境下的理想与现实：

综合准则规定的完美典范就是所有的财政收入都能归入中央国库，并且所有的花费支出都在一系列复杂的账目细单之内……现在任何人都知道怎样直接贷款、贷款担保、税收优惠，偏离预算的公司和常规预算会增加私人部门的成本，终生特权和其他手段会危害预算的多样性。

综合结算曾经指部门结算；除了所有的特殊基金，政府支出都意味着政府部门支出。如果你控制了政府部门，就意味着你控制了支出。如今，在工业高度发达的民主社会里，当部门花费在货物和服务上的支出仅约占花费的 1/3 时，那么最终的结论就是传统的准则不能涵盖大部分的支出。花费的大部分的资金影响了公民的行为，而非直接支持政府行为。因此，大部分的开支花费在获得赔偿或者贷款的个人和政府的附属机构，而部门控制的不相关是显而易见的。

支出的控制伴随着综合准则逐步下降，因为一个准则不可能同时使自己的反方向最大化……政府对影响公民行为越感兴趣，如通过鼓励使用医疗设备，那么这个政府就越不能控制它本身的开支。

总而言之，关注预算问题的公共管理理论家倾向于认为，有时法律和人类的需求是一致的。他们甚至权威地提出这个观念。然而他们也认为无法达成这一理想的现实性。

实践性事务

在实践事务中，我们也得出了需要用一些综合机制在众多政策手段中进行选择的观点。法律制定者和其他预算控制者应该能够权衡政策手段之间的利弊，从而进一步确定达到目的的最佳途径，并因此增加施加控制的能力。

权衡利弊分析的需要可能经常出现在作为国会证词的司法界和行政领域，在这种情况下一位成员问道：

布兰查德（Blanchard）主席：关于政府贷款什么情况下是一项积极的政策手段，什么情况下是一项消极的政策手段，你能总结一些结论吗？贷款担保什么情况下是一项积极的政策手段，什么情况下是一项消极的政策手段呢？它们运行得怎样？在什么情况下它们运行良好？在什么情况下它们不能够实施？它们在哪里是积极有效的，而在哪里是消极无效的呢？因为我们用其他政府必须运行的相关手段来看待这些问题……是否对以下情况做过相关的研究……如政府直接开支的使用与贷款保证和税收准则，还有不同情况下各种各样的税收优惠和他们的有效性。

瑞夫林（Rivlin）博士：让我看看我的同事是否了解上述情况……

史林伯格（Shillingburg）先生：我们不了解此方面的知识，主席先生。（Salamon and Lund，1989：23）

布兰查德主席的窘境也许是可以理解的，因为这种政策手段的方法似乎既实用又合理。远离象牙塔的统一预算充分实现了决策制定者的真实需要。

在政策议题、预算理论、实践事务中，许多人呼吁把政府的所有活动统一起来或者进行统一预算。鉴于统一预算某种程度上给管理赋予了信用，甚至最大化政府干预或者最小化政府控制，我们或许会产生疑问：这样的一份预算要包含什么内容。一些人认为超级预算的范围仅限于非常规的和传统的资金支出。而另外一些人认为它还包括执行预算和常规预算。除此之外，在同一本质下，它还可能包括社会上所有的常规预算和其强制性效果（Schattschneider，1975：106）。

这种统一预算涵盖了详细检查、仔细分析和明智选择。基于预算者的宏大目标，他们能够搜寻多种多样且可以相互替换的政策手段，计算出每一项的成本和收益，还要在既定的、有限的资源中决定能够达成这些目标的合适手段。

预算在规范化期间的控制可能是最主要的问题，然而，解决此问题的方案可能位于传统的预算理念和预算规范化控制之中。

准则或谚语

自从西蒙关于行政管理的常识性文章发表后（1946），我们始终把准则认同为经验问题，对预算的综合准则也同样如此。综合准则能否善始善终？或者它是获得一些期望结果的一种手段吗？

对综合准则问题的研究包括了评估，尤其是在传统和非常规支出的情况下。换言之，我们是否拥有恰当的综合评估准则？我们能从一个非综合的预算中了解一个综合的预算吗？我们在本章确定的非常规领域的问题就是将执行预算和常规预算作为一个支出概念。传统意义上来讲，这些并没有清楚地显示出现金流动。它们在经济上"排水"而努力获取一些非经济增长的东西，至少引起了许多支持或反对执行预算和常规预算的争议。获得一些综合的评估准则是很困难的。我们究竟能在什么维度测评这个概念呢？

除了综合准则的确定和评估，我们总存在着测评综合准则价值的出路。预算控制是预算最高的目标吗？预算还服务于其他的目标吗？矛盾式的解决方案或者广泛的政治参与可能是提供更多获取利益的非综合预算——或者多种非综合预算——的其他目标。

经验研究对综合准则概念而言是有必要的。从经验研究中可以看出，理论的实施是必要的，它将综合评估准则的测量和预算过程中一系列可衡量、可选择的结果关联起来，犹如其他财政机构所做的一样（Poterba and von Hagen，1999）。当我们把评论预算控制的概念和性质作为实施超级预算的概念时，我们的这项研究必定会生动地显现和表露出来。

控制意味着什么？

汲取预算理论家的智慧结晶（Stourm，1917；McKinsey，1922；Stedry，1960；Wildavsky and Jones，1994；Schick，1997；Campos and Pradhan，1999），我们可能构想出一个由五个主要部分组成的政府预算控制体系的理论假设——关注细查、估算成本、设置限额、适用标准、选择。这些成分指的是在预算规范化里通过监督者监视倡议者的计划能起到部分作用。预算执行过程的控制则是另外一回事。这些成分也是制定决议预算的步骤。因此它们也是一个更大的决策制定体系的组成部分，这个体系里的政策制定有时主导预算，有时则被预算所主导。

关注详细审查

在可被控制的预算中，详细审查的控制者必须集中关注于一定的预算要素。因此，在相互分离的预算要素中，预算与执行活动相分离，有时一些地方称为外包装（McCaffery，1984），而有时在其他地方称为竞争之所（Meyers，1994：108）。如强制性支出与随意支出相分离或者随意支出分成运作成分因素和支出账单。本质上而言，预算过程的起草者将操纵者和预算的每一部分衡量标准分离开来，树立起详查的权威性，从而决定控制什么、如何控制以及能够联合每一个预算包装系统内的政治和行政管理的详查人员。对于什么要素中包含什么和外包装变量的定义包括——功能、规划、部门、活动或策略的积极性——但考虑这种外包装所包含的支出——直接的和同等的（税收支出、安全保险、信用、常规和执行）——它们之间相互竞争。因此理论上而言，稀有资源可能需要这种外包装所包含的一些预算支出增加时，可能其他的资源会同样程度的减少。

尽管外在的变量在变化，但其强调的是管理性和组织纪律性："如果你拥有太多……你可能将会失败。如果你仅仅拥有一个，你也将会失败；只有在这两者之间你才能够生存发展"（Wildavsky and Jones，1994：13）。

成本评估

定期提出或者评论项目或计划时，预算控制者常常会提及项目或者计划的成本。这是一个很难理解的抽象性问题，因为成本的依据可能是多种多样的。例如，一个项目的成本可能是基于付给员工所支出的工资或者义务发放员工的退休金（自然增长的）。此外，成本也可能依照类似保护价的依据，如，由于一个税收的鼓励造成财政收入的减少，或者成本在损失赔偿中表明一个更为模糊的效果——基于污染厂商为了污染所造成的后果而补偿被污染者的一种税，其等同于环境管理的资金。成本也可能在经济增长的动态过程中进行评估，如国内生产总值的百分比。以税收支出而言，考虑到激励行为的改变，这种动态的评估标准可能在产生的经济增长中获得实现。即：税率减少引起纳税方的欺骗和要花招；税率的减少也可能促使一个特殊的领域里有更多积极性投资。

成本的时间问题也将是考虑的一个因素，成本可能在评估提案的时期内出现，如年度，或者时间可能超过多个时期或者几代人（Auerbach，Kotlikoff and Leibfritz，1999）。

总之，成本按照基线可以进行计算——一般而言，在没有政策变化时，方案中运行的成本仅仅考虑经济（通货膨胀）和人口的变化。

设置稀缺的限额

在某种程度上，预算控制者几乎同时在估计成本时提出成本的上限，或者在各种外包装之中预算将会筹措和分配的总成本。传统预算均衡的标准能影响这些总成本。然而其他的标准也能影响它，如充分就业、商业周期，或者合同的一些其他标准。其问题仍是：允许的最大或者最小限额是什么？无论它可能是限制性的或者是大有发展前景的，传统而言，它在项目中都灌输了适合这些限定参数的竞争意识。

设置限额是预算争论的一个主导部分。在预算者之间有一个共识，那就是必须放宽限额而避免预算的呆板，因此他们支持旧计划超过新计划，这必定存在一个有保证的增长或者净增长。

维尔达夫斯基和琼斯（1994）认为，现代工业化国家设置总预算增长百分比的限额与国内生产总值变化指数的限额差不多。其他的设置限额还包括净值、国内生产总值的支出比率、支出的变化率（如零增长）和名义上的支出或者赤字（Shand，1998：70）。

适用标准

在多项互相竞争的支出项目和总的外包装范围之内支出同等的条件下做出决定，预算控制者需要对这些提案作出公正的选择。在确立成本和总成本中按一系列相关的标准做出公正合理的决定。因此，确定标准是预算控制中的基本决策，因为在竞争性项目和计划以及解决问题的各种各样预算方法，如政府运作、授权转让、签订合同、贷款、税收支出及安全保险的权衡中做出决定，是决定性的参考标准。

选择

预算控制中余下的部分为前述部分带来令人满意的结果。预算控制者挑选了那些最符合标准的项目和计划，挑选那些因稀缺而设置限额排列出的佼佼者。在标准非常清楚、成本足够准确和限额足够明确的情况下，这种选择活动就变得运转自如。

良好的预算规划控制体系寻求实现更多目标。第一，特别是在非常规支出领域，预算控制能解释清楚以前没有出现的——似乎是隐秘的事情。因此预算控制激励了透明性。第二，预算控制倾向于实施政治目标——奖励忠信、惩罚敌人——遵守为获取公众对总目标支持而进行理性政治争论的最根本要求。第三，预算控制能抵销政府支出，尤其是通过资本市场的大量需求阻碍经济增长的趋势。第四，预算控制通过确保充裕资源分配的预算公正，来弥补贫乏资源的分配，从而使稀缺资源得到最佳利用。第五，预算控制能在商议之前采用平等原则，甚至尝试利益和负担的平均分派。最后，预算控制能减少财政错觉——集中利益和分散成本以掩盖政府真实成本的倾向。预算控制寻求解决或者减轻许多问题，从而导致对民治政府的更普遍的觉醒，或者是通过普遍谨慎和耍花招式的吹毛求疵，或为失控支出而缴纳高税收的真正反抗。我们可以说，预算控制激发了政府领导者能力的自信，从而高效率、有效果、快速地把需求转变为行动。

经验研究策略

如同财政机构一样，预算控制体系的这些维度，可以调查研究他们对预算结果的不同影响（Poterba and von Hagen，1999），如图4.2所示。例如，预算详细审查，无论是被称为外包装或基本要素，都可能从非正式的转变为正式的，同时也有可能在预算控制者，如执行和立法机构之中变动。在传统的年度评估过程中，由于主要关注现金，评估标准可能是原来的，或者关注精确概念的更加复杂和有前途的评估标准，这种过程要经过几十年甚至几代人的时间来实现。按照清晰或模糊的标准，如经济周期的均衡或者零净经济损失或经济贡献、利润的最大化，来研究这种系统的不足。有可能按照严格或宽松的实施水平来调查这一体系的缺陷。分配和再分配准则基于单个或多个标准，并且在单个或多个场所（单一的行政、立法和行政、多个行政和立法机构）进行实施。

关注详查	非正式 ⟷ 正式	
评估标准	原来的 ⟷ 复杂的、先进的	
稀缺的限额	清晰的标准 ⟷ 模糊的标准	
	生效的 ⟷ 不生效的	
分配或再分配标准	单个标准 ⟷ 多个标准	
	一个立场 ⟷ 多个立场	

图 4.2 预算控制变量与评估标准

理性预算控制

在一个真正的综合预算或者超级预算中，预算控制的标准模型随时有可能转变成倡导者与控制者之间相互影响的一系列统治制度。标准模型制定了预算行业的规则。对稀缺性的课税，预示了这个预算控制体系将会出现竞争。通过诠释什么样的计划将会与什么样的计划类比，以及哪种预算工具（税收鼓励、支出、贷款、安全保障）会代替哪种预算工具，这个体系设定了这些相互竞争的领域。预算控制体系确定了对比这些项目和工具时的成本基础。更为重要的是，此预算系统描述了一个做出选择的基础——标准——最终制定出计划和工具的决议。

在预算控制模型中，尽管使用多个外包装或者多个领域和外包装所暗示的多种标准，但限额——确定一个预算限制或者总的最高限度——迫使基于一个标准或至少有一个统一概念的多种标准的外包装之间进行分配和再分配。

其次，预算控制体系类似于一个理性的、综合的决议制定体系。伴随着这种相似性，这个体系排除了所有的传统上因反对或者不相信引起的障碍。为了我们的目的，我们仅仅关注一个：标准。

所有的控制事项都有他们的困难之处，然而中心是准则问题。预算的预估和确立完全依靠过去计划的确定标准。例如，与控制支出相关的标准就是严格的限制成本评估，尤其是总成本评估。这个标准建议——完全必要或紧急需要——控制的领导者选择政府增长的最小化或通过任何手段施加影响的那些计划。另一个标准是经济的有效性——为了支出的特定的层次，决议制定者将会选择那些成本最小化或经济资源使用的最小化或经济增长最大化的政策手段的计划。然而，经济增长，如充分就业的实现，可能产生成本和总成本的不同评估标准。它也可能产生一个成本有效性的标准，认为我们确认支出需要达到一个既定水平，比如就业。还有一个标准是成本和收益的分配或者收入的分配。因此一个有真实价值的项目在稀缺性限制的情况下充分优先利用将能够在社会所有收入阶层获得同样的收益或者相当的收益。这种可行的标准是多样的，简而言之，它们服务于政府的基本目的和政府的预算。那么，就超预算而言，能否存在一个超标准？

出人意料的事实就是，这样的超标准是存在的；它仅仅随时间而改变。只有很少情况没有把注意力从照顾充分就业转移到掩盖亏空而借用资金从而取得经济增长上。事实上，观察家发现当一个标准主导美国历史上的一段时期（Philips，1990），它仅仅作为一个继承过渡者，尽管所有的政府层次和分散的政策机关都比预想中的多。广泛激发兴趣的是标准如何变化（Kingdon，1995；Berkman，1993；Conlan，Wrightson，and Beam，1990；Witte，1985），接着更有意义的是，大家都专注于谁可以和谁明确规定了这些标准（Wildavsky and Caiden，1997；Fischer，1990；Fischer and Forester，1987）。构成一个超级预算的研究，也许能有效地促使发现标准源自何处。

由各种各样的原因得出的一致见解就是，基于可替换的方法和手段的类比性，标准又是相对容易确定的。根据施耐德（Schneider）和英格拉姆（Ingram）说法，分析家和建议者含蓄地试图揭示或暗示在不同的情况下的适当的多种政策工具和多种预算。他们认为，"例如，当达成一致意见时，政策制定环境是由科学思想主导的，而不是由政治战略主导。科学团体将政策制定思想与大众接受的科学理论联系起来的能力影响着科学思想对政策制定环境的主导程度"。

不曾出现一致见解的地方，或者广义上的社会上而言，或者狭义上的依从专家，那么标准就会因为各种力量的竞争而昙花一现。据法因斯坦（Fanistein）所述：

> 总体上来说，标准的分歧经常归结为一个有效性与平等性的争议，或者集中在产量与分配效果的争议，无论项目是税收政策（是否应该对投资者鼓励或者应该减轻低收入人群的负担）、运输产业（高效节能的车辆运输与低收入人群使用权的矛盾）还是居住产业（政府承接更多由私人部门提供的可获利性投资或者对低收入人群的直接资助）都得到了相似的解决方案。（1987：233）

关于单个标准的议题也深深扎根于公共机构的价值观上。例如，一个公共机构偏爱的支出手段的投资组合转向帮助无家可归的人，是不容易与一个以控制他们为目的的公共机构做比较的（也许一个精神病院或者一个公共疗养机构），或者是不易于想让无家可归的人做出决定的公共机构做比较（担保房地产开发商贷款的一个权威机构）（Schon and Rein，1994：129—161；March and Olsen，1989）。

预算策略认为标准基于政治权力，正如法因斯坦认为：

> 为了维护他们的地位，利益集团支持对他们有利的评价标准。通过公平的手段来达到增长的目的是很困难的，因为公平的手段尽管备受赞同，但它们的力量相对微弱。现在，评价标准、集团权力和政治结果的这种关系更为突出。其次，压力集团权力决定一切。（1987：233）

然而现代对于非常规支出的多种形式的分析（Salamon，1989）认为这些不同的政府服务下放机制的发展产生了围绕政策手段的环境，而不是围绕一个问题或者科学理论和专家领域。即，每一个政策手段——从税收支出到贷款担保——已经超出了执行部门、立法委员会和受益人的不同环境。萨拉蒙（Salamon）认为："每一个政策手段都有自己独特的过程，自己的组织联络关系网，自己的技术要求——简言之，他们都有自己的'政治经济性'"（1989：8）。

情景学派的思想似乎包括了统一这些观点的微观预算。这些研究者认为这个必要性——有时政治的、有时一个主要问题、有时从作为通过实施而发展的一个现存使用着的计划所获得的经验——提供了一个参考的标准框架，或者提供了在预算之内经济与技术上有所需求的环境（Thurmaier，1995；Forester，1984；McCaffery and Baker，1990）。有人认为，"行政官员……［否则］技术分析操作能力……寻找他们做出决定的情形……一个非经济环境"（Thurmaier，1995：455）。

因此，如果以现有经验作为指导，那么有可能存在替代超级预算标准的来源之地。也许环境作为一定的指导，每一个科学界和它的特定利益都提供一种环境，在这个环境之下，专家各抒己见，专家主要是断言什么才是最适当的标准。当权力集团指定或者强迫公众关注某个问题，对某个问题的标准就会随之出现。当其被赋予一定的责任处理一个公共问题时，公共机构就控制了标准。就非常规支出而言，存在的政治经济状况就迫使政策手段主导的标准实施。

在环境确定的情况下，上述中的哪一个将会成功呢？也许金顿的政策服务窗口有助于解释这一点（1995：ch.8）。片刻之间——事实上是许多年——可能促使特定的科学界、公共机构、利益集团或者支付预算的政府经济制度对预算标准、或者现在必须采取的行动加以诠释。"公众意识"开始逐步关注揭示环境需求什么。那么标准也就随之出现。金顿的服务窗口可能探究的是转瞬即逝的片刻，但是通过对关键的或者重组领导队伍的选举中的研究路线表明，这些服务窗口、它们的实质内容和它们的标准都有着长远的发展可能（Key，1955）。扎根于变化着的典范的这种状态使人想起类似于长期的开放和确定（Berkman，1993）。

到目前为止，主要的标准似乎在一种情形下出现，这种情形看起来似乎是一系列特定的公共问题、预算手段、集团权力和现存公共机构的领域。在这种情形下，预算控制者实施了这个标准。他们暗示倡议者在合理的基础上证明他们的计划合理性，以及暗示倡议者的计划建立在客观和系统的方法上来进行判断。即使在预算过程中的最终决定可看成一种精明的讨价还价，仍然有必要确保在这种讨价还价是在交易者和其他参与者和公众的接受程度之内。如同施耐德和英格拉姆所指出的：

> 政府官员必须更多地关注于制定能解决主要公共问题的和有效的公共政策……政府官员应通过公共利益的诠释来解释和证实他们选举人的政策主张，然后表明其建议的政策如何与公共价值观合理地联系起来。为了维护相信政策有效性的言论，他们需要有一个令人信服的因果逻辑，它关联着期望结果的政策规划的各个方面……他们也必须考虑美国公众信任公平与正义的倾向性，政府不应该给予任何人不属于他们的东西，也不应该不公平或不公正。(1997：111)

预算控制起到一个必要的保护功能。然而，问题出现在预算控制者是否实施他们已经确定的标准或者是否存在一些标准是控制者规划之外的。预算控制行业或公共财政管理有他们自己的标准吗？预算控制者的行为独立吗？他能作为其他人员的随从吗？预算控制仅仅在概念上对民主过程必要吗？或者这种控制只是使得制定预算过程看起来似乎是如同期望的、是由一个理性的决策制定体制做出的？

预算控制的现实性表明研究标准的重要性。即使并不是超级预算，我们在美国联邦层级中也很快得出一个相当完整的预算。尤其是1990年以来的《预算实施法案》，税收支出、贷款、和贷款担保的限制已经更加努力地面向执行的详查、安全保障和常规的详查发展。一些人肯定综合预算过程虽然缓慢但它一定有助于这种预算。

然而，即使随着这种情形和预算控制的讨论，在超级预算里关于最终标准的来源好像还没有确定。我们认为另一个探究方针能够有所启发。

预算诠释：社会诠释方法

另一个标准观点的问题源自公共政策中采取社会诠释方法。即，影响权衡的标准不单单基于一个经济变量，例如有多少特殊的手段将会刺激或抑制经济增长，或者纠正市场失灵或者重新均衡收入的分配不均、或者其他的一些使国内生产上升为主旋律的经济变量。标准也不单单基于政治变量：支出手段能使一些委托人得到其最大化或者使其他人不能得到吗？

他们认为标准主要基于人性。这种观点认为，作为人类，通过我们对政府的社会诠释，我们可以根据政府的干预进行分组。把各组的目标分为值得的或者不值得的，甚至有一些组要受到惩罚。我们倾向于认为在这样一种环境下，主张和保护的权利可以适应对人民和他们的问题或者由他们引起的问题的社会诠释的发展。一个标准出现的情形能使一个特殊手段更加适当。因此，这种我们的社会诠释和预算手段之间的契合，手段中的任何权衡分析将会受到影响。换言之，选择的手段将基于特定人群创建的关系，而不是它的成本效用、成本效能或者获得潜力的党派选民。

人性因素

预算控制标准的人性探讨主要有两个来源，模糊理论和社会诠释理论，它们都是本文之前提到过的（Miller，1991）。首先，模糊理论的重点在于目的和手段的分离性，且认为做出选择的努力存在内在模糊性。如同马奇（March）和奥尔森（Olsen）所说，组织的大多数生活包括不为人所知的或者复杂的目标和技术以及长时期因参与层次不同而异的个人。即，"目的不能明确地控制人的行为，参与不是选择条件下所有权的一个固有结果或者个人的偏好，终局也不是过程的一个直接结果，环境的回应并不总是有助于组织行动。信念并不总是人生经历的一个结果"（1976：21）。

依马奇和奥尔森而言，在如此普遍的情况下，选择中伴有困难。参与者直到他们做出选择才能认识到他们的偏好性，或者如同韦克（Weick）指出，"直到我明白我所说的我才能知道我是如何想的"（1980：19）。

预算控制标准的人性探讨另一股来源来自一个思想领域，它强调意图的相对性，关注现实的社会诠释性（Berger and Luckmann，1966；Goffman，1961，1974；Schon and Rein，1994）。这个领域认为本质上作为暂时和永久之间一个社会集合群体的每一个组织都体现了一系列赋予他们的工作以意义的社会生活的共同观点。通过个人之间的交往，这些观点即，"诠释现实"构建和获得正统性。而且，诠释的存在掩饰了所有组织或群众共同拥有的一个客观现实存在的观念。

我们讨论的背景与社会现实的诠释有关，鉴于背景对标准的出台非常必要的事实，它成为获得显著的一个特定社会诠释能力的功能。这种思路将认为科学界、公共机构、权力强大的集团或者政治经济的支出手段的这种社会诠释性通过服务窗口变成主要的功能。

简而言之，此处讨论的预算控制标准的替代方法认为诠释消除了模糊性，即，诠释的现实性数目越多，存在于人民群众、组织或者政府之间的模糊性就越大。就管理的现实问题而言，模糊性越大，就很可能描述得越少。例如，超级预算里的预算控制决议的经济标准，有现实的可适用性。对标准的意义没有一个共同的理解，如果它可能意味着与它相关的一系列的价值，做出决策者将采用任何一个现实观点的"自由结合"的过程（Weick，1976）。最终，群体中个人观点之间不同的混合拥有的共同利益就将越多。例如，一个组织或者一个政府，其影响的任意性越大（按照事项和具体民众体现的意图），其成员就越需要大量诠释标准的含义以及需要更统一的合作（Weick，1979）。

政策设计和社会诠释

在过去 10 年间，社会诠释方法发展得很快，在施耐德和英格拉姆（1994，1993，1990）关于政策设计的著作中最为突出。然而，在预算控制标准和超级预算权衡政策手段的基础上采用将有助于为此项研究产生一定的影响作用。

政策策划的基本就是将获得利益或者承担政策负担的那些人的本性变成政策的目标。目标群体是什么？施耐德和英格拉姆把它定义为"个人和集团的行为和福利受公共政策的影响"，在这里，我们指预算（1993：334）。

他们接着表明特定人群社会诠释的观点的特点，如："（1）共性的认识在于辨别出社会意义上的一个特定人群；（2）对一些具体属性，定向的价值观、象征标志和形象根据特点进行归因。社会诠释是关于由政治、文化、社会化、历史、媒体、文学、宗教等产生的人民特殊群体的固定看法"（Schneider and Ingram，1993：335）。这种特性或多个特定人群的社会诠释倾向于消极或者积极，取决于它出现所需的条件——通过公共政策奖励或者惩罚。这些面向社会诠释的积极或消极的倾向"部分依靠目标群体自身的权力（理解为集团的投票表决、财富和倾向性推动着发展），并且也可能扩展到其他公众赞成或反对对特定目标而制定的政策"（1993：335）。

表 4.1 是施耐德和英格拉姆的目标群体和他们的社会诠释基本说明的一个模型。他们认为政策设计遵从这些社会诠释。目标群体的问题（或一些特定人群的问题）是国家（州、地方）的问题。对他们有益（有损）的事情就是对国家有益（有损）。设计的解决方案使他们受益或者受到惩罚。然后，正当公平得到建立以使公众信任。图 4.3 表明了这样的一个过程。

首先，社会诠释了目标人群。其次，设计政策手段去实施这些社会诠释。最后，使这些手段合理化，从而适当地解决特定的问题。

表 4.1　社会诠释和政治权力：目标群体的分类

	积极诠释	消极诠释
强势群体	优势成员	竞争者
	老龄人员	富人
	商业人士	较大工会组织
	经验人士	少数民族
	科学家	道义青年
		文化精英
弱势群体	依赖人士	离经叛道者
	孩子	罪犯
	母亲	吸毒人员
	残疾人	抗议者
		流氓歹徒

资料来源：Schneider and Ingram（1993：336）。

政府决策制定者
↓
反映特定群体社会诠释的政府活动
↓
他们通过奖励值得和惩罚不值得进行预算
↓
依照价值所在使他们合理化（证明事后的合理性）

图 4.3　预算和诠释的过程

如此，诠释预算和合理化的先后顺序与马奇的观点相一致。他说："搜集和记录组织的大多数信息不仅直接有助于做出决定，而且还是作为解释历史连贯性的一个基础。"因为信息内容的构造发展引申出了做出决定的过程，所以做出的具体的决定将最适应它（1987：38）。

如果预算包括我们想要使用的主要政策手段，我们能容易选择处理不同的、诠释的、特定的人群的适当的方法。总之，我们拥有了税收预算、支出预算、常规预算、安全保障预算、信用预算、执行预算。上述这些都遵从已经创建的特定人群的环境。我们挑选了最适合值得和不值得的目标人群需要的或者威胁的政策手段。

如果我们创建的一个超级预算获得成功，那么包含高优先级的项目与排除低质量的项目的标准将是什么呢？如果研究方针建议一个无论什么样的答案，回顾它在值得和不值得的特定群体中，我们塑造出在诱因和鼓励中适合权衡我们的观点。

我们倾向于认为手段应该恰当地契合环境。这种环境源自目标群体的社会诠释。因此，政策手段的任何权衡分析——选择什么适用的标准——应受到我们的社会诠释和我们想做什么来支持或者反对我们确定的目标人群的影响。换言之，选择的手段将基于它的目标群体诠释的适当性。另外，手段的选择也基于它的成本效用、成本效能、或者获得潜力的党派选民。

然后，预算议题的问题在于谁值得和谁不值得。因此，预算被认为有两种，一种为了奖励，另一种为了惩罚。每一种预算当中，激励预算和鼓励预算、覆盖所有的活动、策略创建中的配给、和为了达成这种创建的特殊工具都会彼此进行权衡。选择的手段提供了成本收益、成本效用和/或获得策略创建的适当措施。

引发的基本问题有：

让我们假设施耐德和马奇的观点是正确的，即如本质上而言的值得或不值得的特定群体的社会诠释在任何超级预算里将支配着基本标准。也考虑到预算里增长较快的自由论者的见解，然而财政手段说明，这仅仅导致政府更大规模的统治控制和较少的对政府的控制。预算控制看起来似乎矛盾，控制规模越大，我们就越倾向于允许一些赞成的情形而对其他情形施加惩罚。预算控制越少则政府统治控制就越多。尽管通过多种预算手段代表着多种观点、地方分权、和形形色色的多个方面、有时矛盾甚至弥补处理措施。

政治领导人经常表明委托人和支持者对社会诠释的坚定性；因而，社会诠释被手段的选择所遵从，手段适应环境的能力也得到了合理化。然而这些领导人也可能表明不坚定的观点，在这样的情况下经常被预算控制的特殊领域的或者其专业知识的科学详述者规定一个客观标准，从而导致了政策手段的选择。

我们所迫使出台、实施以及社会建构的环境

当许多人把预算领域规划的客观性与分析视为同等重要时，基于事实和价值观的广被接受的诠释方法，可能更易在综合预算里发现一个解决预算控制问题的方法。倡导客观决定手段的观点，萨洛蒙（Salomon）认为：

当有关手段参照标准的研究工作不断发展时，政府管理各种互补工具以及在它们之中进行抉择的能力将得到大大提高。在这种研究方向上首先必须使政策制定者对与手段相关的决策制定感到敏感，使特殊计划体现出特殊类型的手段，这些手段对计划的绩效可能会产生显著的结果。这些问题太多……从来没有表现出清晰的关注。因此，为了实施政府的一个特殊目标可替代的手段就不能够清晰的评定。相反，手段的选择经常被计划目的的整个非相关因素所支配——例如期望避免预算影响或逃避政府人事的最高限制。收益的回顾越清晰，可替代的方法的不足将帮助纠正这些，因而转变计划的运作就越接近于计划的目标。（1989：261—262）

这种思路的对立面影响更深。可替代的方法需明确目标是什么，它是怎样建立的。如果存在问题，基本上而言，就有解决办法（实施、社会诠释）以特有的不同于值得或不值得解决办法的方式来确定问题。

总之，按西蒙的观点（Simon, 1976），问题的确定就是问题的价值所在，价值所在确定了问题、确立了实施的环境或者确定了社会的诠释。从这些价值所在看来，人民能理性地实施与这些目的相关的手段。

因此，我们怎样改进而不是使价值确定、目的确定以及问题确定退步呢？除了一个旧有的或者也许是一个不健康的方式，我们怎样确定环境呢？考虑到沙特施耐德（Schattschneider，1975）文章中提议的方法，设置限额建立的时间越久——综合预算——将激发更多的冲突、竞争和争议。事实上，他相信冲突和竞争越久，过程中的参与就越多（1975：126—139）。

然后，争论的依据是预算。如同它把一切货币化，预算成为整个政府体系的物质基础。

这样的争论怎样被引发而又不至于陷于僵持而终结呢？这可能产生于关于政府停业的可能性以及它的负面结果的公共争议的确立。更为重要的是，绝对的政治垮台和那些造成这种状况的领导者的调动。

在一个人民治理的体系里，结果是常识标准的使用。当对问题以及解决问题的手段有了足够的讨论时，结果就能得到保证。沙特施耐德（Schattschneider，1975）认为讨论源自冲突和竞争。冲突源自政府的压制作用（大棒）和政府的鼓励作用（胡萝卜）之间的紧张关系。冲突源自政府的干预、统治控制和政府控制它本身之间的紧张关系。据麦迪逊所言，竞争的决策领域（《联邦党人文集》第 51 篇）和竞争的利益或者派系（《联邦党人文集》第 10 篇）增加了不同观点的数目，且阻止任何一个观点凌驾于其他观点之上。

我们怎样才能保证竞争而同时也能够防止僵局呢？强制产生了超出它的效果，如同预算控制里产生的所有教训。总体而言，控制做出了让步。尽管大多数预算控制者有这样的问题，强制的学问在事实上是能够完全展现的。而超出控制的努力真正有助于革新。在这种情况下，萨洛蒙（Salamon，1989）指出，事实上新的政策和预算手段不仅能扩大政府的控制统治而且还培养了更多的政府—私人之间的伙伴关系。这种关系模糊了政府和私人之间的界限，事实上已经获得了民众的认可，而超出了政府行为的私人化。因此，在综合预算里，稀缺产生了所有现存问题的解决办法。

【注释】

　[1] 在美国的州和地方政府层级，现行政府会计准则描述了所有财政和固定资产、债务、收入、支出、利润和损失的报告，就如同采用应收应付制为基础核算的净总数（GASB，1999）。

参考文献

Anderson, Charles W. *Statecraft: An Introduction to Political Choice and Judgment.* New York: John Wiley and Sons, 1977.

Auerbach, Alan J.; Kotlikoff, Laurence J.; and Leibfritz, Willi, eds. *Generational Accounting Around the World.* Chicago: University of Chicago Press and the National Bureau of Economic Research, 1999.

Bardach, Eugene, and Kagan, Robert A. *Going by the Book: The Problem of Regulatory Unreasonableness.* Philadelphia, PA: Temple University Press and the Twentieth Century Fund, 1982.

Berger, Peter L., and Luckmann, Thomas. *The Social Construction of Reality: A Treatise in the Sociology of Knowledge.* New York: Doubleday, 1966.

Berkman, Michael B. *The State Roots of National Politics.* Pittsburgh: University of Pittsburgh Press, 1993.

Campos, J. Edgardo, and Pradhan, Sanjay. "Budgetary Institutions and the Levels of Expenditure Outcomes in Australia and New Zealand." In James M. Poterba and Jurgen von Hagen (eds.), *Fiscal Institutions and Fiscal Performance.* Chicago: University of Chicago Press, 1999: 233—263.

Conlan, Timothy J.; Wrightson, Margaret T.; and Beam, David R. *Taxing Choices: The Politics of Tax Reform.* Washington, DC: CQ Press, 1990.

Cuny, Thomas J. "Federal Credit Reform." *Public Budgeting and Finance*, 11 (1991): 19—32.

Downs, George W., and Larkey, Patrick D. *The Search for Government Efficiency: From Hubris to Helplessness.* New York: Random House, 1986.

Fainstein, Susan S. "The Politics of Criteria: Planning for the Redevelopment of Times Square." In Frank Fischer and John Forester, *Confronting Values in Policy Analysis: The politics of criteria.* Newbury Park, CA: Sage, 1987: 232—247.

Feldstein, Martin. "A Contribution to the Theory of Tax Expenditures: The Case of Charitable Giving." In Henry J. Aaron and Michael J. Boskin (eds.), *The economics of taxation.* Washington, DC: Brookings Institution, 1980: 99—122.

Fischer, Frank. *Technocracy and the Politics of Expertise.* Newbury Park, CA: Sage,

1990.

Fischer, Frank, and Forester, John. *Confronting Values in Policy Analysis: The Politics of Criteria*. Newbury Park, CA: Sage, 1987.

Forester, John. "Bounded Rationality and the Politics of Muddling Through." *Public Administration Review*, 44 (1984): 23—31.

Goffman, Erving. *Asylums*. Garden City, NY: Doubleday, 1961.

Goffman, Erving. *Frame Analysis: An Essay on the Organization of Experience*. New York: Harper & Row, 1974.

Governmental Accounting Standards Board. *Basic Financial Statements—and Management's Discussion and Analysis—for state and local governments: Statement No. 34 of the Governmental Accounting Standards Board*. Norwalk, CT: Governmental Accounting Standards Board, No. 171 - A, June 1999.

Hofstede, G. H. The *Game of Budget Control*. Assen, The Netherlands: Koninklijke Van Gorcum & Co. , 1968.

Key, V. O. "The Lack of a Budgetary Theory." *American Political Science Review*, 34 (1940): 1137—1140.

Key, V. O. "A Theory of critical elections." *Journal of Politics*, 17 (1955): 3—18.

Kingdon, John W. *Agendas, Alternatives and Public Policies*, 2nd ed. New York: HarperCollins, 1995.

Levy, John M. *Essentials of Microeconomics for Public Policy Analysis*. Westport, CT: Praeger, 1995.

Li, Wenli. "Government Loan, Guarantee, and Grant Programs: An Evaluation." *Federal Reserve Bank of Richmond Economic Quarterly*, 84 (1998): 25—49.

Litan, Robert E. , and Nordhaus, William D. *Reforming Federal Regulation*. New Haven, CT: Yale University Press, 1983.

Madison, James. "The Federalist, No. 51, New York Packet, February 8, 1788. " In *The Federalist or, The New Constitution*. (Everyman's Library). New York: Dutton, 1978: 263—267.

March, James G. "Ambiguity and Accounting: The Elusive Link Between Information and Decision making. " In Barry E. Cushing (ed.), *Accounting and Culture*. New York: American Accounting Association, 1987: 31—49.

March, James G. , and Olsen, Johan P. *Ambiguity and Choice in Organizations*. Bergen, Norway: Universitetsforlaget, 1976.

March, James G. , and Olsen, Johan P. *Rediscovering Institutions: The Organizational Basis of Politics*. New York: Free Press, 1989.

McCaffery, Jerry. "Canada's Envelope Budget: A Strategic Management System. " *Public Administration Review*, 44 (July/August 1984): 316—320.

McCaffery, Jerry, and Baker, Keith G. "Optimizing Choice in Resource Decisions: Staying within the Boundary of the Comprehensive-Rational Method. " *Public Admin-*

istration Quarterly, 14 (1990): 142—172.

McKinsey, James O. *Budgetary Control*. New York: Ronald Press, 1922.

Meyers, Roy. T. *Strategic Budgeting*. Ann Arbor: University of Michigan Press, 1994.

Miller, Gerald J. *Government Financial Management Theory*. New York: Marcel Dekker, 1991.

Phaup, Marvin. Testimony: "Budgeting for Insurance Programs. April 23, 1998." Washington, DC: Task Force on Budget Process, Committee on the Budget, U. S. House of Representatives, 1998. Available from www. cbo. gov.

Phillips, Kevin. *The Politics of Rich and Poor*. New York: Random House, 1990.

Posner, Paul L. *The Politics of Unfunded Mandates: Whither Federalism?* Washington, DC: Georgetown University Press, 1998.

Poterba, James M. , and von Hagen, Jurgen. *Fiscal Institutions and Fiscal Performance*. Chicago: University of Chicago Press, 1999.

President's Commission on Budget Concepts. *Report*. Washington, DC: U. S. Government Printing Office, 1967.

President's Commission on Budget Concepts. *Staff Papers and Other Materials Reviewed by the President's Commission*. Washington, DC: U. S. Government Printing Ofrice, 1967.

Salamon, Lester M. , ed. *Beyond Privatization: The Tools of Government Action*. Washington, DC: Urban Institute Press, 1989.

Salamon, Lester M. , and Lund, Michael S. "The Tools Approach: Basic Analytics." In Lester M. Salamon (ed.), *Beyond Privatization: The Tools of Government Action*. Washington, DC: Urban Institute Press, 1989: 23—49.

Say, M. Leon. Letter, *Journal des Debars*, October 7, 1890. Quoted in Rene Stourm, *The Budget*. Translated by Thaddeus Plazinski. New York: D. Appleton and the Institute for Government Research, 1917: 166.

Schattschneider, E. E. *The Semisovereign People*. Hinsdale, IL: Dryden Press, 1975.

Schick, Allen. "Off-Budget Expenditure: An Economic and Political Framework." Paper prepared for the Organization for Economic Cooperation and Development, Paris, 1981. Quoted in Aaron Wildavsky, *Budgeting: A Comparative Theory of Budgetary Processes*, 2nd, rev. ed. New Brunswick, NJ: Transaction Books, 1986: 349—350.

Schick, Allen. "An Inquiry Into the Possibility of a Budgetary Theory." In Irene S. Rubin (ed.), *New Directions in Budget Theory*. Albany: State University of New York Press, 1988: 59—69.

Schick, Allen. *The Changing Role of the Central Budget Office*. OCDE/GD-97-109. Paris: Organisation for Economic Co-operation and Development, 1997.

Schneider, Anne, and Ingram, Helen. "The Behavioral Assumptions of Policy Tools."

Journal of Politics, 52 (1990): 511—529.

Schneider, Anne, and Ingram, Helen. "Social Construction of Target Populations: Implications for Politics and Policy." *American Political Science Review*, 87 (1993): 334—347.

Schneider, Anne, and Ingram, Helen. "Social Constructions and Policy Design: Implications for Public Administration." In James L. Perry (ed.) *Research in Public Administration*, vol. 3. Greenwich, CT: JAI Press, 1994: 137—173.

Schneider, Anne Larson, and Ingram, Helen. *Policy Design for Democracy*. Lawrence: University of Kansas Press, 1997.

Schon, Donald A., and Rein, Martin. *Frame Reflection: Toward the Resolution of Intractable Policy Controversies*. New York: Basic Books, 1994.

Shand, David. "Budgetary Reforms in OECD member countries." *Journal of Public Budgeting*, *Accounting & Financial Management*, 10 (1998): 63—88.

Simon, Herbert A. "The Proverbs of Administration." *Public Administration Review*, 6 (1946): 53—67.

Simon, Herbert A. *Administrative Behavior*, 3rd rev. ed. New York: Free Press, 1976.

Stedry, Andrew C. *Budget Control and Cost Behavior*. Englewood Cliffs, NJ: Prentice-Hall, 1960.

Stourm, Rene. *The Budget*. Translated by Thaddeus Plazinski. New York: D. Appleton and the Institute for Government Research, 1917.

Surrey, Stanley S., and McDaniel, Paul R. *Tax Expenditures*. Cambridge, MA: Harvard University Press, 1985.

Sweeney, Naomi R. "Major Recent Criticisms of the Federal Budget." In *Staff Papers and Other Materials Reviewed by the President's Commission*, President's Commission on Budget Concepts. Washington, DC: U. S. Government Printing Office, 1967: 17—47.

Thompson, Fred. "Toward a Regulatory Budget." *Public Budgeting and Finance*, 17 (1997): 89—98.

Thurmaier, Kurt. "Decisive Decision Making in the Executive Budget Process: Analyzing the Political and Economic Propensities of Central Budget Bureau Analysts." *Public Administration Review*, 55 (1995): 448—460.

U. S. Congress, House Committee on Banking, Finance and Urban Affairs, Subcommittee on Economic Stabilization. *Hearings on Federal Credit Practice*, 97th Congress, 2d session (1981): 11. Quoted in Lester M. Salamon, (ed.), Beyond Privatization: *The Tools of Government Action*. Washington, DC: Urban Institute Press, 1989: 23.

Vedung, Evert. "Policy Instruments: Typologies and Theories," In Made-Louise Bemelmans-Videc, Ray C. Rist, and Evert Vedung (eds.), *Carrots*, *Sticks &*

Sermons: Policy Instruments and Their Evaluation. New Brunswick, NJ: Transaction Publishers, 1998: 21—58.

Weick, Karl. "Educational Organizations as Loosely-Coupled Systems." *Administrative Science Quarterly*, 21 (1976): 1—19.

Weick, Karl. "Cognitive Processes in Organizations." In B. M. Staw (ed.), *Research in Organizational Behavior*, Vol. 1. Greenwich, CT: JAI Press, 1979: 41—74.

Weick, Karl. "The Management of Eloquence." *Executive*, 6 (summer 1980): 18—21.

Weinstein, Michael M. "Economic Scene: The President's Plan on Tax Credits for the Disabled has New Ideas but also Serious Problems." *New York Times* (January 7, 1999): A27.

White, Joseph. "Entitlement Budgeting vs. Bureau Budgeting." *Public Administration Review*, 58 (1998): 510—521.

Wildavsky, Aaron. "The Political Economy of Efficiency: Cost-benefit Analysis, Systems Analysis, and Program Budgeting." *Public Administration Review*, 23 (1966): 292—310.

Wildavsky, Aaron. *Budgeting: A Comparative Theory of Budgetary Processes*, 2nd rev. ed. New Brunswick, NJ: Transaction Books, 1986.

Wildavsky, Aaron, and Caiden, Naomi. *The New Politics of the Budgetary Process*, 3d ed. New York: Longman, 1997.

Wildavsky, Aaron, and Jones, L. R. "Budgetary Control in a Decentralized System: Meeting the Criteria of Fiscal Stability in the European Union." *Public Budgeting and Finance*, 14 (1994): 7—22.

Witte, John F. *The Politics and Development of the Federal Income Tax.* Madison: University of Wisconsin Press, 1985.

第5章

预算的多理性模型：预算办公室的导向和分析家的角色

凯瑟琳·G. 威洛比

美国预算的复杂程度是前所未有的。年复一年，我们见证了在联邦层通过但被国会拖延的拨款预案。在立法会议最后一天，州立法者经常为了解决财政预算问题奋斗到凌晨，只是为了能在被召回后举行的特殊会议上陈述关于预算危机的一些观点。尤其是较大市区的地方政府官员，他们逐渐富有理解力地对待预算评议，从而必须采取决定税收和支出如何改变才能避免预算漏洞。众所周知，公共预算困难重重。从学术观点来看，渐进主义理论坚持了对公共预算过程的一个相当充分的解释；核定预算作为过去和现在政治商讨和达成协议的一个功能，围绕另外的预算基数议题，往往要经历艰难的"磨嘴皮"才能获得一个"满意"的成果。然而，我们不可否认，在预算过程中"理性"方式的渗透，如同各级政府为部门和机构制定的方针和范围，使其遵循以提高计划、活动和服务的效率效果（Melkers and Willoughby, 1998）。

我们尚未清楚认识，在预算发展中为什么具体倡议似乎像"扩张到顶点的水泡"——其中一些倡议导致了新的支出和新的或有重大改变的政策；一些倡议则减弱为慢慢煎熬的过程，只有待以后更

"切实可行"的时机重新露面。虽然在解释现代预算过程中，渐进主义存在缺陷，但仍有可行之处，因为我们不能最终决定是什么影响预算决策、进而影响预算结果也就是最终拨款（Jordan and Hackbart，1999）。具体而言，预算参与者如何看待预算决策？当他们做出支出决定时，什么样的预算提示对他们最为重要？当他们对预算问题深思熟虑时，为什么预算决策环境的一些方面对预算参与者更为重要？

本章试图找出理解政治预算和管理预算的中间立场（Alexander，1999）。目前的研究概括了一个认知现代支出决策的复杂性预算的多种理性模型。此项研究对预算过程进行评价，尤其是关注微观层次决策的制定。此预算理论模型承认预算的短暂性，且显示了预算是一个演变过程，在此过程中的预算周期特定的阶段里，预算参与人所采集的信息和扮演的角色以及决议氛围都影响着预算的结果（Thurmaier and Willoughby，2001）。本章首先开始于对个人认知思维过程和组织行为的考虑。约翰·金顿（John Kingdon）的议程设置模型与政策发展有关，它的应用性为预算的多理性模型打下了基础。目前研究将要提出调查州政府的中心预算办公室（中心预算办公室）分析家的角色和决策行为。最终，为未来的研究之路提供一些建议。

理论基础

理解政府官员决策制定实践的根本努力就是期望影响公共政策。本质上而言，人们关于支出的判断力决定了滋生公共政策的预算。下面的部分展示了人们传统和现代的思维判断过程。此后的分节讨论了政府中的一个具体参与者，即中心预算办公室分析家决策制定情形的相关理念。

我们对人类判断和决策的研究已经由结构化转向此类行为的模

糊研究。在心理学领域，个人做出决定的早期思考，依赖于其行为的标准模式，这种行为需要个人用理论或者综合的因素来进行理性判断"间接对比"（Hammond et al.，1987：753）。理性选择的经济假设提出了人类行为的具体规则，且为最初的理论影响力提供一些解释说明（Wright，1984）。

例如，贝叶斯定理是统一论的数学模型，它指出人类做出决定的过程就如同基于清晰的概率和分配盈利的一个选择过程。人类的决策制定被描述为一个理性的选择过程，一个最大化程度的努力过程。个人最大化预示着价值最大化和效用最大化。反馈和从反馈中总结学习是此种模型的内在部分——反馈为个人提供了关于他或她是否实现或超越平衡的信息（技术上而言，均衡出现在边际成本等于边际收益之时）（Cyert et al.，1956；Simon，1957，1986）。因此，决策制定是最佳的思考行为——无论是利益的最大化还是成本的最小化（Einhorn and Hogarth，1986：55）。

对一些所谓标准模式非现实性的不满意导致了无数描述人类认知过程的研究。这些研究指出了人类认知的不确定性、感性认识和周围环境的问题，称为"做出决定的过程倾向研究法"。它的研究主题采用了代表人类行为方式的成熟技术（Wright，1984：101）。这些理论表明政策环境影响着、被标准模式忽略的人类判断和决定的内在本质。政策制定的主要特点是作为一个复杂且综合的过程而不是一个连续的过程。这个过程发生在冲突和混沌的环境之下（Einhorn and Hogarth，1986）。决策的结果很难预测，即使是那些做出决策的人们（Rohrbaugh and Wehr，1978：522）。感性思维经常被认为是"缺少构造的"，或者认为比理性思维过程更缺乏理性（Von Winterfeldt and Edwards，1986）。当个人拥有决策制定的认知和情感能力时，他们可能倾向于预先选择一种类型，而非其他类型（Mc Cue，1999）。

这也不是说，决策制定的某种类型优越于其他类型。感性认识和理性认识都有自己的优缺点。好的直觉经常被认为是一个真正的专家的标志，然而直觉常被视为仅仅是隐含理性分析的惰性推测。

优秀的理性分析能力常被赞誉为拥有较高的能力，却也常常被认为只是"纸上谈兵"而被忽视（Hammond et al.，1987：754）。事实上，在阿戈拉（Agor，1985）对管理者使用直觉做出重要的管理决定的研究中，他发现实际情况不是理性分析的滥用，而是不使用会导致"错误决定"的直觉。他认为，虽然理性分析过程是一个较为清晰的概念，但是这种思维也不一定产生理想的效果。

在一个组织环境下有关人类的判断理论和在一个特定的决策环境里人与机器之间的权衡进行相互对抗。机器模型是一致的，但仅仅可信赖的是它们里面所含有的信息（它只是人类创造发明且随后输入的数据资料）。而人类有更好的能力解释"动态的决策环境"的质的方面。人类毕竟是人类，最终要遭受身体、感情和心理的缺陷所带来的痛苦（Whitecotton et al.，1998）。弗雷斯特和亚当斯（Forrester and Adams，1997：467）发现了政府行政管理和执行过程的特点（技术上而言是合理的），那就是"一旦民众介入，他们还会体现出技能上不胜任、组织上的防守、策略的不现实及随之而来潜在的不满意识"。

按照怀特柯顿（Whitecotton，1998：332）等人的观点，这个目标应该是结合"人类直觉和机器预测，以开发其中一个的优点同时弥补另一个的弱点"。换句话说，"成功"的判断就是将他们结合起来。包括来自大众的对财经数据的评判和分析家关于数个政府部门的债务定额的评价的经验，显示"在良好氛围的情形下，就大众所利用的极强的诊断提示而言，人类的判断大大超过了基于估价的模式"（总体环境中的可利用信息）（Whitecotton et al.，1998：327）。

上述观点认为个人有理性分析能力和感性认知能力，而这些能力被有差异地权衡，它们对变化环境的反应也不同。理性思维也不一定优于感性思维。就是说，在一定的决策形势下，有许多决策依靠的是经验和"顺其自然"。最终，一个"全球性的"判断使用两种认知类型，也许能在不同程度上帮助决策者做出最"成功"的决策。

金顿等人接下来从宏观角度评价决策制定理论及其适用于美国

治理形式的设置。作为公共预算多理性模型的基础，人类判断、组织决策和议程设置这些重要组成部分被强调。

美国的议程设置

金顿在 1995 年设计了一个政策制定模型，在这个模型里，他描述了多种决策渠道、决策因素（包括看见的和不能看见的）、政府的决策议程以及多个可预测的与不可预测的决策良机。他将决策制定过程描述为一个复杂而曲折的过程。而关于问题、政策选择和政治的决策在政策过程中是分离的渠道。政策的剧烈变动就如河流汇聚一样随时都有可能，政策"倡导者"会利用这一时机推进他们关于将现有政策改革的议题。

金顿把政策的演变解释为一个"政策早期的汤"，在其"汤"里，特定问题和解决办法的泡泡，在任何特定时间都有可能达到顶端。政府官员紧紧抓住这些问题的表面，在员工（幕后群体）的帮助下，促使政策主动地向前发展。如果这个问题和解决办法不具备政治上、技术上（经济上）和预算的可行性，那么这个问题可能转变成一个缓慢的煎熬过程，当它在以后一定时期可行时，再把它从"汤"中盛出（Thurmaier and Willoughby，2001）。

马乔恩（Majone，1989）、鲍姆加特纳（Baumgartner and Jones，1993）深化了这一模型，强调政策的发展依赖于思想和理论以及其他因素的演变。鲍姆加特纳和琼斯（1993）注意到在政策垄断里问题如何被重新定义——重新明确能导致政策理念的改变，从而鼓励动员潜在的新政策。同金顿一样，他们承认政策倡议者在政策重新发展中被赋予的作用，且认为他们在未来新的或变化的政策中能够获益。

卢米斯（Loomis，1994）通过认知预算周期、政治议程和政治家的时间行程三者之间的联系，反映了金顿的模型。首先，"总统和州长必须在选举和预算的政治方面的相互牵连的关系循环圈里执政"
(Loomis, 1994:13)；其次，他又反复阐述了州长和机构的中心预
算办公室的"联结"作用。预算办公室代表州长工作"在多个政策
领域里，收益网的一套总能以某些方式和预算办公室的成员相联系"
(Loomis, 1994:21)。沙坎斯基(Sharkansky, 1968)和汤普森
(Thompson, 1987)后来的文章清楚解释了行政机构、支出需求、
州长的推荐和立法拨款之间的重要联系。最近的研究具体集中在中
心预算办公室分析家的角色和行政机构以及他们的拨款之间潜在的
最紧密联系(Lynch, 1995；Gosling, 1985, 1987；McCue, 1999；
Thurmaier, 1992, 1995, 1997；Willoughby, 1993a, 1993b)。

预算人员角色的演变

戴维(David, 1998)详述了政府行政人员和预算官员角色的演
变。他认识到这两个传统上的定位有天壤之别的角色之间的争
执——政策制定者热衷于政府的活动和运作（为人民服务），而财政
官员则倾向于负责和控制（财政赤字困难）。他认为现今有效治理涵
盖了这两种角色的接合，即先进技术使财政官员从传统的会计中心
脱离出来，而新的绩效预算和报告要求又增添了他们"解释的"焦
点。同样，政策制定者和计划管理者，必须对财务会计制度和支持
政府商业运作的创新融资选择权有更成熟的理解。

亚历山大(Alexander)针对当今地方政府管理者的决策环境，
采用了这一更宽泛、更集合的角色。她提到奥图尔(O'Toole, 1997)
呼吁对现代行政管理者的网络化环境投注更多关注，陈述如下：

在同一个多种组织且政治权力分散的背景下，行政官员呼吁大
家培养简便的解说技能；他们必须协调多种信息渠道且常常变化议
程……在当前背景下，要求行政官员协调争议的诉求，既非中立的
技术竞争，也非行政机构倡议者的角色，而是能足够理解公共预算
决策报告(Alexander, 1999:553)。

同样，在计划的设计与运行中，戴维提倡财政官员有更大的能动性。"他们必须从交易过程转变到分析、设计、预测、评估和指导过程"（1998：58—59）。米勒认同，财政官员的真正权力是建立在财政收入预测责任之上。这种收入预测又是建立在对所有预算审议的基础上。财政官员通过"告知地方长官可利用的财政收入"来为预算审议"搭建平台"（Miller，1991：205）。

我们看到，在州政府的中心预算办公室雇佣的分析专家，具有类似的演变与整合的职责。特买尔（Thurmaier，1997）强调州长依靠他们的分析专家来解释在预算发展运行期间行政机构支出计划的长处。Lee又补充道，预算发展是"政策制定过程的关键之处"（1992：19）。若按照传统的分析，中心预算办公室的分析家对行政机构支出信息的加工处理和其他（经常是新的）有关计划及对策所需求与希望得到的信息一起需向州长请求。他们支持州长议程的同时，也准备帮助他或她的预算草案推荐给立法机关的代表。一旦预算草案递交给了立法机关，他们可能"和行政机构紧密结合把通过的预算草案共同'销售'给议会"（Yunker，1995：155）。

总之，当州长特权的"暗示"起主导作用时，分析家为行政机构的观点提供了至关重要的纽带（Forsythe，1991；Lynch，1995）。在这样一个独特和情境丰富的环境下，伴随着提供投入的更多机会，毋庸置疑，中心预算办公室分析家影响着拨款且能为政策发展做出更大贡献（LeLoup and Moreland，1978；Gosling，1987，1985；Willoughby，1993a；Thurmaier，1992）。

预算的多种理性模型

从以上对有关个人判断、组织行为、议程设置和预算人员角色的研究可以看出，我们挑选了由特买尔和威洛比（2001）详细叙述的预算多种理性模型的一些组成部分。即由个人的决策制定、由分析的/客观的和感觉的/主观的过程组成。而这些复杂的过程有其结构且能够标准化，在多方面的情景下，分析家做出的决策应用于中心预算办公室的预算。这种环境影响了预算人员在使用不同的和制度相联系的决策标准时，就包含了预算周期各方面的预算决策。

事实上，当分析家做出支出决策时，他们会差异权衡政治和经济因素。当时的金融状况也影响着这些决定（Thurmaier，1995；Willoughby，1993b）。本质上而言，在预算过程中，预算人员能够通过在预算过程中扮演的多种角色来定性他们的特点——在经济好转时，他们扮演的角色能迅速地扩大。这样在容许直觉有更大的空间的同时，严格的理性分析思想也有着更大的空间。即同专家一样的分析家能利用决策环境的经验和领悟，勾画出"优秀"的决策框架以取得支出主动权的成功（州长把成功定义为接受）。

一个影响预算角色和决策框架的重要变量就是时间，预算决策是时间和时机的一个功能。时间就是个人在提出决议前必须用多久收集和分析信息。预算过程描述了何时必须做出决定。分析家基于何时必须做出决定以及何地输入决策过程，来不同程度地过滤运用到具体决策的信息。这部分应归功于特殊的决策策略。在预算过程中，他们必须采用具体的成功策略。他们必须懂得通过支持者所接受的决议目标的"一丝良机"，怎样有效地通过决议——最终拨款的决议。图 5.1 显示了中心预算办公室分析家决策情形的一个模型，它说明了预算人员工作时的复杂背景。

按照此模型，分析家的预算决议反映了他们的职责和决议的合理性。政治、财政和组织的因素将分析家的环境定性为受约束的或者宽松的。这里显示的组织因素包括了行政机构、中心预算办公室和州长的一系列的命令和交谈的顺畅性。在预算周期的任何特定的时间内，分析家围绕着议题、问题和解决办法争吵不休。有的是较大的议题或者较大的问题，有的则不是。模型边界的缺乏，表明预算周期内任何一处预算决议制定的畅通性，使人联想到鲁宾（Rubin）的"实时"预算模型（1997）。对分析家而言，他们则按效果和效率

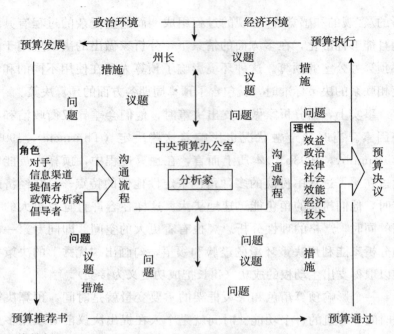

资料来源：Adapted from Thurmaier and Willoughby（2001：302）。

图 5.1　中心预算办公室分析家的决策环境模型

原则来理解议题、问题和解决办法。

　　涉及政治焦点的效果理性意指理解什么对过程中的谁重要，以及什么时候对自身重要。法定的合理性考虑的是问题与法律相关性（对分析家而言，就是行政机构预算的合法史）。社会习俗考虑的是问题或者议题背后的文化原因（对分析家而言，就是行政机构能够提供它能做的服务的原因），本质上说，是一个寻求资金的特殊计划背后体现了什么样的公共价值？

　　"当决议的效果目标以社会整体为特征时，决议的效率目标将以效用或满意度的最大化为特征"（Thurmaier and Willoughby，2001：98—99）。在讨论框架问题不同的可能手段时，这些作者认为效率集中在两类：经济的和技术的效率。经济与效率包含了按从最重要到不重要的次序排列的议题、问题和解决办法。分析家的目标就是在计划内尽可能有效地分配稀有资源。技术效率较为具体地包括了最有效的产出手段的选择。

依照州的政治和经济状况、预算办公室的倾向（强有力的控制或政策）和州长之间、中心预算办公室与行政机构之间的沟通流程和预算周期的时间，中心预算办公室的分析家将制定不同的决议框架。图 5.1 显示了关于决议合理性的整体层次的不同角色演变。现代分析家可能扮演的角色包括，如行政机构的对手：通过传统监督职能保留对行政机构需求和服务的怀疑；州长和行政机构之间信息沟通的渠道；促进者（管道角色的延伸）：通过启发州长优先权和集资策略的行政机构，从而提醒州长法定和其他必须满足的需求。当分析家试图将倡议"销售"给州长时，政策分析家的角色就展现出来了——分析家会利用一丝机会推进政策倡议。最终，倡导者支持了反映行政机构意愿的需求发展。此类分析家愿意"出力"，为行政机构就支出倡议与州长面对面地交谈。依据角色能不同程度地衡量这些合理性。例如，政策分析家的角色，尤其需要赋予政治合理性更多的权重——清晰理解州长议程以及如何将行政机构的需求塑造成适合这个议程且被州长接受的支出选择。倡导者的角色是必需的，因为分析家理解行政机构计划背后的法律和社会"原因"，为行政机构的需求提出充分的理由且又符合州长的议程（政治合理性）。对手和渠道角色将更大的权重赋予了预算问题的经济学；监督意味着财务方法和政治合理性对传递信息是无足轻重的。

基于这个模型，期望预算办公室的分析家有强有力的控制导向（主要集中在交易过程或者控制功能上），当涉及到预算决议时（在这种情况下，复查行政机构的支出计划），相对地限制州长、中心预算办公室、行政机构和较差财政环境之间的沟通流程，将会呈现出一种传统决策策略——期望的策略包括检查数目和财务活动。分析家在诸如中心预算办公室里所扮演的角色数目也有望得到限制。然而，在强大的政策中心预算办公室（与预算发展中的预算会计相比，更关注预算和政策进展超过预算执行活动和预算选择权的产生）中的分析家，与州长、中心预算办公室和行政机构之间更加自由地交流，和剩余资源一起展示决策策略，它表明政策分析家面对严格的信息渠道和/或行政机构对手的更多角色演进。进一步而言，期望这些分析家在预算过程中，比他们在控制导向的预算办公室中的对手起到更大的作用。

实验的支持

1994 年，对来自阿拉巴马、佐治亚、北卡罗来纳、南卡罗来纳和弗吉尼亚的 73 位分析家进行的面对面访谈中，得到了 90％的回应率。回应者包括了每一个中心预算办公室里负责预算评审的分析家、部门主管、副主任，有时可能还包括预算主任。访谈的主题涉及他们在预算过程中的角色、在典型的预算周期中他们所参加活动的类型、为下一财政年度而审计代理项目和服务时他们认为最重要的因素、他们为谁工作以及什么是分析家工作效果的最重要特征。访谈集中在分析家为收集有关行政机构权限内的信息所采取的策略，他们对行政机构和州长议程的认识，以及不论是在预算发展中还是在整个预算年度中，他们在行政机构和州长议程中传递信息所起的作用。特买尔和威洛比（2001）对研究方案和访谈问题有一个完整的描述。

采用内容分析法处理记录访谈。预算办公室的定位是基于分析家对所提出问题的回答。依据分析家指出的定位程度，预算办公室的定位是一个可比对的从严格控制到严厉政策的连续体。标志控制导向的评论，集中在基数预算评价和强调分析家在预算执行中比在预算研制中有更重要的作用。在这些预算办公室里以及预算研制期间，分析家的角色不是给州长提供支出选择或方案，而是验算行政机构需求的边际变动。分析家主要关注与预算核对有关的会计业务，而不涉及州长的议程，因为在所有可能的情况下，它不能直接传达给分析家。

　　然而，标志政策导向的评论，集中在预算研制活动而非执行活动。预算办公室的分析家，把支出选择推荐给州长。在这些中心预算办公室中分析家考虑的是，依据行政机构支出计划来不断地核对州长议程。与来自控制导向的预算办公室分析家相比，这些预算办公室分析家的评论，表明预算的准备需要一个更好的诠释方法。采用高斯林（Gosling，1987）、高斯林和特买尔（Gosling and Thurmaier，1998）的政策思维，如果分析家为了州长，在他们的支出选择进程中"采用了歧视性的政策选择"，他们就会被编上标志政策导向的代号。

　　在一个从控制到计划、管理和计划导向的连续体中，采用希克（Schick，1966）的预算改革模式是被认可的。标志管理导向的评论，集中在预算执行以及分析家就计划运行、人事和管理与行政机构的日常相互影响上。标志计划导向的评论，集中在与计划相关的活动、多年度分析以及关于行政机构项目和运作的战略思考上。

　　图5.2表示中心预算办公室从控制到政策导向的连续排列。每个州下面的数字符合分析家上述标志控制/管理/计划/政策导向代码的比例。预算办公室超过50％的分析家所预示的导向被强调为支配导向。例如，阿拉巴马州预算办公室100％的分析家都预示了控制导向，因为他们的回答主要靠核对和问责性活动以及关注预算执行而非预算研制。1/3强（38％）的分析家预示了管理导向，中心预算办公室里没有分析家预示计划导向或任何类型显示政策导向的政策辨别能力。总之，图5.2表明了控制保持强大的、在这些中心预算办

图5.2　州中心预算办公室沿着控制—政策导向连续排列

公室常常处于支配导向。下述部分简要描述了每个预算办公室的导向，评价了分析家的评论和环境证据。

传统的控制导向

如果分析家将时间集中在预算执行而非预算研制上，那么预算办公室就表现出传统的控制导向。在研制阶段，分析家通过检查行政机构获取性的基础、将分项列支与去年拨款对比来审查预算需求，审查预算需求内容以便与其他部分合成一个整体。期待这些分析家没有接触任何州长是否论及的对行政长官重要的议题或议程项目。支持分析家控制导向的环境包括分项列支预算形式、紧缩的财政收入、重在指定用途收入的预算和与州长保持相当远的"距离"（也许组织上还是依据州长与预算办公室的沟通）。

财政部中的阿拉巴马州预算办公室，以及预算控制委员会预算分析处中的南卡罗来纳州预算办公室，都显示了强有力的控制导向。阿拉巴马州中心预算办公室的分析家要将预算演进到政策导向，必定受到把预算饼分为教育（指定）基金和一般基金的预算形式约束。许多分析家注意到，这种分离明显地限制他们介入支出决策。大多数阿拉巴马州的分析家提出，他们居支配地位的活动包括在实施期间丝毫不涉及"制定预算推荐书"的预算核查。其中一人提到会计责任的焦点问题："我们有许多控制清单。我们有许多关于行政机构预算截止日期的数据库文件，有的预算已经到期，有的还没有"。预算局长承认，预算办公室的定位强调预算服从而非预算分析。

在进行这项研究时，阿拉巴马州中心预算办公室的分析家没有直接接触州长。事实上，许多人表示要理解州长的特权是什么是困难的。州预算官员通过财政部长收集信息，把州长的议程告知分析家。因为预算局长与财政部长都是新上任，才刚刚明白如何处理组织里上下级关系，很难达到顺畅无阻的交流。局长和分析家一起讨论转向更强有力的政策导向。然而共同起作用的是预算表、不良财政状况、缺乏足够沟通，也许最重要的是，当时预算办公室的一些职员空缺，阻碍了政策导向的发展。

对南卡罗来纳州中心预算办公室的分析家而言，与州长办公室的沟通是暧昧的。就是说，这些分析家不能直接从州长那里获得议程的相关信息，而是要通过部门主管获得，部门主管又是从州长的工作人员那里获得信息。然而与阿拉巴马州指导预算研制和分析别的预算核查活动相比，南卡罗来纳州中心预算办公室分析家确实更为可靠。这得益于他们在联合行政—立法的预算控制委员会内的历史地位。这些分析家和与立法机关中货币委员会结盟的职员保持紧密联系。这就部分地说明了，来自这个预算办公室的 7% 的分析家为其预算办公室表示了政策导向。然而分析家确认，新的立法机关执行预算体系需要预算办公室"为州长的喜好服务"。没有人清楚，将来这种变化会怎样影响到分析家与首席执行官或立法机关的关系。

强管理导向

如果分析家把他们的精力集中于行政机构内部的经费、人事和项目相关的管理议题上，预算办公室将表现出一个强用力的管理中心。这些分析家并不关注排斥政策发展的预算控制，他们的兴趣在为与州长议程吻合的行政机构发展预算，以及在财政年度为行政机构运行制定预算。一个有助于管理导向的环境包括一个与环境特征相比较小的财政压力、非主要指定用途的资金来源以及组织上和沟通流程上与州长的密切合作。北卡罗来纳州预算管理办公室（隶属州长办公室），是这项研究中大多数分析家（62%）认为标志主要管理导向的唯一中心预算办公室。

这个中心预算办公室的分析家很清楚地了解州长的议程，他们间接地从州预算办公室的一位具有 30 年丰富经验的高级副手那里获知。中心预算办公室所有职员的长久性对组织中上下沟通流程起到积极作用。受欢迎的州长吉姆·亨特于 1994 年连任了三届首席执行官。而且，这个预算办公室的分析家也保持了最长的平均工作年限（19 年）。

这些分析家区分了制定财务决策（持续预算）和政策决策（扩充预算）的不同。一般而言，他们认为持续预算项目的决策能被州长接受，而那些关于扩充预算项目的决策可能需要更多分析且有目的的争论。他们扩充预算的推荐书较大程度地依靠州长的偏好和可利用的资金。中心预算办公室的分析家，把他们的工作视为对州长预算研制和执行的客观理性地支持。

非常有意思的是，州预算官员的高级副手，确实谈到预算办公室的定位通过分析家人事变动而演进。随着研究中几个人员将要退休，团队研究方法在起步，而这就需要分析家进行跨部门工作，以便获得更多政策领域的预算研制经验。这个副手注意到，这个政策领域的双重覆盖范围，将提高预算办公室活动效率以及分析家跨越不同州项目和部门的预算过程的知识。

强政策导向

如果分析家把他们的精力集中在预算研制而非预算执行上，预算办公室将呈现一个强政策导向。这种预算办公室的分析家，对行政机构实施分析的主要目的是准备并递交支出选择方案给州长。他们清楚地知道州长的议程，也许是亲自从州长或有关州长议程项目的办公室获得信息。如先前陈述的一样，这些分析家的兴趣在为行政机构研制与州长议程相吻合的预算，以及制定财政年度行政机构运行的预算。一个有助于政策导向的环境包括强有力的财政、非主要指定用途的资金来源、组织上和沟通流程上与州长紧密联系的中心预算办公室。

研究中最具有政策导向的预算办公室，位于佐治亚州和弗吉尼亚州。佐治亚州的规划预算办公室（隶属州长办公室）的预算人员，与州长有非常直接的联系，从而培养了他们积极主动设计支出选择方案的做法。除了获取州长特权的传统方法（包括演讲、通过媒体、新闻发布和中心预算办公室内的高层会谈），一位分析家声称，从"当我见到州长"中获得了其议程的重要信息。在后来的预算发展阶段，这些分析家存在一种行为模式，可以直接向州长简要说明与其行政机构相关的主要预算。在这种会见中，分析家为履行政策分析家甚至倡导者角色而感到欣慰。正如一个分析家所说：假若"你发现了一个天使，你会尽力使州长发现她。"

如同北卡罗来纳州的分析家一样，佐治亚州规划预算办公室（OPB）的分析家在一定程度上把预算和政策决策区分开。一个分析家说道，"对持续预算而言，我提供推荐书。对扩充预算而言，我递交选择权且显示所有选择权的利弊"。这些分析家相信，影响政策和支出是通过他们的进展和选择方案的递交，甚至通过改进州长对选择方案从 25％到 80％不等的接受率（相对于持续预算推荐书 90％的接受率而言）。一位分析家认为，改进选择方案的成功在于"你销售得多么好"。

这些分析家认识到，对行政机构支出"提出理由"对州长的重要性。一位分析家提醒说："你必须为新的支出提出好理由或者知道州长喜欢这个理由。"他们把预算描述为一门艺术："这项工作不仅仅是推敲数字，还包括关注政策以及政策的组织和财政结果。它也乐意知道你的起点并朝着计划开始来推进"。

弗吉尼亚州规划预算部（DPB）（在财政部秘书处里）的分析家尽管在组织上远离州长，但他们对首席执行官优先权有清晰的领悟。这些分析家"研究州长议程和有限的资金如何去预算，说明授权和依从项目"。他们从"指导备忘录"和/或经由部门管理者从规划预算部主任那里获得州长优先权的有关信息。虽然大家对州长关注的事很清楚，但没有人声称是直接从他那里获得信息。现在这些分析家也不亲自向州长作简要的汇报，尽管在过去的行政管理中出现过此种情形。

弗吉尼亚州规划预算部的分析家相信，他们通过形成"决议、选择对象和选择"来影响州预算和政策。他们列举了大量的任务，从而使他们的预算办公室合法地成为州长的"一站式商铺"——任务包括立法影响评估、执行法律、财政立法、常规评审、预算执行与控制活动以及预算研制。如同佐治亚州的分析家一样，弗吉尼亚州的分析家也把预算描述成为一门艺术。按照一位分析家的说法："我喜欢这项政治工作的创造性和创新性，观察事物将如何起作用。通过立法机关获得某些东西是一门艺术"。

中心预算办公室分析家的多种角色与理性

通过对分析家回答提出问题的内容分析来看，分析家的角色特征同样由预算办公室的导向来决定。标记分析家的答复是依据他们是否扮演如早前定义的对手、信息渠道、促进者、政策分析家或倡导者的角色，分析家的答复则表明了角色扮演的类型和数量。每个中心预算办公室计算出分析家扮演的角色平均数。

研究结果表明，来自五个中心预算办公室的分析家共同扮演了主要信息渠道的角色（85％的分析家表现了这种角色的行为），第二是倡导者角色（75％），然后是促进者角色（50％）、政策分析家角色（45％），最后是对手角色（41％）。信息渠道和对手角色与控制导向一致，分析家的理性倾向突出效率——与基准线核检和全面监督出入行政机构的资金流相一致。然而，有趣的是，当大多数中心预算办公室坚持控制导向时，不论是严格坚持或与其他导向结合，对任何这些预算办公室的分析家而言，对手角色都不再是主流角色了。事实上，北卡罗来纳州分析家中只有11％的人扮演了这一角色，表明了在这里研究的分析家担任对手角色的偏好最少。这可以通过一年来，培养了分析家与行政机构密切工作关系的预算办公室的强管理导向来解释。

无论如何，似乎忽视了预算办公室向更偏爱政策导向的演变

（或者其缺乏），分析家角色的扩展超出了严格的监管。这种发现支持了前面提到的有关财政官员和管理者进化角色的工作，这些发现证实了这里呈现的预算模型，是多种理性（包括效率型和效果型）和中心预算办公室分析家可能扮演的角色。

另一个显著的发现是，在中心预算办公室中，分析家扮演角色的平均数有所不同。这些数字从阿拉巴马州较低的 1.5 个角色到弗吉尼亚州较高的 3.7 个角色的范围内变化。在北卡罗来纳州中心预算办公室里扮演角色的平均数为 2.3，南卡罗来纳州为 2.9，佐治亚州为 3.1。这样的结果与中心预算办公室"演进"到其他导向的期望正好吻合，表明分析家将会扮演更为广泛的角色。正如下面解释的，南卡罗来纳州的分析家稍微偏离此模型。

中心预算办公室中扮演政策分析角色的分析家最大的比例来自南卡罗来纳州、佐治亚州和弗吉尼亚州。如前所述，南卡罗来纳州的分析家认为，他们通过与立法委员面对面地交流，更好地为扮演的这个角色服务。

与阿拉巴马州那些强控制导向的中心预算办公室相比较，这也许能解释这些分析家扮演角色的较高数字（在平均数上）。在佐治亚州，50％的分析家扮演了政策分析的角色；这些分析家中更大比例声称扮演倡导者角色（82％），信息渠道角色（82％），促进者角色（76％）。分析家扮演政策分析角色的最大比例是在弗吉尼亚州的中心预算办公室（60％）。稍微不同于佐治亚州的分析家，扮演此角色的分析家降到了第四，位于信息渠道角色（95％）、倡导者角色（90％）和对手角色（75％）之后。在阿拉巴马州和南卡罗来纳州的中心预算办公室，分析家都没有扮演政策分析角色。

不幸的是，基于政治和财政状况，很难理清中心预算办公室定位的显著特点和分析家的角色。各个州在政治上是各式各样的。1994 年南卡罗来纳州和弗吉尼亚州有共和党的州长与民主党的立法机关。其他州都是民主党在掌握这两大权力机关。南卡罗来纳州和佐治亚州都各自有非常受欢迎的州长：吉姆·亨特（Jim Hunt）和泽尔·米勒（Zell Miller）。州长的权力也随时变化。例如，南卡罗来纳州和弗吉尼亚州都有很强大的预算体系，州长也会稍微妥协——南卡罗来纳州缺乏否决权的权威；弗吉尼亚州不能出现超过四年一期的服务连任。尽管在某些指数上阿拉巴马州、南卡罗来纳州和其他的州相比排在了后几名，但这些州 1994 年的财政经济状况都差不多（Thurmaier and Willoughby，2001：16—17，21）。研究显示，所有中心预算办公室的分析家都关注他们紧张的财政状况。这种条件在一定程度上约束了阿拉巴马州和南卡罗来纳州中心预算办公室的分析家发展为更强有力的政策机构。尽管条件如此，佐治亚州和弗吉尼亚州中心预算办公室的选择仍显示了维持政策导向和角色演进。

虽然如此，这些研究结果为图 5.1 所示的模型提供了很好的证据，表明在整个预算周期内，分析家被视为扮演很多与州长和行政机构关系的可能角色，而且这些角色在预算发展期间很清晰。角色归属反映了预算办公室的导向。阿拉巴马州中心预算办公室的分析家主要扮演两个角色：倡导者和信息渠道。然而，在其他导向的中心预算办公室发现了扮演角色的最高平均数，尤其是在佐治亚州和弗吉尼亚州强有力的政策分析机构。这些中心预算办公室的分析家扮演了强有力的政策分析角色，此角色在阿拉巴马州和北卡罗来纳州从来不存在，如前所述，这种角色强度在南卡罗来纳州有所减弱。

结论

本章研究表明，分析家将其预算办公室定位为控制导向（阿拉巴马州和南卡罗来纳州）或混合其他导向（北卡罗来纳州强管理导向、佐治亚州和弗吉尼亚州的强政策导向）。这些预算办公室分析家的角色反映了这种定位。阿拉巴马州中心预算办公室是传统的强控制预算办公室，分析家的主要角色就是和行政机构、预算办公室之间来回沟通信息，并与行政机构一起在这一年里执行其预算。强控制导向的中心预算办公室拥有的分析家扮演的角色，少于那些更倾向于强政策导向的预算办公室的分析家。南卡罗来纳州的分析家扮演了政策分析家的角色而偏离了这个模型，但可以通过这个预算办公室独特的组织背景和该州分析家与立法委员的历史关系部分地加以解释。这里的证据支持了作为预算办公室的导向而非控制的演进，成为参谋的分析家扮演了更宽泛的角色，反映了这些角色的决策合理性。

中心预算办公室的强政策环境是非常有效的。这些办公室给他们的分析家提供更多关于州长议程的沟通机会，或直接或间接，但都很频繁、很清晰。这种自由流动的沟通和在支出选择上的工作灵活性，给予分析家扮演更多的角色提供了机会，并为他们在拟定预算决议时更好地利用效率和效果理性提供了机会。这将意味着"超级"决议的可能性——如果我们把超级定义为形成州长能接受的支出计划，然后依据拨款最终获通过的更大成功可能性，把它推荐给立法机关。

弗雷斯特和亚当斯（Forrester and Adams，1997）与亚历山大（Alexander，1999）认为，预算理论是更为跨学科的，而不仅仅从政治学和经济学汲取知识。本章尝试介绍的这种模型，它能更充分说明在预算过程中人类决策、组织行为和证据流动度的复杂性。这里研究的预算人员理解其预算办公室的定位，作出符合角色功效的回应或承担履行分析家职责的角色。这是一个微观层次的预算模型，然而它适用于政府的其他层次以及其他的预算参与者和环境。尽管分析家联结州长和行政机构的身份与众不同，但预期的决策环境对涉及公共预算的其他重要参与者来说仍然是复杂的。

未来的研究应该扩展这项研究的发现，可通过考察决策环境、导向以及其他预算办公室和参与者的角色来实现，参与者包括州长的工作人员、行政机构及其预算官员、预算立法办公室及其分析家，以及州立法机关中重要的货币委员会的委员。还需要研究预算参与者及其联邦和地方政府层级的决策策略类型。

参考文献

Agor，Westin H. "Intuition: A Brain Skill Top Executives Use to Increase Productivity." *Public Productivity Review*, 39 (winter 1985): 357—372.

Alexander, Jennifer. "A New Ethics of the Budgetary Process." *Administration and Society*, 30 (September 1999): 542—565.

Baumgartner, F. R., and Jones, B. D. *Agendas and Instability in American Politics*. Chicago, IL: University of Chicago Press, 1993.

Cyert, Richard M.; Simon, Herbert A.; and Trow, Donald B. "Observation of a Business Decision." *Journal of Business*, 29 (October 1956): 237—248.

David, Irwin T. "The True Financial Manager." *Government Executive*, 30 (July 1998): 58—59.

Einhorn, H. J. and Hogarth, R. M. "Decision Making under Ambiguity." *Journal of Business*, 59 (October 1986): S225—S250.

Forrester, John P. and Adams, Guy B. "Budgetary Reform Through Organizational Learning: Toward an Organizational Theory of Budgeting." *Administration and Society*, 28 (February 1997): 466—488.

Forsythe, Dall W. "The Role of Budget Offices in the Productivity Agenda." *Public Productivity and Management Review*, 15 (1991): 169—174.

Gosling, James J. and Thurmaier, Kurt. "The Shifting Roles of Budget Offices in the Midwest: Gosling Revisited." *Public Budgeting and Finance*, 17 (winter 1998): 48—70.

Gosling, James J. and Thurmaier, Kurt. "The State Budget Office and Policy Making." *Public Budgeting and Finance*, 7 (spring 1987): 51—65.

Gosling, James J. and Thurmaier, Kurt. "Patterns of Influence and Choice in the Wisconsin Budgetary Process." *Legislative Studies Quarterly*, 10 (November 1985): 457—482.

Hammond, Kenneth R.; Hamm, Robert M.; Grassia, Janet; and Pearson, Tamra. "Direct Comparison of the Efficacy of Intuitive and Analytical Cognition in Expert Judg-ment." *IEEE Transactions on Systems, Man, and Cybernetics*, 17 (September/October 1987): 753—770.

Jordan, Meagan M. and Hackbart, Merl M. "Performance Budgeting and Performance Funding in the States: A Status Assessment." *Public Budgeting and Finance*, 19 (spring 1999): 68—88.

Kingdon, John W. *Agendas, Alternatives, and Public Policies*, 2nd ed. New York: HarperCollins, 1995.

Lee, Robert D. "The Use of Executive Guidance in State Budget Preparation. " *Public Budgeting and Finance*, 12 (fall 1992): 19—31.

LeLoup, Lance T. , and Moreland, William B. "Agency Strategies and Executive Review: The Hidden Politics of Budgeting. " *Public Administration Review*, 3 (May/June 1978): 232—239.

Loomis, Burdett A. *Time, Politics, and Policies: A Legislative Year*. Lawrence: University Press of Kansas, 1994.

Lynch, Thomas D. *Public Budgeting in America*. Englewood Cliffs, NJ: Prentice Hall, 1995.

Majone, Giandomenico. *Evidence, Argument and Persuasion in the Policy Process*. New Haven, CT: Yale University Press, 1989.

McCue, Clifford. "The Impact of Objective and Emphatic Dispositions on Local Government Budget Analysts' Spending Preference. " *Public Budgeting and Finance*, 19 (spring 1999): 89—114.

Melkers, Julia, and Willoughby, Katherine G. "The State of the States: Performance-Based Budgeting Requirements in 48 out of 50. " *Public Administration Review*, 58 (January/February 1998): 66—73.

Miller, Gerald J. *Government Financial Management Theory*. New York: Marcel Dekker, 1991.

O'Toole, L. J. "Treating Networks Seriously: Practical and Research-Based Agendas in Public Administration. " *Public Administration Review*, 57 (1997): 45—51.

Rohrbaugh, John, and Wehr, Paul. "Judgment Analysis in Policy Formation: A New Method for Improving Public Participation. " *Public Opinion Quarterly*, 42 (winter 1978): 521—532.

Rubin, Irene. *The Politics of Public Budgeting*, 3rd ed. Chatham, NJ: Chatham House, 1997.

Schick, Allen. "The Road to PPB: The Stages of Budget Reform. " *Public Administration Review*, 2 (December 1966): 40—63.

Sharkansky, Ira. "Agency Requests, Gubernatorial Support and Budget Success in State Legislatures. " *American Political Science Review*, 26 (1968): 1220—1231.

Simon, Herbert A. "Rationality in Psychology and Economics. " *Journal of Business*, 59 (October 1986): S209—S224.

Simon, Herbert A. *Administrative Behavior: A Study of Decision-making Process in Administrative Organizations*, 2nd ed. New York: The Free Press, 1957.

Thompson, Joel A. "Agency Requests, Gubernatorial Support, and Budget Success in State Legislatures Revisited. " *The Journal of Politics*, 49 (1987): 756—779.

Thurmaier, Kurt. "Complex Decision Making in Midwest Budget Offices." Paper presented at the National Public Management Research Conference, University of Georgia, Athens, Georgia, November 1, 1997.

Thurmaier, Kurt. "Decisive Decisionmaking in the Executive Budget Process: Analyzing the Political and Economic Propensities of Central Budget Bureau Analysts." *Public Administration Review*, 55 (1995): 448—460.

Thurmaier, Kurt. "Budgetary Decisionmaking in Central Budget Bureaus: An Experi-ment." *Journal of Public Administration Research and Theory*, 2 (1992): 463—487.

Thurmaier, Kurt, and Gosling, James J. "The Shifting Roles of Budget Offices in the Midwest: Gosling Revisited." *Public Budgeting and Finance*, 17 (winter 1998): 48—70.

Thurmaier, Kurt, and Willoughby, Katherine. *Policy and Politics in State Budgeting*. Armonk, NY: M. E. Sharpe, 2001.

Von Winterfeldt, D. and Edwards, W. *Decision Analysis and Behavioral Research*. Cambridge, England: Cambridge University Press, 1986.

Whitecotton, Stacey M.; Sanders, D. Elaine; and Norris, Kathleen B. "Improving Pre-dictive Accuracy with a Combination of Human Intuition and Mechanical Decision Aids." *Organizational Behavior and Human Decision Processes*, 76 (December 1998): 325—348.

Willoughby, Katherine G. "Patterns of Behavior: Factors Influencing the Spending Judg-ments of Public Budgeters." In Thomas D. Lynch and Lawrence L. Martin (eds.), *Handbook of Comparative Public Budgeting and Financial Management*. New York: Marcel Dekker, 1993a: 103—133.

Willoughby, Katherine G. "Decision Making Orientations of State Government Budget Analysts: Rationalists or Incrementalists?" *Public Budgeting and Financial Management*, 5 (1993b): 67—114.

Wright, George. *Behavioral Decision Theory*. Beverly Hills, CA: Sage Publications, 1984.

Yunker, John. "Budget Preparation, or How to be a Budget Analyst." In John L. Mikesell (ed.), *Fiscal Administration, Analysis and Applications for the Public Sector*, 4th ed. Belmont, CA: Wadsworth Publishing, 1995: 154—164.

第 **6** 章

委托—代理模型和预算理论

约翰·弗雷斯特

预算过程深刻影响着行政和立法部门及其部门成员之间、不同政府层级的参与者之间的关系。自从 1974 年的《预算改革法案》(Budget Reform Act)问世以来，国会成立了一个新委员会并配备了工作人员，对总统实行新的核查；1981 年出台的《综合预算调整法案》(Omnibus Budget Reconciliation)，为联邦政府提供这样一种手段，即把无数小型的补助金合并为少数几个有良好资助、由州和地方政府支配的整笔补助金；联邦政府的《国家绩效评论》(National Performance Review)改革，显露出在一些联邦机构背后的势力，将更残酷地卷入战略规划和绩效评估发展中。甚至在立法机构面前非常"常规"的预算听证和执行预算报告的事情，都可能影响预算参与者对相互关系和相互作用的思考。本章的目的，是向学习公共预算的学生提供一个合乎逻辑的理论框架，去评价预算参与者与这些关系的预算影响结果之间的关系。这个框架就是委托—代理理论。很明显，先前的研究探究了预算参与者(例如，紧缩管理——Rubin，1985；国会预算——Fenno，1966；渐进预算参与者的角色——Wildavsky，1988)之间的关系，但是这些理论的关系却常常被无意识地提及，结果是缺乏严谨的连贯性。

委托—代理理论在诠释预算关系上表现出的潜力，首先体现在理论的界定和诠释上。接着描述基本理论关系及他们的观念倾向。关系的有效性将利用近期预算文献的研究结果来评价。总之，我们将反映建立在委托—代理理论基础上的未来预算研究的价值。

委托—代理理论

公共预算的核心，就是为行政机构提供服务的人员和给服务提供者分配资源的人员之间的关系。希克（Schick，1988）把这些个体分别称为请求者和保存者。其他人更普遍地分别称他们为委托人和代理人（Demski，1988；Baiman，1982；Holstrom，1979）。换言之，那些对政府资源提出要求的人被称为代理人，而那些分配和发放政府资源的人则被称为委托人。在这种关系中，委托人与代理人就为提供公共服务签订合同，所有涵盖服务主要关注的是合同（即预算）本身。双方参与人的两个关键问题，是"为签订可能最有效合同能做些什么？""怎样才能维持合同？"没有人能给出这个答案。近期研究的建议是，我们应该弄清合同的共同要素与合同的实施，即：（1）信息的分配和管理；（2）预算参与者之间的等级关系。

信息

各级政府都使用信息，尤其是输入和加工处理信息，来对收支作出决定和评估绩效。从委托—代理观点看，委托人和代理人管理信息是为了增进他们自己的个人利益或最大化他们自己的效用。交换信息以使双方参与人在动态且资源约束的环境中适应和学习（Forrester and dams，1987）。然而，管理信息交换可能是一种挑战，因为委托人和代理人常常具有对立的利益、具有"不同种类和数量的信息、具有揭示信息的不同动机"（Stevens，1933：263）。只要存在信息不对称，就完全有理由期待随之发生的预算解决方法是次优的、因意外结果而兴奋。次优结论在经济理论中有充分根据。意外结果将会上升的推断是基于统计学理论——不充分或有偏见的信息，使决策者没有能力以高信度评估其决策影响。公共选择理论强调了两种意外结果，它们分别是"逆向选择"和"道德风险"的风险。在逆向选择条件下，委托人要么选择了错误的代理人提供服务，要么错误地确定了代理人的责任或议程。如果委托人雇佣的代理人以有损于委托人的方式改变他或她的行为，那么所说的道德风险就会发生。逆向选择和道德风险（Stevens，1993：281—282）采取的形式，取决于委托人和代理人之间如何相处。

等级关系

委托—代理关系受到的影响，也可能来自预算参与者之间的等级关系，以及参与者中间产生的信息不对称的结果。几乎所有的政府规划与政策，都按等级方式来决定和执行。机构向部门汇报，部门向首席执行官汇报，而首席执行官一般向立法机关汇报。即使在单个组织如一个机构里，下级需向上级负责。在预算关系中，代理人通常是政府机构人员，因为他们负责实际执行政策和计划。而委托人往往会依据政府预算决策过程的性质变化而变化。当立法机关决定了预算职权结构和公共政策议程，它就被定为预算委托人；当行政机关在决定这些事务时使用更多的权力，那么它也可能被定为预算委托人。在这两种情况下，他们都认为委托人能制定政策与总目标，然后代理人去执行计划，即向社会阐述委托人的政策和目标。

代理人执行计划需要资金或者需要预算的权力。按照委托—代理理论，在预算商议期间，一方相对地主导另一方，以此来决定授予机构的预算权限。不幸的是，商议过程可能产生效率低的后果。在私人市场上，若存在数个供给者和数个消费者，且他们都拥有做出理性决定的充分信息，则有效的分配资源就有可能实现。然而在公共部门中，传统上而言，相对地有少数的任何一种商品或者服务的供给者（机构），也相对地存在少数服务的购买者（如立法机关以拨款的形式进行支付）或者没有选择供给服务权利的购买者（如没有选择权但必须购买公用事业的消费者）。反过来，由于分配资源与供给服务过程的复杂性，以及由于组织内出现的信息渠道是依靠等级关系，所以并非各方都可能拥有同等正确的预算信息。

委托人—代理人关系的预算

委托—代理模型传统上假定，参与者之间存在等级关系，委托人和代理人之间存在目标冲突，以及政府机构一方拥有优势信息（Bendor，1988）。满足上述条件，代理人控制了信息，行为结果表现为"代理人主导"模型。以此类推第三个假定，凡是立法机关或者执行部门控制了信息发布的地方，行为结果表现分别称为"立法机关主导"或"行政主导"。进一步扩展第三个假定，对委托人或代理人都没有必备的信息优势。扩展第二个假定，其目标不存在必要的冲突，其行为结果表现"议题网络"模型。下面就逐一评论每一个模型。

代理人主导——等级、冲突、代理人控制信息

在代理人控制预算信息流动的条件下，就会产生其主导决策过程。这种观点通常与公共选择理论相关联（Ostorm & Ostorm，1971）。它从保守的经济观点来描述政府部门时，官僚因控制着信息而能够影响预算商议过程。在这些情形下，代理人就被描述为预算最大化者（Niskanen，1971；Bendor，1988：354—362）。

这种观点假设，代理人控制了其提供服务的信息流，因而会使

用委托人给予的资源最大化其控制。官僚的行为通常表现为理性的经济人，把他们的个人偏好凌驾于立法机关的偏好之上，从而使他们个人利益最大化。这种偏好旨在增加代理长官及其下属的工资；增加官僚权力和威信的欲望；提高部门与代理长官的声望（Niskanen, 1971）。传统上而言，这种观点的支持者强调，代理人主导的结果，是自身利益最大化的官僚尝试最大化部门的预算。近来，由于这一结论太狭隘而受到质疑。如威科夫（Wyckoff）认为，预算最大化表明，立法机关要么拥有全部的选择权，要么没有任何的选择权（即弹性需求曲线）。为了使预算最大化，"官僚必须依据赞助商的成本水平来减少要价，以消除生产的低效率"。按照现在的做法，如果没有资金就不可能增加员工数量或者增加薪金以维持生产力。一个可选推论是，官僚将试图最大化其预算宽松。对一个预算宽松最大化的官僚来说，更多资源被用于为官僚们"购买期望的非生产性支出"（Wyckoff，1990：35）。随着更多的机制（制度、规章）用于限制官僚决定权，部门可能起到部分预算最大化和部分宽松最大化的作用。

这种观点的先驱是威廉·尼斯坎南，他是一个著名而坚定的公共选择理论倡导者，且是最近共和政体行政管理界的活跃成员。在1971年出版的《官僚制和代议制政府》（*Bureaucracy and Representative Government*）一书里，他用自己的观点，利用逐利理论坚定地解释了政府官僚的功能与局限性。他把官僚描述为理性的、利己的以及边际成本与执行信息的垄断控制者；把机构描述为服务的垄断提供者和低效率预算最大化者；把立法机关描述为唯一的服务购买者。

尼斯坎南的代理人主导观点已经取得进展，得到了许多公共选择倡导者的尊崇。例如，文森特·奥斯特罗姆（Vincent Ostrom, 1974）在他的经典著作《美国公共行政中的理性危机》（*The Intellectual Crisis in American Pubilc Administration*）中，赞成尼斯坎南的思想和公共选择理论。在其著作中，他提出了公共管理的一个公共选择模式（Ostrom，1977；Golembiewski，1977a，1977b）。最近，新公共管理的倡导者大量借用了公共选择理论，尤其是借用代理人主导的观点支持服务的分离、私有化以及需要政府机构为提供服务机会（例如招标过程）而竞争的政策（Thompson，1994；Antonsen and Jorgensen，1997。需要更多的数据可以查询最近的《加拿大公共行政》杂志——如 Borins，1995；Savoie，1995；还可以查询《政策分析与管理》杂志最近的专题报告，1997 年第 16 期，第 3 篇）。

代理人主导的观点的确有其吸引人之处，尤其是从保守的经济角度而言，但它也避免不了一些批评。立法机关主导观点有很深的富有理论渊源的基础，它是基于支持者所说的冲突来描述决策过程。但在实际的政策制定中其影响可能被夸大（Frey，1993）。如部门用许多方式来定义预算成功。在财政景气时期，其中一种是通过预算增加的规模来定义，或者在财政不景气时期，通过部门的能力避免预算大幅减少来定义。没有理由假定，部门理性地理解其边际成本或其服务的价值，尤其是在政府部门很少计算其边际成本，或对其服务的财政价值甚至只有粗略统计数字的情况下。两组信息的收集与计算都是昂贵的。然而，有充分理由相信，部门对其提供的服务比立法机关委托人知道得更多，至少能够对信息流给予一些控制。

就代理人主导的运作而言，官僚必定以其自身利益进行运作，且有良好排序的目标宗旨、优良的绩效评估方法和分析其绩效的正确数据。最近一些政府官僚机构在制定清晰目标和绩效评估上取得了重大进展，而大部分政府官僚机构还没有，也许不具备这种能力（甚至尼斯坎南也承认，选择供给公共产品机构的困难在于界定服务的性质）。事实上，他们控制的信息常常是部分有效和部分可靠的。部门越依赖低质量的信息为其预算增加观点辩护，他们为其提案的辩护就越困难。这更可能发生在提案非常依赖信息的地方（即预算意味着产生未来节省成本或提供新层次的服务），但很少发生在信息量最低限度地加入辩论的地方（即预算只是适应价格变化或工作量变化）。没有这些数据，官僚就不能实施有效的垄断行为。

预算提案越依赖于信息，部门就越可能把偏颇的和经过筛选的信息传送到立法机关。在这种情况下，就越有可能出现立法机关挑选不合适的部门执行政策，或者随后的部门的计划议程不符合立法机关的意图。因为部门在很多情况下，都粗略地观察计划执行的信息，或者因可能存在未被预知的需要、紧急情况和机会，部门在被委派负责执行一个计划（或政策）后，就有可能改变其行为。

立法机关主导——等级、冲突、立法机关控制信息

鉴于部门只能被授予一定的权限才能支出资金，立法机关主导模型可能合理地描述了预算委托人与代理人之间的关系。这种观点认为，立法机关是委托人，或者说它至少体现了委托人（如委员会、委员会主席、多数党派的领袖、少数党派的领袖）的作用。委托人操纵着代理人的执行，或者至少体现了代理人的作用。例如，国会"能以不同的方式选择组织预算的过程"，它能在预算商议期间，通过各种方式来澄清或者隐藏它的产品和服务的偏好，以便获得优势地位（Bendor，1988：357；Miller and Moe，1983；Bendor et al.，1985；Bendor et al.，1987）。根据 Rubin 所言（1999：34），在殖民时期政府是有限的，美国人对立法机关的拥护超过了对强有力行政机关的拥护。为反映政府的需求，立法机关赞成一个简单的预算过程，政府机构直接把他们的预算方案提交给立法机关，然后立法机关予以支持。现在，源于立法机关权力的法律控制，限制了行政机构的信息优势（如国会利用总审计局（GAO）、国会预算办公室（CBO）和其他立法机构的权力对行政机构施加信息影响），操纵着它自身与行政机构之间的关系，以至于从行政机构那里获得更好更安全的信息并缓和逆向选择问题。立法机关也利用其委员会制度中要求大多数的规则以及其成员追求个人利益的愿望，主张控制部门（Stevens，1933：289）。简言之，立法机关组织控制了整个预算周期尤其是在立法预算阶段的信息流动。

例如，当国会决定商议一个公共议题时，议题被"指定"给一个专门委员会和附设委员会。任何一个委员会的正义文化都可能决定随之而来商议问题将如何进展。随着向委员会递交证据的时间来临，委员会主席尤其会深刻影响一系列允许陈述的专家，也影响到质问和相互盘问的持续时间。总之，委员会成员将会决定他们的解决方案是否需要资金，如果需要资金的话，预算权力的构成——拨款或者走后门。在整个过程中，立法机关的委托人而不是代理人决定了预算决议。立法机关主导盛行了许多年，现在它仍在部分地方实施，正如史蒂文斯（Stevens, 1993: 289）所言，它一般会产生稳定与可预测的结果。

至少到 20 世纪早期，国会都一直主导在联邦层级与联邦机构的预算商议。早期，联邦机构和国会直接商议他们的预算。不幸的是，国会应付不了部门如雪片般飞来的众多信息，无法有效提出行政部门的财政问题。为了纠正这个明显的方向性的缺陷，国会在 1921 年通过了《预算与会计法案》（Budget and Accounting Act, BAA）。随后总统第一次需要向行政部门提交预算方案（在纽约和波士顿，市行政预算大约发生与 15 年前）。通过《预算与会计法案》，总统的预算权力明显增加，但是国会也受益匪浅；它虽减少了一部分信息，但换取了更好的信息和一个更加愿意合作的行政部门。

最近，1974 年的《预算改革法案》（Budget Reform Act），部分显示了国会在预算过程中重新确定其主导地位的努力。为了更好地协调预算的收支，国会现在可依靠一个新的预算组织，包含新产生的预算委员会；现在它可以利用新的预算办公室去提供一个独立的财政规划；国会可以自己制定一个新的预算时间表，给予委员时间去理解和评价政府预算的内涵；国会还对总统的权限制定了更加严格的准则，以核查总统拥有的预算权利。1974 年的预算改革以来，国会频繁地通过了持续的解决方案和赤字负担财政预算。在预算过程中，国会真正确立其主导地位不被夸大。开始于格拉姆-鲁德曼-霍林斯法案和《重申法案》（Reaffirmation Act），随着 1990 年的

《预算执行法案》（Budget Enforcement Act）的更多决定，如今国会在适当的位置上重新设定了一些控制联邦预算和行政部门的措施。

当国会可能部分控制预算决议的制定时，机构控制可能实际上被国会成员的误解程度限制，并且已经限制了对官僚的计划控制。例如，国会可能把一个政策或者计划指定给"不适当"的机构，或者为有效管理一个方案设定太严格（太宽松）的法定言辞（Stevens，1993：290），或者可能出现国会误解了指派部门执行计划的技术和能力，或者在不确定或动态的情况下，尤其是在州层级的一些立法机关是业余和常常不适宜的情况下，就有效地确定哪个部门合适给定政策/计划而言，立法机关的机会之窗可能过于狭窄。另一个主要问题，就是部门不追求委托人的目标，而是过度地追求自己的目标。由于部门密切接触当事人，不论其正确与否，官僚机构可能认为自己能更好地理解真正的问题和最好的解决办法。由于官僚部门对这一解决办法深有感触，他们就会自己亲自处理事情，如美国国税局（Internal Revenue Service）最近发生的事件，以及它经常采取鼓励纳税人遵从的措施。从国会的角度看，解决办法可能是更严密地监视部门的活动，倡导实施过程中的修正（Stevens，1933：290）。然而这种解决办法可能需要更多实际上的努力。例如，部门为了再能重新被指派的情况下，要求他们有策略地制定他们的使命和目标，再把这两个与预算要求结合起来，或将增强监督活动（如绩效评估）与战略规划和预算组合，也许能给国会提供控制预算过程所需的信息。

立法机关主导的观点，可部分地说明国会预算改革的再次发生，但它没必要解释所有这些改革背后的动因，也不必解释不是以立法机关为中心的预算改革。在此，我们将转入研究行政主导和议题网络。

行政主导——等级、冲突、行政控制信息

立法机关主导的对立面是行政主导。行政首脑权力的上升与 20 世纪早期善政或改革运动紧密相连。伴随着行政主导，需要部门首

先把他们的预算方案呈递给行政首脑或他们的预算办公室，然后他们按照商讨和修正的结论，把方案汇编组合为一个执行预算。再次，把这个预算方案递交给立法机关评审和审批。在 1921 年通过的《预算与会计法案》（Budget and Accounting Act）中，执行预算过程首次在国家层级得到授权。在有兼职立法机关的州、有能力强的市长和城市管理者的地方政府，以及甚至在拥有强有力主席委员的委员会，也发现存在着这种授权。

在行政主导体系中，行政首脑或他们的预算团队控制了信息流。例如，通过预算办公室呈递给部门的预算说明和预算时刻表，预算办公室能主动地控制信息。预算办公室也通过资金分配过程来支付一笔拨款，是由于它的信用责任和管理责任。它也评审部门的预算提案，且它也能推荐给部门效能和效益的计划大纲或要求。此外，行政首脑和他们的预算办公室要求部门遵循一些预算准则。结果，在一个行政主导体系中，在立法机关批准给部门的拨款超过行政首脑所期望的拨款这一事项，州长很可能动用否决权来进一步掌控部门的权力。然而，如现在的研究表明，使用权力很可能更多的是为了政党的目的，而非为了信用或管理的目的（Abney and Lauth，1985；Gosling，1986）。

一些因素证实了行政主导的预算持续了整个 20 世纪，但其中两个更为显著的因素是，强化总统预算办公室权力的努力和预算形式传统的演进。1921 年的《预算与会计法案》首次给总统设置了一个预算办公室。起初，预算局这个办公室设置在行政机构财政部里（Berman，1979），且被赋予了"调配、联系、修改、缩减或增加一些部门或机构的估算"和"确保更经济有效地实施公共服务"（42 Stat. 20 1921）的权力。事实上，《预算与会计法案》通过预算局"否认了联邦机构独立影响国会的预算决议"（Berman，1979：4）。不幸的是，预算局没有发展成为行政管理人员的部门，如 1937 年公认的布朗洛（Brownlow）行政管理委员会。到 1939 年，重组计划 I 也制定成为法律，建立了一个新的和"（从财政部）预算局过渡来"

（Berman, 1979: 13）的总统行政办公室。伯曼（Berman）补充说，行政命令（Executive Order）第 8248 条（1979: 13, 14）阐明了预算局新扩充的权力。20 世纪下半叶，预算局开始承担更多的义务，但同时也被国会视为成问题和不负责任的。1970 年管理和预算办公室（OMB）取代了预算局（Berman, 1979: 112）。管理和预算办公室从一开始就政治化和不稳定，但自从 29 年前开始以来，在预算过程中持续推进行政主导。

通过多年驴象之争的预算形式改革也诠释了行政主导塔夫脱总统、1912 年的塔夫脱经济与效率委员会以及 1949 年与 1955 年的政府行政部门组织委员会（胡佛第一届和第二届委员会），都是基于机构绩效的机构预算需求的早期提议者。1949 年的《国家安全法修正案》（National Security Act Amendments）和 1950 年的《预算与会计程序法案》（Budget and Accounting Procedures Act），都通过了将绩效预算理念应用于联邦政府中。不幸的是，这些早期的改革离期望太远（Lee and Johnson, 1994: 92—93）。随后的数年，民主党总统多次尝试集中预算过程的管理和计划维度，却又被其继任者共和党立即解除，共和党似乎更多地重视集中传统的控制支出。1965 年到 1969 年执政的约翰逊总统，在执行《项目计划预算制度》（Program Planning Budgeting System, PPBS）时做了一次尝试，而后又被 1969 年上任的尼克松总统废除。在 1977 年，卡特政府采取了零基预算（ZBB），随后又被 1981 年上任的里根总统废除。最近，克林顿政府实施了国家绩效评估，它涵盖了基于预算过程的一个绩效或结果。这一系列的改革将持续多久还尚不清楚。行政首脑利用预算形式获得预算优势，但显然行政机关并不总是偏好同一主导的预算。

在 21 世纪，行政主导的预算改革一再尝试的因素至少有两个——逆向选择和道德风险——限制了其有效性。概括上述的研究方案，首先，它经历了许多年才认识到，若总统预算办公室而非财政部对总统负责，它将能更有效地运行。但是，直到今天对他们负责的适当范围仍然存在争议：预算办公室究竟负有多少责任？在这种情况下，道德风险很可能在实施中被发现。一旦预算办公室实施了改革，它将承担更为广泛的责任，时间和预算资源的限制可能迫使预算审查者去挑选他们所要真正实施的准则。但他们的选择是否反映了行政首脑的价值观尚不清楚。

其次，预算改革失败几乎是 20 世纪的结论，但其失败可能与改革本身关联较小，而更多的与如何执行改革有关。大多数改革仅仅是管理一个组织而非对组织目标和组织文化进行改革，预算办公室和首席执行官仅仅是简单地确定部门新的预算责任和过程。除非部门准备接受改革，否则改革运行良好的情况会让我们感到惊讶（Forrester and Adams，1997）。在这种情况下，道德风险可能会出现。例如，部门制定绩效标准是保护它免于执行，或者不是依据任务而是依据部门正在做的事情来制定预算目标。由于预算改革的执行有助于执行官决定在哪儿削减、削减程度如何，而部门可能表现出抵制削减的行为，即使这些行为违背执行官的意愿。结果可想而知，一揽子预算改革常常很快就烟消云散了。

议题网络——等级、合作、信息共享

关于委托人和代理人关系的第四个观点，就是议题网络（Kenis and Schneider，1991：41；Heclo，1978；Stevens，1993：ch. 9）。在议题网络关系中，立法委员会、部门和一个或多个第三方（通常是从部门服务中受益的收益人），都应该齐心协力地支持或反对一个政策或计划。例如，对一个事先不能预知的自然灾害，如刚发生不久的中西部洪水，所有方（如国会、联邦应急管理局、州部门/州长）一致认为应该宣布某个州的地区为自然灾害区，且需要联邦的及时救助，即使对所需物资数量存在分歧也如此。或者国会、陆军、海军、空军内部支持新防卫武器的防卫委员会委员，以及有势力的大国防承包商历史上都通力合作发展武器。议题网络运营的每一方都与其他方共同合作以求成功。这种观点在行政管理教科书中经常被讨论和支持，但在研究中这种支持常常不明显。

在议题网络中，信息在预算参与者之间会更自由流动。通过与其他参与者以相互支持的方式工作，个体参与者提前产生。从经济角度看，网络里的官僚和立法成员可能以他们理解的利益最大化行事。但从代理人主导的角度看，他们所期望的却相反，他们愿意与立法机关委托人共同工作，为受益人服务以确保其增长。从适合立法机关主导与官僚主导的角度看，这种行为的理性是来自组织之间或跨组织而非更近视的组织内部的观点。在这一点上，布鲁诺·弗雷（Bruno Frey）的评价是恰当的（他批评公共选择不愿意吸收社会科学取得的进步）：

> 正确理解人类行为的经济模型，完全适于整合迄今人类行为被忽略的方面。然而，它需要努力克服"侏儒经济人"模型，这种"侏儒经济人"是无论何时都能完全控制情绪，不知道任何认知缺陷，不嵌入于人际网络，不受外在激励，并且偏好不受决策过程影响（1992：97）。

议题网络的一个优点，就是它们以更加社会性的现实方式来描述人类决策——如依靠人与人之间的交流和信息的共享，而不含有前述优势模型的特点。但是，通过假设参与者以合作的方式互相影响，可以使这个模型有着更大的发展空间；主流观点认为，委托人与代理人各自不同程度地控制着根植于冲突的决策过程。

于是，什么类型的预算决策可能产生于议题网络呢？就是所有参与者都能认清提案项目的价值所在，拥有共同的项目目标，以及愿意共享可实现提案项目和预算成功的重要信息，议题网络预算应该趋于上升趋势（当然，除非所有方同意消除项目，只有在这种情况下，议题网络预算会处于下降趋势）。若网内的参与者共享优质的信息，则正在进行预算的计划或者政策将会有一个相对清晰的目标和任务。用这种方式组合的预算提案，与基于较差信息的提案相比，会拥有更广泛和更强大的支持。在共享较差质量的信息时，预算提案的成功很可能依靠政治交易。一般而言，虽然预算提案的成功会被多种因素所限制，但是，扩展到另一方或另一个议题网络更为突出的因素是，为同种预算资金、首席执行官的优先权和立法机关内的政治文化和价值而进行斗争。

与其他模型一样，议题网络也受逆向选择和道德风险支配。如果给予一个特殊机构执行计划的权力，那么牢固地树立自己的利益就可能收入颇丰；而若向另外一个机构提供服务，它可能损失很多。无论在何种情况下，被选中提供服务的机构都不可能是工作中的最好选择，或者部门提供服务所遵循的议程可能是错误的，尤其是利益方在急需获得项目预算批准的情形下。

不论"道德风险"的出现是否由于在议题网络内部或者外部的观察者身份的作用。在负责执行政策或者计划的指定部门对一个动态和不可预测状况反馈之后，网内的参与者可以解释部门的行为出现的任何变化。但是，局外人士可能会将这样的改变视为对立法意图的不负责与威胁。为了帮助管理道德风险，参与者将试图扩大自己的团体组织，以至于更多的人通过计划的成功获得更多的利益。在这样的情况下，与先前的三个研究方案不同，我们对密苏里州税务局（MDOR）案例进行了研究。这个案例表明，一个准备充分的改革是如何纠正现存的逆向选择和道德风险问题的。

自从密苏里州税务局局长任职以来，她发现无法通过使员工从一个部门调入另一个部门，或者使一个计划转移到另一个计划的方式，来解决工作量的季节性高峰与低谷。结果，比如在繁忙的纳税季节期间，没有足够的雇员人数来处理所有的税收记录。原来的解决方法就是把大量的表格运送到伊利诺伊州进行处理。不幸的是，这种解决方法代价高昂且产生了许多错误的结果。唯一能有效地改变这项政策的方式，就是让立法机关改变从分项列支项目到一次性付款的拨款宣言。然而，这并不容易。因为密苏里州税务局多年来的表现，只体现了它没有完全的财政负责能力。在新的局长任职以前，立法机关对这个部门有不甚良好的印象，因为它很少进行"直接交流"，并且很少公开与他们一起出现在预算听证会上。更有甚者，州长办公室关注州税务局，甚至是由于预算数字加起来与总数不符。很明显，若局长想增加预算的灵活性，她要以某种方式依次向立法机关和州长办公室保证，其部门是负有责任的。探寻预算问题解决办法的过程，开始于扩展议题网络，也给网络内的所有人员对解决办法施加影响的机会。局长和密苏里州税务局各处的处长、员工、众议院和参议院的成员，以及州长办公室一起工作。在此活动过程实施了数个月后，立法机关既为此部门批准了一次性整笔拨款，又批准了一项政策（被称为详细的基数预算），让此部门更直接对立法机关和州长负责。

到目前为止，这两个并行的解决方案运转良好，原因之一可能是伴随着改革，州长和立法机关给予密苏里州税务局长更有效地利用其全体工作人员的机会。如，使用密苏里州税务局的员工去处理税务表，而非伊利诺伊州的员工，这是一个更经济有效的变化。也许最主要的原因是曾经存在的道德风险——局长有一项非常详细的拨款，从而阻止了密苏里州税务局的有效性——实际上被消除了。伴随着整数预算，局长培养了一个对所有方都有利的重要预算和管理工具。通过拓宽包括改革中的各种各样的委托人（立法机关和州长）和代理人（部长、分部部长和其他员工）等参与者的领域，更多人将会从改革的成功中获益。

结论

本章的目的是通过利用委托—代理关系理论，来研究公共预算问题的争论。具体来说，论述重申了关于预算过程参与者之间关系假设的近期文献的争论，它至少分成四个分支：代理人主导、立法机关主导、行政主导和议题网络。这四方面基于不同的关于信息交

换和预算参与者之间的等级关系，为预算系的学生演示了几种严格
假设的观点，这些观点涉及个人和公共机构在预算过程中如何有策
略地交换信息。在前面几页引用了几个例子，说明如何从这些观点
中的一个而不是几个角度来局部地理解延续 75 年的不同预算改革及
策略。

当用委托—代理模型来解释预算参与者行为时，它仅仅解释的
是其行为的一部分。他们的某些行为也可用组织和政治因素（在多
种其他因素中）来解释。例如，在动态和资源约束环境下，组织文
化和个人防卫性惯例调节着行政机构适应和学习的能力，进而影响
对预算改革成功的期望（Forrester and Adams，1997）。挑战未来预
算改革研究的，不仅是继续研究预算的不同角度，而且在于把相关
预算改革研究合并或整合成一个更大的理论体系。在关注预算信息
控制和分布的环境中，组织内部和组织之间利用现有研究可提出整
合的思路，即将预算合同的责任与执行合同的责任联系起来。无论
研究者用于指导其分析的整合框架是什么，这个框架都要足以强大，
允许他们提出关于预算参与者之间关系和改革前景方面的理论基础
和具体假设。尽管我们对如何解释这些研究的结果或许会有争执，
但研究的日益严谨性将受到赞赏。从这一点看，是对所有人都有益
处的。

参考文献

Abney, Glen, and Lauth, Thomas P. "The Line-Item Veto in the States: An instru-
ment for Fiscal Restraint or an Instrument for Partisanship? *Public Administration
Review*," 45 (1985): 372—377.

Antonsen, Marianne, and Jørgensen, Torben Beck. "The 'Publicness' of Public Orga-
ni-zations." *Public Administration*, 75 (summer 1997): 337—357.

Baiman, S. "Agency Research in Managerial Accounting: A Survey." *Journal of Ac-
counting Literature*, 1 (1982): 154—213.

Bendor, Jonathan. "Review Article: Formal Models of Bureaucracy." *British Journal of Political Science*, 18 (July 1998): 353—395.

Bendor, Jonathan; Taylor, Serge; and van Gaalen, Roland. "Bureaucratic Expertise Versus Legislative Authority: A Model of Deception and Monitoring in Budgeting," *American Political Science Review*, 79 (December 1995): 1041—1060.

Bendor, Jonathan; Taylor, Serge; and van Gaalen, Roland. "Politicians, Bureaucrats and Asymmetric Information." *American Journal of Political Science*, 31 (November 1987): 796—828.

Berman, Larry. *The Office of Management and Budget and the Presidency, 1921— 1979*. Princeton, NJ: Princeton University Press, 1979.

Borins, Sandford. "The New Public Management Is Here to Stay." *Canadian Public Administration/Administration Publique Du Canada*, 38 (spring 1995): 122—132.

Demski, J. S. *Information Analysis*. Reading, MA: Addison-Wesley Publishing, 1998.

Fenno, Richard F. , Jr. *The Power of the Purse: Appropriations Politics in Congress*. Boston: Little, Brown, 1966.

Forrester, John P. , and Adams, Guy B. "Budgetary Reform Through Organizational Learning: Toward an Organizational Theory of Budgeting." *Administration & Society*, 28 (February 1997): 466—488.

Frey, Bruno S. "From Economic Imperialism to Social Science Inspiration." In Charles K. Rowley, Friedrich Schneider and Robert D. Tollison (eds.), *The Next 25 Years of Public Choice*. The Netherlands: Kluwer Academic Publishers, 1993: 95—105. (Volume 77 of the *Public Choice* Journal).

Golembiewski, Robert T. "A Critique of 'Democratic Administration' and Its Supporting Ideation." *American Political Science Review*, 71 (1977a): 1488—1507.

Golembiewski, Robert T. "Observations on 'Doing Political Theory.' "*American Political Science Review*, 71 (1997b): 1526—1531.

Gosling, James J. "Wisconsin Item Veto Lessons." *Public Administration Review*, 46 (4, 1986): 292—300.

Heclo, Hugh. "Issue Networks and the Executive Establishment." In Anthony King (ed.), *The New American Political System. Washington*, DC: American Enterprise Institute, 1978: 87—124.

Holmstrom, B. "Moral Hazard and Observability." *The Bell Journal of Economics*, 10 (1, 1979): 74-91.

Kenis, Patrick, and Schneider, Volker. "Policy Networks and Policy Analysis: Scruinizing a New Analytical Toolbox. " In Bernd Matin and Renate Mayntz (eds.), *Policy Networks: Empirical Evidence and Theoretical Considerations*. Boulder, CO: Westview Press, 1991.

Lee, Robert D. , Jr. , and Johnson, Ronald W. *Public Budgeting Systems*, 5th ed. Gaithersburg, MD: Aspen Publishers, 1994.

第 6 章 委托—代理模型和预算理论

Miller, Gary, and Moe, Terry. "Bureaucrats, Legislators and the Size of Government." *American Political Science Review*, 77 (June 1983): 297—322.

Niskanen, William. *Bureaucracy and Representative Government*. Chicago: Aldine-Atherton, 1971.

Ostrom, Vincent. *The Intellectual Crisis in American Public Administration*, rev. ed. University, AL: The University of Alabama Press, 1974.

Ostrgm, Vincent. "Some Problems in Doing Political Theory: A Response to Golembiewski's Critique." *American Political Science Review*, 71 (1977): 1508—1525.

Ostrom, Vincent, and Ostrom, Elinor. "Public Choice: A Different Approach to the Study of Public Administration." *Public Administration Review* (March/April 1971): 203—216.

Rubin, Irene S. *Shrinking the Federal Government: The Effect of Cutbacks on Five Federal Agencies*. New York: Longman, 1985.

Rubin, Irene S. "Understanding the Role of Conflict in budgeting." In Roy T. Meyers (ed.), *Handbook of Government Budgeting*. San Francisco: Jossey-Bass, 1999: 30—52.

Savoie, Donald J. "What Is Wrong with the new Public Management?" *Canadian Public Administration/Administration Publique Du Canada*, 38 (spring 1995): 112—121.

Schick, Allen. "An Inquiry Into the Possibility of a Budget Theory." In Irene S. Rubin (ed.), *New Directions in Budget Theory*. Washington, DC: The Urban Institute, 1998: 56—69.

Stevens, Joe B. The *Economics of Collective Choice*. Boulder: Westview Press, 1993.

Thompson, Fred. "Mission-Driven, Results-Oriented Budgeting: Financial Administration and the New Public Management." *Public Budgeting and Finance*, 14 (1994): 90—105.

Wildavsky, Aaron. *The New Politics of the Budgetary Process*. New York: Glenview Press, 1988.

Wyckoff, Paul Gary. "The Simple Analytics of Slack-Maximizing Bureaucracy." *Public Choice*, 67 (1990): 35—47.

第 7 章

责任预算和会计改革

L. R. 琼斯和弗雷德·汤普森

管理控制是一个诱导和激励人的过程，特别是能使下级管理者服务于所属组织的政策和目标。它还是一个检测和改正无意的行为错误和有意的不当行为，如偷窃或滥用资源的过程。

管理控制学科是建立在假定可控制行为大部分是出于利己目的的基础上。它的目标是使代理成本最小化。代理成本（委托代理问题）产生于雇员（代理人）投机取巧地追求自身利益而忽视雇主（委托人）的利益。代理成本也形成于委托人觉得不好去惩戒或解雇代理人。最后，他们耗用各种资源去减少利益分歧。因此，代理成本最小化意味着使代理人的机会主义行为所耗费的成本最小化，以及对这种行为的控制（Zimmerman，1995）。经济理论告诉我们，当管理的边际成本等于边际收益时会产生最佳效果（Breton and Wintrobe，1975）。

控制成本涵盖了从安全警备的雇佣，到新的或改革后的会计和报告系统的执行整个范围，本章主要着眼于会计和报告系统。当然，劳动力市场的存在和竞争，会使代理成本有下降的趋势，起码是代理人有被替换的可能。此外，可以尝试通过激励的体制，去将代理人的目标与委托人的目标趋于一致来降低部门成本，尽管这并没有改变代理人与委托人的偏好。

资产的使用和决策权是受到条例管制的。资产的决策权可以分配给合法的人们——个人或组织，他们要对雇佣使用的结果负责。组织是通过设计和分配等级决策权力分割决策权。以下三个系统会对这个过程有所帮助：

- 绩效评估系统（内部会计系统）
- 奖励和惩罚系统
- 权力分割系统

这三个方法是相互联系的，因此，当组织想改变其中一个，这就意味着要改变它们全部。

传统的韦伯型的官僚组织，通过在等级结构中将决策管理从决策控制中分离出来，解决了决策制定存在的问题。当一个管理者开始实施或执行决策时，他或她就要行使自由裁量权。决策控制是一个依靠管理者批准或监督决策的方法。组织创造的第二个控制雇员行为的方法就是定期的绩效评估系统的使用。会计保护组织的物质资产免受代理成本、雇员滥用的公款、盗窃或其他因素的威胁。通常，会计执行的功能还包括独立地运转资本或监督人们。

责任预算

在大多数组织中，管理控制的主要工具是责任预算，它包含预算的形成和执行。在责任预算的形成中，一个公司的政策，过去决策执行的结果（参见 Thompson 即将出版的 *Capital Budgeting* 一书）都转变成与行政单位和管理者的领域一致的财政目标（Anthony and Young, 1995：19）。在责任预算的执行中，操作是被监督的，并且服从于管理人员进行评估或奖赏。

责任预算有着如成本会计一样多的组织工程。就像大组织本身就是官僚主义改革的产物。大组织在《规模和范围经济》（*Economies of Scale and Scope*）一书中被证明是合理的。规模经济生产通过增加产量来分摊固定成本，这样就使单位成本下降。范围经济产生于对劳动力分工的开发，然后再通过各种形式按顺序将各个高度专业的环节组合起来，从而生产出各种产品。大组织可能按等级制和官僚制构建。官僚制将任务分成简单的组成部分，然后又重新将他们组合起来生产复杂的商品和服务，将稀缺资源分配给行政单位，并且制定组织战略（Chandler，1962；Rosenberg and Birdsall，1986）。

在责任预算中，工作根据任务、功能和/或者区域被划分成行政单位。一个组织的行政单位和它们之间的关系——描写组织结构的结构图——构成它的行政结构。责任预算要求将权力与责任分配给组织中的个人。这就构成组织的职责结构。最后，责任预算要求一个计算和评估绩效的系统，包括投入、成本、行动和产出等信息。这就是组织的会计或控制结构。在一个完全发达的责任预算和会计系统下，行政单位和责任中心是相连的，并且完全与组织的会计结构相一致，因为它提供的信息可用以协调单位活动和影响责任中心管理者的决策。

在责任预算中，两个基本原则控制了组织设计。第一，组织的战略决定结构。战略意味着目标的形式和定位了组织含义的政策、任务及其相对于环境的立场。单个任务组织应该根据功能链来设置，复合组织应该根据任务链来设置，复合、多功能的组织应该根据矩阵制来设置。在一个大到足够证明大规模专业分工是合理的矩阵组织当中，责任中心就被命名为任务中心或支援中心，它依靠国内市场和价格（内部调拨价格），提供联结前面与后面的工作。

第二个基本原则是组织应该尽可能地分权。大多数管理学学者相信：当复杂的大组织下放权力和责任给下级组织时，可以提高组织的绩效。当然，权力的下放不应是任意或善变的。分权要求预先阐明每一个行政单位和责任中心的目的和作用，设立管理目标和奖励行为的程序，以及一个可以将各个责任中心与组织的目标连成一线的会计结构。

一旦我们有所注意就会发现（Thompson and Jones，1986），[1] 政府预算和责任预算最大的差别在于：政府预算时有明细的支出或资源获取计划，一旦这些计划被通过就必须审慎实施；相反，私人部门的预算执行通常省去细节，仅仅包括很少的财政目标。确实，责任预算的创始人——通用汽车公司的 Alfred P. Sloan 认为这是不恰当的，同样也是不必要的。对于公司高层管理者而言，他们需要知道很多责任中心运作的细节（Womack，Jones，and Roos，1990：40—41）。如果销售、市场份额、存货和利润方面的数据显示是差劲的，这就意味着是更换责任中心管理人的时候了。如果拥有一贯表现良好的数据，责任中心的管理者就可以晋升，最后升到总部。

这种认为责任中心的管理应该由来自小型公司总部的客观数据反映的观点，体现了责任中心在将权力和责任下放方面做出的努力。根据 OECD（经济合作发展组织）的报告《预算结果：从公共支出管理的视角》（*Budgeting for Results：Perspectives on Public Expenditure Management*，1995），说明分权意味着给予部门管理者所需的最大可能的权力，从而使其部门工作富有成效；或者，给予他们最小的约束。这样，分权要求业务预算从最低限度的需求脱离出来，以诱导和激励下属。在责任预算中，理想的操作预算应包括每一个行政单位/责任中心的单个数据或绩效目标（如生产配额、单位成本标准、或投资目标的利润或回报）。[2]

责任中心的类型

责任中心通常按以下两个层面进行分类：

- 一体化层面——即责任中心目标和组织的总目标和政策的关系；
- 权力下放的层面——即大量下放权力给责任中心管理者，根据他们对与资产的获得和使用的处理来衡量。

在一体化层面中，责任中心可以是一个任务中心或支援中心。任务中心的产出对组织目标和目的有直接帮助。支援中心的产出，是为组织中另外的责任中心如支援中心或任务中心提供投入。

在权力下放的层面中，会计师根据为获得和使用资产而下放给责任中心管理者的权力，来区分这四种类型的责任中心。[3]政府规范中的任意性支出中心，被证明是一个极端，而盈利和投资中心则被证明是另一个极端。支出中心也许可以说是费用中心或利润中心。如果是后者，它的利润就是它的成本和通过向其他责任中心"销售"服务获取收入之间的差额。[4]利润中心和投资中心通常是免费借用的，投资部门还可以自由决定厂房、设备、新产品和其他对组织有长远意义影响的因素。

任意性支出中心会产生成本。它们和其他责任中心的区别是，他们的管理者没有独立权力去获得财产。每一笔经费的获得，必须经过上级管理者授权。在美国的制度中，在详细的单项列支预算中，资金的获得必须得到国会的授权，并且由总统签署成法律条文。但是所有的任意性支出中心的管理者，不管有没有写进法律，都要为服从资金获得计划（费用预算）负责。一旦被授权，任意性支出中心的管理者通常会被给予相当大的自由部署和使用权。在某些情况下，支出中心的管理者，是根据活动的数量和类型被评估的。那些在每一次活动都能赚到钱，或者是被组织管理者指定为标志利润（转移价格）的中心，就是所说的收入中心。大学发展事务部通常就是收入中心。管理会计师一般都相信，应该像在会计部门那样设立任意性支出中心，除非没有一个满意的途径与它最后的消费相匹配。

在一个成本中心，管理者是有责任以最小化的合理成本生产出一定数量/质量的产品。组织中的某些东西决定成本中心的产出——通常包括各种质量属性，特别是交货计划。成本中心的管理者，通常可以免费地获取短期资产（那些都会在一个性能测定周期中消费完），去聘用临时的或长期的人员来管理存货清单。在一个标准成本中心，产出的水平是由其他责任中心的需求决定的，每一个绩效评估周期的管理者预算，则由将每个单位的标准成本乘以实际产量来决定（见上文）。被测量的绩效用于反对这些数据——实际成本与标准成本之间的区别。在一个类似盈利的中心中，绩效是由中心的总收入和所花费成本之差来决定的。以某医院的放射科为例，它做了500次胸部X光和200次头部X光，那这项工作的收入就是每一次胸部X光的费用25美元500次，即12 500美元加上每一次头部X光费用50美元200次，即10 000美元，总共就是22 500美元。如果放射科的成本是18 000美元，它的净利润就是4500美元（22 500美元－18 000美元）。

在私人部门的大型复杂组织中，大多数单独的生产部门是标准的成本中心，大多数人事单位是任意性支出中心。

在利润中心，管理者既要对收入负责，又要对成本负责。利润是收入和成本之差。因此，盈利中心的管理者，根据他们的收入和成本来评定业绩。除了经授权获得的短期资金，聘用临时的或长期的人员来管理存货清单外，盈利中心的管理者通常被授予权力去签订长期雇佣、设立薪酬和晋升时间表（受制于组织宽泛的标准）、组织其单位以及获得少于某些明确数量的长期流动资金。

在投资中心，管理者既要对收入负责，又要对获得利润的资产负责。因此，一个投资中心的管理者就比利益中心的管理者要承担更大范围的责任，就像利益中心牵涉范围比成本中心大一样。投资中心的管理者是典型的根据其资产回报率（ROA）来进行评估的。它是指资产所带来的利润比例，前者由后者的百分比来得到表现。近几年来，评估标准转向经济增加值，净经营利润是一个额度数量而不是一个百分比，并少于恰当的资产获得。

内部调拨价格

在责任预算中，支援中心为其他责任中心提供服务或者中间产品，来换取总的转移价格。组织中内部调拨价格的理由，包括决定由一个单位向另一个单位提供服务的成本，建立和运用激励，以及测量责任中心的绩效。内部调拨价格也显示了内部服务成本的分散，成本导致组织内部决策权的转移。当一个子单位调拨产品、知识、技能或者更多，两个单位都要估算成本，以作为显示其在内部和外部提供服务的流动和实际资产的方法。

还有一些确定内部调拨价格的方法：第一，市场价格反映外部的市场价格；第二，如果没有外部市场的存在，就可以使用边际的或变动的价格；第三种方法，则是建立在全部服务或产品的成本上；第四种方法，通常会涉及买家和卖家之间的价格谈判。总的来说，内部调拨价格包括了分权和为测量和回报各个中心之间的服务成本所形成的含义，组织的结构决定了它要充分利用专业知识和包括定点条件在内的其他因素的优势。中心的管理者必须具有决策权，并对所有部门业绩负责，而不是只对每个决策负责。

用来论证复杂的大型组织的环境——经济的规模与范畴——也可以用来证明内部调拨价格的疑问。[5]规模经济通常是在专门资源下的多块大投资，这些资源包括技术知识、产品细节研究与开发以及设备。这些投资是打算提高双方的垄断，也是为机会主义者在供应商与顾客之间的投机行为提供理想环境。举个例子，一旦一个中间商获得专卖权，顾客就可以以威胁更换供应商为由，要求供应商提供折扣。在这种情况下，供应商就认为有必要去注销大部分的专卖权投资。或者，如果对终端商品的需求增加得很快，中间商也许就会对顾客敲诈很高的价格。这样，当中间商与顾客的关系结合得很紧密时，机会主义者的投机行为会抵消掉在其他方面有效的投资盈利。

新组织经济学告诉我们，垂直一体化的产生是因为它可以缓和这一问题，通过在某种程度上以间接影响代替直接管理来实现（Williamson, 1985）。举个例子，在美国航空产业的一个研究中，斯格特·马斯腾（Scott Masten, 1984）证明，专业投资是垂直一体化的关键。如果中间商都是复杂的和高度专业的（只为买方提供），就有 92％的可能它们是内部生产的，甚至有 31％的简单和专门零件也是内部产生的。撇开复杂性的因素，假设零件不是专业的，这个可能性就会低于 2％。

不幸的是，这个问题在可控制处理范围内增多，同时供应商/顾客的一些改变也在增多，试图重复各个组织之间的自由市场力量，允许买卖责任中心可以自由定价（自由放任内部调拨价格）。传统经济学家认为，服务应该在买方责任中心的边际和渐进成本上转移。但是，这会严重扭曲对支援中心的绩效评估，导致减少用激励来促进增长的趋势。因此，组织会面临一个严重的困境：它们可以在内部交易中使用边际成本来使短期绩效最大化，但是这会严重地扭曲部门绩效评估和激励，还要遭受长期绩效的下滑；另外，它们还可以依靠自由放任内部调拨价格来牺牲短期绩效，这样，就可以获得上级对于组织局部贡献的绩效评估，并且提升长期绩效最大化的机会。

现今，很多经济学家断言，双方的垄断可以通过不平衡的内部调拨价格、[6]多部分内部调拨价格或者准垂直一体化得到满意的控制。其中，买家用专用资源、贷款、租赁或者租给其他供应商来进行投资。准垂直一体化通常存在于汽车和航空航天产业中。当然，它也是国防部提供和拥有的设备、模具和设计的标准程序。这些设备、模具和设计被国防公司用于供应武器系统和类似物（Monteverde and Teece，1982）。依靠与少量供应商和少量批发商签订合同来限制与之交易者的投机行为。

在其他情况下，通过交换抵押品（例如保证契约、债券和平等职位的交换）为基础的结盟，或者是完全基于双方长期的相互信任来达到预期成果。例如丰田公司，就依靠它培养和支持的少量供应商（Womack，Jones，and Roos，1990；*The Economist*，Oct. 18，1986：71）。它们互相之间拥有相当的交换股权，而且丰田公司经常扮演供应商的银行家角色。丰田公司维持制造和工程部门与其供应商之间牢固的工作纽带，让它们密切涉及产品设计和制造的各个方面上来。事实上，丰田公司经常借出自己的人员来应付企业的生产潮，而它的供应商也乐于接受丰田公司的人员。

丰田公司的供应商因彼此间拥有唯一的市场关系而不是完全独立的。在某一方面，他们拥有一个共同的目标和命运。虽然，丰田公司并没有将其供应商合并成一个单一、大型的官僚组织。它的供应商仍旧是拥有完全独立账户的独立公司——有真实的利润/投资中心而不仅仅是一个记数公司——只要有机会就可以出售。然而，丰田公司解决双方垄断的方法好像很有效（Womack，Jones，and Roos，1990）。实际上，排除了不平衡的价格转移，在假设垂直一体化的情况下，并没有一个解决双方垄断的方法。这些都要求充分了解成本和产品的信息（Milgrom and Roberts，1992）。

政府的责任预算

政府的责任预算和核算的根源，可以追溯到美国国防部（1961—1967）的计划项目预算体制（PPBS）时代。责任预算和会计是"一流方案"的重点，也许是罗伯特·麦克纳马拉担任国防部长期间推动的关于组织设计和发展的最有希望的尝试。"一流方案"是罗伯特·N. 安东尼的想法（Juola，1993；43—44），他在 1965年 9 月继任了希契（Hitch）的职位成为国防部长。安东尼看到了对组成国防部的各个行政单位的目的进行分类，以及明确其范围及其之间关系的需要，并且要求一个可以将整个组织联结起来的会计结构。安东尼（Anthony，1962）建议的国防部应是：

● 将所有的行政单位分成任务或支援中心。
● 收取支援中心的所有累计的费用——包括资本财产和存货损耗征收费用——提供给他们服务的任务中心。
● 提供资金给任务中心来支付他们预想的费用——包括支援中心的收费。

● 为支援中心建立营运资本来提供短期融资。
● 建立营运资本来提供长期融资，鼓励对资金的获取、使用和配置进行有效率的管理。

一直在美国国防部完成的衡量组织内部分权的主要形式是循环基金。这些基金包括了国防部内部买卖双方的安排。他们在某些时候确实被使用过。海军早在 1878 年就有一笔循环基金。现代的循环基金可以追溯到 1947 年的《国家安全法案》（National Security Act），它允许国防部长在国防部使用它们去管理支持一些活动。在这次授权下建立了两种资金。股票和工业资金，股票是用来购买商业资源的零散供应和持有它们作为存货直到它被供应给顾客——通常是军事单位或设施；工业资金是用于从国防部内部的生产部门购买工业或商业服务（例如仓库保管费、搬运费等）。这两种资金被认为是靠顾客的拨款来偿还的（Juola，1993：43）。

安东尼的建议扩展了设备的规模，以及依靠建立有希望的转移价格而非使用过去的制度，使支援中心管理者对详细的财政目标负责来提高效率。内部的买卖双方之间的安排可以鼓励支援中心作出有效率的选择，就像使用过他们服务的中心，只有当价格是在使用服务之前就明确规定的，或支援中心索取他们所有的成本来抵消税收的时候才可以赚取传输服务费用。而且，他们的管理者必须是全权负责传递服务的开支，并且对他们所要完成的中心财政目标负责（Bailey，1967：343）。

"一流方案"失败了。其中一个原因是美国联邦政府对采购、支出和义务进行核算，但却不对消费量进行核算。[7]责任预算申请的全部价值，只有在政府对消费量和利益采取一个有意义的核算形式时才能获得（计算财产所花费的用于生产和服务的成本）。因为美国政府不对资源消费量进行核算，而它的成本却是必要的统计数据（例如，它们不与它的基本借方和贷方记账/会计记录相连）。没有借方和贷方提供的纪律，这些数字好像只是用来说明目的（或者决策者在何种情况下必须作出专业的决策）和决策者所需要的成本模型。

一流方案失败的另一个原因是美国的拨款发展没有执行令人满意的资本预算，预算系统没有真正令人满意或者根本不适用。除此之外，现实的进展强求每一个营业周期都要与财政年度相一致。

政府责任预算的下一个尝试是在英国，作为撒切尔政府于 1982 年 5 月 17 日宣布的《财政管理方案》（The Financial Management Initiative）的一部分（Pollit，1993；Lapsley，1994）。《财政管理方案》要求内部结构和政府机构操作来一个根本改变。将目标分配给各责任中心，并通过成本系统地确认可以完成特殊目标的责任中心，并对它所花费的资源成本负责。成本通过基本收益来测量（例如，与投递服务的资源消费量相匹配），不仅指传递服务的直接成本，而且涵盖所有的成本。

在 1988 年，按照撒切尔政府的《下一步行动方案》（Next Steps Initiative），责任预算和核算的范围都有所扩展。在过去的 8 年里，英国许多文职部门被重新整编成一系列行政机构，被赋予相当的行政和财政的灵活性，并被期望能达到年度财政绩效目标。这些行政机构的首脑不再是职业公务员。他们一般通过一份短期的、附带有工薪和达到年度绩效目标才被授予终身职位的合同，从私人部门（约 25%）或者是公共部门招聘。到 1996 年 4 月，在英国已经有了 125 个行政机构，还包括 37 个仍在考虑中的候选者，覆盖了英国 75% 的文职部门。

伴随着英国《财政管理方案》的发起，其他一些国家的政府——澳大利亚、加拿大、丹麦、芬兰和瑞典——也已经采用了责任预算和会计制度。然而，没有一个国家能像新西兰那样发展得如此迅速。此外，新西兰的改革倡议者已清楚地意识他们在代理理论中的局限（Boston et al.，1996）。

新西兰

新西兰着重改进外部财政报告实践（对绩效进行的实际会计和报告）的公共管理改革受到了外部的广泛关注。新西兰是第一个公开政府全部会计的国家，其中包括资产平衡表和债务列表，以及基于实际的收入和消费使用说明。然而，新西兰这种致力于提高资源利用和投资有效性的政府结构的变化比财政报告操作方面的改变更为显著。[8]首先，新西兰议会将所有不属于关键公共部门的事务私有化。现在，余留的核心公共部门包括政策、管理、运行职能和军事服务，治安和司法服务，包括健康在内的社会服务、教育、有回报的行政支付，科研和开发，资产评估，以及其他一些金融服务。

其次，议会重新界定了它和行政首脑的关系。这些行政首脑失去了他们永久的任期，就是我们现在所熟知的行政长官。他们的任期为 5 年，当然，也有被重新任命的可能。每个人都要签订相应的合同，由国家服务委员会协商，并由首相批准。国家服务委员会也会监控和评价行政活动。薪金水平是直接跟绩效评估挂钩的。

再次，议会也改变了其拨款给余留的核心公共部门合理的活动的方式，而是将拨款与部门绩效挂钩。但是，在允许议会实行财政控制的同时，也给行政首脑提供更大的财政灵活性。拨款的基准由机构能够提供的有关其绩效的信息的能力所决定。三种拨款的模式都是可能的，由此也可以看出一些机构提供商品和服务比其他组织更商业化或者更具竞争力。

所有机构都是从 A 模型开始发展的，尽管大部分的机构已发展到 B 模型或者是 C 模型。在 A 模型下，这些机构依然被看作是可以自由消费的中心。议会为购买资源拨款。事实上，在 1989 年前对预算过程的唯一真正有效的改变（或者，就此而言，正是世界上大部分政府使用的预算）就是分别为场地和设备经费拨款。直到该机构能制定出一个令人满意的实际的会计制度并确定其产出，这种模式依然有效，而这两者都是绩效评估所必需的。

在 B 模型下，机构被视为是成本或者是准收益的中心。这种模式为传统的、无竞争的政府服务的机构服务：包括国家服务委员会在内的中央控制部门，主要具备管理和治理功能，以及一些司法服务，如一个对购买者具有强制力的政策机构和活动。在这种模式下，议会也适当地为有追溯效力的补偿机构在合约期间产出的花费提供资金。这种拨款或是给政府，或是给第三部门。成本是在实际的基础上进行衡量的，它们包括贬值，但是不包括税收和基金聘用的回报。在这种机构中的净资产所有物的这些变化也光明正大地被盗用。

在 C 模型下，这些机构被看作是投资中心。对机构的产出和净资产的改变给予适当的支付。C 模型中的机构被要求支付福利、税收和红利，还需建立一个资本架构。C 模型的机构是在一个竞争的、中立的方式中建立起来的。因此，它们的绩效能够通过与私人部门的企业相比较来评估。由 C 模型提供的商品的价格可以近似地看作是公平的市场价格。一般来说，这意味着机构必须表现出与另外一个最好的备选供应商提供产品的所得相比，它们的收入并不比他们的多。C 模型的机构不允许以自身名义向其领域范围外借贷或者是投资。每个月，各个机构都要汇报它们的财政状况、资金流动、资源利用以及收入。对于有争论的地方要提供核算和解释。在 B 模型和 C 模型下，管理者可以自由地决策（在 C 模型大部分情况下）在场地和设备方面的投资。作为一个评估管理绩效的主要基础，它们的财政绩效有助于确保决策是正确的、明智的。

政府的主要决策权依然牢牢地掌握在议会的手中。那些与公务机构提供的服务类型、数量和质量有关的决策，对新西兰政府的利益共享者的未来成果有着重大意义是显而易见的。在现有的拨款和财务报表制度下，当内阁介入了与部门、国有企业和提供服务产品的公司订立的长期契约，以及它随之发生的义务在当前的价值条款中必须说明时，这些问题都必须坦然地面对。

美国

尽管美国率先提出了责任预算和会计，它也影响了现已无效的布什/切尼任期内国防部的《国防管理报告方案》（Defense Management Report Initiatives），并且对在《首席财政官法案》（The Chief Financial Officers Act）和《国家绩效评论》（The National Performance Review）中，被称为基于绩效的组织和任务驱动、结果导向的预算（OECD，1995：230）的内容都有过争议，但责任预算和会计在美国几乎没有什么实际效果。

针对这一事实有两种解释。第一种解释是，许多学者反对将责任预算和会计制度与美国立法机关预算过程相调和的观点。一些人甚至指责这只能在西敏斯特模式（即议会政治——译者注）这种责任统一的政府中实施，尽管这种指责被瑞典和瑞士这两个例子所掩盖（Schedler，1995；Arwidi and Samuelson，1993）。当然，使责任预算和美国立法过程相调和并不是那么容易，但是我们不认为它们一定是不相容的（Thompson，1994；Harr and Godfrey，1991，1992）。第二种解释是，它没有明显地影响美国政府会计和预算实践，原因是美国跟其他国家不同。美国有着庞大的、组织良好的由政府会计师、审计员、编制预算人员、项目分析员以及政府会计和预算导师组成的协会。所有这些团体对公共实践与私人实践的差异充满兴趣，因为这些差异显示了他们的专业知识的价值。如果对这种解释的合理性有所怀疑，可以认真参考美国财务会计准则委员会（FASB）的相关政策。

结论：顺其自然

具有某种讽刺意味的是，政府正开始采用的责任预算，是许多善于经营管理的商界正在抛弃的（Bruggeman，1995；Otley，1994；Bunce，Fraser，and Woodcock，1995）。商界放弃责任预算，是因为它不再反映其组织的方式。我们相信，这些组织上的变化基本上是由于那些不考虑规模经济和建立在职能专门化和劳动细分之上巨大组织的信息改革。事实上，迈克尔·哈默（Michael Hammer）在《哈佛商业评论》（*Harvard Business Review*）中指出，一旦现代数据库、专家系统和网络通信被运用，就可以在不牺牲非中心部门的任何利益之下（即使不是全部），也能为行政中心和行政职能专门化，如报告、会计、人事、采购或者质量保证等提供许多便利。他宣称岗位设计的依据，应该是目标或者结果，而不是单一的职能——职能专门化和有顺序的执行，对支出过程而言是有内在区别的：那些运用活动产出的人必须执行活动，那些制造信息的人必须传递信息，因为他们对信息有着最大的需求，最为关注信息的准确性。信息必须在信息源上一次性被捕获；并行的活动必须在其执行期间协调好，而不是等到结束之后；最后，执行人员必须为对策制定和工作设计中的控制负责（Hammer，1990：108—112）。

这产生了更小、更为扁平的组织。一些单任务的组织，现在是以虚拟网络的方式组织的。一些多任务组织是以网络联盟的方式组织的。菲利浦·埃文斯（Philip Evans）和托马斯·沃斯特（Thomas Wurste）认为，这两种组织的组织形式，都是超文本链接到万维网后的超等级制度（Evans and Wurster，1977）。埃文斯和沃斯特宣称这些组织的类型就像互联网本身，面向对象是软件编程的结构体系和通信中的分组交换，已经消除了对管道信息的需求，从而消除了在信息宽带（丰富）和连接（到达）之间的权衡。他们描述虚拟网络（这种结构是围绕不固定的基于团队合作的组织设计的）是价值链上的解构，网络联盟（"硅谷的公司具有的无组织和可渗透的合作边界特征"的模型）则是供应链上的网络解构。在这种模型中，"每个人都能充分地与其他人在共享标准基础上进行沟通"。

IBM把这种系统运用到得克萨斯州达拉斯市的工厂中。这是目前一个虚拟网络的例子。它已经被设计成能模拟市场、自我组织管理的系统。组织中的每个人根据交易的情况，决定扮演客户还是供应商，整个工厂已经改造成一个相互交换的网络。每次交换都是包含四个独特步骤的一个闭合环路：客户需求和供应商的出价；执行任务的协商和定义成功；绩效；客户认可。不到最后一步完成，任务依然不算完成。每个工作流中的闭合环路都能进一步的细分为子环路。在这种系统中，即使是简单的任务也有可能引起数十个环路和相互连接的线路。更复杂的任务，如更改一个主产品，可以上升到上百个，甚至上千个，并能运用到整个奥斯汀工厂。IBM使用强有力的计算机，使所有这些环路和线路保持在运行轨道上，指引着所有活动和操作流程都在工厂内，使每个任务的进度都在计划中，并且激励办事拖拉的参与者立即行动。

这一系统的作用是，可以打破部门界限、消除瓶颈、授权雇员采取主动并自我适应。而一个意外结果是，电脑系统对这些所有的环路和线路进行记录，也将识别资源作为一项特殊工作，几乎完全消除成本配置的需要。并且，组织中的任何人都可以前瞻性和回顾地获取这些信息。

一些被管理得很好的多元任务组织，如强生、3M 和乐柏美（Rubbermaid）公司都已组成了自己松散的网络同盟，共同分享其最高管理者、一系列核心权限以及共同的文化（Quinn，1992）。被这些组织利用的控制系统就像集权的官僚制度，它们可以收集很多经营方面的实时信息，包括非财政信息（见表 7.1），但是不像集权官僚制度的控制系统，它是通过等级管理者的逐级评估，这些信息是用于将评判的内容传达到组织下层，去需要它的地方，到达销量点、传递点或是产品（Simons，1995）。从高层管理者的展望中，这些信息的主要目的是想从他们的网络中提供诚实的、有能力的和有道德的管理者和雇佣者，那么他们就可以将最好的人放到最重要的工作中。

表 7.1 非财政绩效指标

工作时间服务的百分比

服务完成情况

满足生产计划

存货测量

职工流动率

服务质量

出错概率

顾客满意度

超层级能够走多远还是一个有争论的问题。"伴随着随机存取和信息对称的可能（或是威胁）"，埃文斯和伍斯特（Evans and

Wuster，1997）指出，它是向所有等级制度挑战，不管是逻辑还是权力。但是他们没有停在那里。他们进一步声称超层级也是可以转向市场的，但它有个前提：就交易货物、服务或者所有权证书而言，要有比以前更丰富的信息可以用来交换。然而，到目前为止，信息革命的作用还有点不对称。鉴于治理结构选择的主要是解决问题的层次结构或市场，信息革命已明确赞成后者（Reschenthaler and Thompson，1996）。

在一个更现实的方面，组织工作方式的转变已经影响了成本测量。每一个人都知道信息革命已经降低了信息成本、包括测量成本，但是它对于管理控制的应用才开始被弄明白。控制曾一度专注于每个时期的流量——产品生产、职能执行、内部费用、利润或者收入。资本预算总是以项目为导向，并且每个项目有一个明确的开始与结尾。不过，控制者主要根据它们每一时期的结果来考虑项目（特大项目除外）。进而，这一观点反映了一个事实，即组织使用连续过程、重复活动和标准化的组件生产同类产品。

相反的，在弹性生产下，工作与专业市场部门的偏好有关，并被认为是分离的项目。因此，控制必须聚焦在项目上，这就意味着成本分析员不得不将他们对项目的重心转移到工作周期上——产品生命、产品发展、制造、处理及其他内容上（Thompson，1995）。因此，在网络工作中，弹性生产组织，对于资本和经营预算的区别是模糊的，但却有对成本估价和成本测量的区别（Tani，1995；Otley，Broadbent，and Berry，1995）。

这些改变给了责任预算新的希望。与以前不同，现在可以很清楚地看到，责任预算和会计系统，抵制组织内经营信息的向上流动——使分权成为必要而非理想。责任预算是使内部和外部的服务成本，在任何地方都是按协定要求完成的必要形式。决策中心要对其预算执行情况负责，以兑现协商过程的承诺。责任预算应该在提供服务或产品的供应部门之间签订清晰的合约，来获取维持运营的金融资源和生产必需的资金。区分责任预算的内容有：（1）单位和管理者的评估与其接受的合约义务有关；（2）财务测量唯一的作用是奖励成功和惩罚失败；（3）鉴定和归因财务的成功或失败，完全是由管理部门或雇员的表现决定的。

在网络和联盟中，人们在信息充分的环境下工作。在绝大多数部门，信息的准入是对称的（对所有人都是平等可用的）。只有在高层管理者打算行使其职能——战略计划、组织、人事安排、发展组织的智力和文化——并避免对经营行为的干涉时，分权才可能发挥作用。这需要练习和自我约束。

出于这一原因，它可能使明智的政府对责任预算进行实验，而不是直接采用组织和控制的新模式。很少有组织对分权有太多的经验，并且多数都是没有自我约束的。由于这是常有的事，所以有必要在运行之前先进行学习（Johansen，Jones，and Thompson，1997）。

【注释】

[1] 这篇文章也区分了事前和事后控制，这是结果预算中所阐述的观念的中心。

[2] 在货币范围内明确目标是非常重要的，无论是与不同责任中心的表现相比较，还是保持政府对操作细节无知的高水平，以此防止他们干涉其责任中心管理者。

[3] 这部分是基于安东尼和扬（Anthony and Young，1995）的讨论。

[4] 销售包含在市场配额里，因为它作为一个整体没有出售任何东西给其他外面的团体。而责任中心提供的服务记录在它的可计算的收益里，中心获得的服务记录为支出。当组织巩固它的地位时收益和开支就会取消。金钱难得地在部门间的转移定价中换手，责任中心不会去维护"他们的"利益。只有当组织作为一个整体才能赚取利润，从其他人那里出售和买入是组织产生真正利润或亏损的唯一途径。

[5] 当因素进入联合生产，他们要尊重彼此通常会发展一定程度的特异性。特异性引起了威廉姆森所说的"根本性变革"，从并购前的竞争关系到一种事后双边垄断（参考 Joskow，1988；Migrom and Roberts，1992）。

[6] 在不平衡的转换定价中，销售责任中心被记入全部成本的交易项目（通常是标准成本），再加上协议的审定，购买中心承担它的边际成本，控制人员调节组织的账目以反映两者的不同。不平衡的转换定价在市场价格可获取时应该几乎从不使用。

[7] 贾斯汀·罗德里格斯（Justine Rodriguez，1996）会根据非营利性学校和医院所使用的基金会计系统，创造一套新制度来解决这个问题。例如，每个部门可以有一个或更多资产收购的资本账户。为获得资本，财产的支出将会被控制到这些账户。

这些账户将会拥有资产但没有效力。这些账户也会被允许从国库中借出去购置资产。他们拥有的资产将会被出租/租赁给项目，所以每个项目账户会反映使用资产的成本，但这种出租将会在部门总收入外净赚利润，因为资本账户的支出得到政府财政支出的支持。在要求大量财产目录的情况下，他们可以由政府内部支持循环基金如期进行（例如，特许权或流动资金账户）和及时实施项目。已经有员工的养老基金从部门款项的权责发生制付款中获得，尽管不是经常来自项目，也不是经常完全的权责发生金额。这些缺陷可能会得到纠正，退休人员医疗福利也会以同样的方式处理。同样地，Rodriquez 认为，我们可能需要整顿债务支付账户，它是用来资助未来的环境恢复的。连接资源和结果，将项目预算账户与项目相匹配，以此来为公众提供商品、服务和公共转移。支持预算账户（例如，为员工、法律和计算机服务），将会由政府内部的支持循环基金支付。利用这个系统，几乎所有的资源（除了那些政策协调的机构代理人），都将会投入到项目中，这些项目会完全从他们自己的部门、其他部门或私人部门购买支持。项目费用会近似项目的成本，并可以得到与项目成本相关的产出。

[8] 下面的内容是依据 Scott，Bushnell and Sallee，1990 的文献得出的。

参考文献

Anthony，R. N. "New Frontiers in Dfense Financial Management." *The Federal Accountant*，11 (June 1962)：13—32.

Anthony，Robert N.，and Young，David W. *Management Control in Nonprofit Organizations*，5th ed. Homewood，IL：Richard D. Irwin，1995.

Arwidi，Olof，and Samuelson，Lars A. "The Development of Budgetary Control in Sweden：A Research Note." *Management Accounting Research*，4 (June 1993)：93—107.

Bailey，Martin J. "Defense Decentralization through Internal Prices," In S. Enke (ed.)，*Defense Management*. Englewood Cliffs，NJ：Prentice-Hall，1967.

Boston，Jonathan；Martin，John；Pallor，June；and Walsh，Pat. *Public Management：The New Zealand Model*. Berkeley：University of California Press，1992.

Breton，Albert，and Wintrobe，Ronald. "The Equilibrium Size of a Budget-Maximizing Bureau：A Note on Niskanen's Theory of Bureacracy." *Journal of Political Economy*，83 (February 1975)：195—207.

Bruggeman，Werner. "The Impact of Technological Change on Management Accounting." *Management Accounting Research*，6 (September 1995)：241—252.

Bunce，Peter；Fraser，Robin；and Woodcock，Lionel. "Advanced Budgeting：A Journey to Advanced Management Systems." *Management Accounting Research*，6 (September 1995)：253—265.

Chandler, Alfred. *Strategy and Structure: Chapters in the History of Industrial Enter-prise.* Cambridge, MA: MIT Press, 1962.

Demski, Joel, and Feltham, G. *Cost Determination.* Ames: Iowa State University Press, 1976.

Economist, The. "Software Engineering: Made to Measure." January 23, 1993: 79; "A Guide to Better Buying," October 18, 1986: 71.

Evans, P. B. , and Wurster, T. S. "Strategy and the New Economics of Information." *Harvard Business Review* (September/October, 1997): 71—82.

Hammer, M. "Reengineering Work: Don't Automate, Obliterate." *Harvard Business Review* (July/August 1990): 104—112.

Harr, David J. "How Activity Accounting Works in Government." *Management Accounting*, 72 (September 1990): 36—40.

Harr, David J. "Productive Unit Resourcing: A Business Perspective on Government Financial Management. '" *Government Accountants Journal* (summer 1989): 51—57.

Harr, David J. , and Godfrey, James T. *Private Sector Financial Performance Measures and Their Applicability to Government Operations.* Montvale, NJ: National Association of Accountants, 1991.

Hart, David J. , and Godfrey, James T. "The Total Unit Cost Approach to Government Financial Management." *Government Accountants Journal* (winter 1992): 15—24.

Hay, David. "Public Sector Accounting in New Zealand: An Update and a Clarification." *Financial Accountability & Management*, 8 (spring 1992): 1—6.

Horngren, Charles T. and Foster, George. *Cost Accounting: A Managerial Emphasis*, 7th ed. Englewood Cliffs, NJ: Prentice Hall, 1991.

Hyde, Al. "Cornerstones of Quality: Special Section." *Government Executive*, 29 (July 1997): 47—68.

Johansen, Carole; Jones, L. R. ; and Thompson, Fred. "Management and Control of Budget Execution." In R. Golembiewski and J. Rabin (eds.), *Public Budgeting and Finance*, 4th ed. New York: Marcel Dekker, 1997: 577—584.

Juola, Paul. "Unit Cost Resourcing: A Conceptual Framework for Financial Management." *Navy Comptroller*, 3 (April 1993): 42—48.

Kaplan, Robert S. "In Defense of Activity-Based Cost Management." *Management Accounting* (November 1992): 58—63.

Keohoe, Joseph; Dodson, William; Reeve, Robert; and Plato, Gustav. *Activity-Based Management in Government.* New York: Coopers & Lybrand, 1995.

Lapsley, Irvine. "Responsibility Accounting Revived? Market Reforms and Budgetary Control." *Management Accounting Research*, 5 (September/December 1994): 337—352.

Masten, Scott E. , "The Organization of Production. " *The Journal of Law and Econo-mies*, 27 (4, 1984): 403—417.

Masten, Scott E. , Meehan, J. W. ; and Snyder, E. A. "The Costs of Organization. " *The Journal of Law, Economics, and Organization*, 7 (1, 1991): 1—25.

Milgrom, Paul, and Roberts, John. *Economics, Organization, and Management*. En-gle-wood Cliffs, NJ: Prentice Hall, 1992.

Monteverde, Kirk, and Teece, David J. "Appropriable Rents and Quasi-Vertical Integ-ra-tion. " *The Journal of Law and Economics*, 25 (3, 1982): 403—418.

OECD. *Budgeting for Results: Perspectives on Public Expenditure Management*. Par-is: Organisation for Economic Co-operation and Development, 1995.

Office of Technology Assessment. *Computerized Manufacturing Automation: Employment, Education, and the Workplace*. Washington, DC: Government Printing Of-rice, 1984.

Otley, David. "Management Control in Contemporary Organizations: Towards a Wider Framework. " *Management Accounting Research*, 5 (September/December 1994): 289—299.

Otley, David; Broadbent, Jane; and Berry, Anthony. "Research in Management Con-trol: An Overview of Its Development. " *British Journal of Management*, 6 (spe-cial issue, December 1995): 31—44.

Pollitt, Christopher. *Managerialism and the Public Services: Cuts or Cultural Change in the 1990s?* 2nd ed. Cambridge, MA: Basil Blackwell, 1993.

Quinn, James. *Brian Intelligent Enterprise: A Knowledge and Service Based Para-digm for Industry*. New York: Free Press, 1992.

Reschenthaler, G. B. , and Thompson, Fred. "The Information Revolution and the New Public Management," *Journal of Public Administration Research and Theory*, 6 (1, 1996): 125—144.

Roberts, Alasdair. "Performance Based Organizations: Assessing the Gore Plan. " *Pub-lic Administration Review*, 57 (6, 1997): 465—481.

Rodriquez, Justine Farr. "Budgetary Accounting and Accrual Accounting: Reconciling the Differences. " Presentation to the Association for Budgeting and Financial Man-agement Meeting, ANA Hotel, Washington, DC, October 29, 1996.

Rosenberg, Nathan, and Birdsall, L. E. *How the West Grew Rich: The Economic Transformation of the Industrial WorM?* New York: Basic Book, 1986.

Schedler, K. *Ansatze einer Wirkungsorientirten Verwaltungsfuhrung: Von der Idee des New Public Managements (NPM), zum konkreten Gestaltungsmodell*. Bern: Verlag Paul Haupt, 1995.

Scott, G. ; Bushnell, P. ; and Sallee, N. "Reform of the Core Public Sector: The New Zealand Experience. " *Public Sector*, 13 (3, 1990): 11—24.

Shank, John K. , and Govindarajan, Vijay. "The Perils of Cost Allocation Based on

Production Volumes," *Accounting Horizons*, 2 (December 1988): 71—79.

Shank, John K. , and Govindarajan, Vijay. "Transaction-Based Costing for the Complex Product Line: A Field Study." *Journal of Cost Management*. (summer 1988): 31—38.

Simons, Robert. *Levers of Control: How Managers Use Innovative Control Systems to Drive Strategic Renewal*. Boston: Harvard Business School Press, 1995.

Tani, Takeyuki. "Interactive Control in Target Cost Management." *Management Accounting Research*, 6 (December 1995): 401—414.

Thompson, Fred. "Business Strategy and the Boyd Cycle." *Journal of Contingencies and Crisis Management*, 3 (June 1995): 81—90.

Thompson, Fred. "Capital Budgeting." In *International Encyclopedia of Public Policy and Administration*. Boulder CO: Westview Press (forthcoming).

Thompson, Fred. "Mission-Driven, Results-Oriented Budgeting: Financial Administration and the New Public Management." *Public Budgeting & Finance*, 14 (fall 1994): 90—105.

Thompson, Fred, and Jones, L. R. "Controllership in the Public Sector." *Journal of Policy Analysis and Management*, 5 (3, 1986): 547—571.

Thompson, Fred, and Jones, L. R. *Reinventing the Pentagon: How the New Public Management Can Promote Institutional Renewal*. San Francisco: Jossey-Bass Publishers, 1994.

Whittington, G. "The Usefulness of Accounting Data in Measuring the Economic Performance of Firms." *Journal of Accounting & Public Policy*, 7 (winter 1988): 261—266.

Williamson, O. E. *The Economic Institutions of Capitalism*. New York: The Free Press, 1985.

Williamson, Oliver E. "Corporate Finance and Corporate Governance." *Journal of Finance*, 43 (July 1988): 567—591.

Womack, James P. ; Jones, Daniel T. ; and Roos, Daniel. *The Machine That Changed the World: Based on the Massachusetts Institute of Technology 5-Million Dollar 5-year Study on the Future of Automobile*. New York: Rawson Associates, 1990.

Zimmerman, Jerold L. *Accounting for Decision Making and Control*. Chicago: Irwin, 1995.

第8章

适合于公共管理和公共管理者的预算理论

杰拉西莫斯·A.加纳基斯   克利福德·P.麦克丘

本章概述了一种发展公共管理预算理论的分析方法，描绘了预算理论作为公共组织的内部资源配置过程的主要特征。这个组织在高度的政治环境下运作，其边界是完全可渗透的，尤其在正式预算过程中更为明显。这种分析方法反映了一种假设，那就是作为应用领域的公共管理，应该寻求开发对公共管理者有用的理论。这种理论应该识别行动的可能性和约束条件，或是阐明公共管理活动的环境特性。如果从公共管理实践者的角度来看待预算过程，实用的预算理论更容易在公共管理中发展。实践者在公共组织中的实践，公共组织的架构、文化、过程和程序以及它的环境关系网络，界定了公共管理者所处的活动环境。

这种分析方法反映的第二种假设是：作为一门"借用学科"，公共管理应尝试发展一个中心，把借用过来的知识综合起来作为一门独立学科。缺乏独特中心的学科，只是简单地复制其他学科发展的理论和概念。公共管理在此被定义为组织安排的研究，传递包括公共服务在内的社会知识，为宏观社会管理结构和政治过程提供政治优先选择。使运作技术和把它们作为公共服务传递出去的组织安排的配适度达到最优，以及管理复杂组织日常运作的责任，使我们有必要从各种实质性的学科领域和诠释组织功能所必需的领域范围借用知识。公共组织运作的中心，证明了这些借用知识的合理性，同时本章也将验证预算理论的发展。

公共组织在此被定义为，给定行政权限的公共服务传递系统和管理支持系统的总和。由它们组成的各种服务供应系统，以及给予政策制定过程中实际专家决策评价必要的尊重，意味着公共组织是差异巨大和十分复杂的系统——因此，单一整合性组织的概念很容易消失，特别是在联邦政府的层面上被完全中止了。公共组织的主要特征，将在下一部分作更详细的描述，而对于州及地方预算与联邦预算的差异，还有因此需要的用于理论开发的更多方法也会进行探讨。遵循传统预算理论的检验方法，倾向于关注联邦层面而忽略了基于组织的分析方法，无法产生适用于实践者的理论。本章尝试探究基于组织分析方法的含义，来把握公共管理中的描述/解释理论、假设理论、规范理论以及工具理论的发展脉络（Bailey，1968）。

公共组织

联邦政府是一个由各种组织组成的巨大事业单位。出于立法、结构安排或实践的考虑，这些组成组织都享有一定的由行政首长赋予的自治权。出于研究的需要，把这些部门看作是独立的政治行动者，要比看作是单个组织的组成部分更为贴切。尽管相较于部门之间的联系，地方政府部门与行政环境和政治选民之间的联系更加紧密，然而，他们更多的不是作为单一行政权威之下单个组织的成员。州政府显示了联邦和典型地方政府二者的结构性特征。州长的行政权威通常会随着州被选举官员的数目增加而减弱。地方政府组织也会由于议员是典型的兼职政治家，立法机关经常得不到独立的分析资格而得到加强——如国会预算办公室和审计总署。需要更强有力的管理之手，来满足必须平衡地方预算的需求。

尽管地方政府公共组织是一个可以确认的组织，但它又是一个具有高度差异性的组织。单个部门只对特定的选民负责，在高度分权的政策制定过程中，部门仅限于使用需要尊重实际专家决策评价的观点。这种软弱的整合性组织高度渗透到政治环境中，受到巨大的离心力影响。离心力不可避免地约束了资源配置过程的分配效率。分配方案可以单纯成为政治权力和内耗的一种功能，而不是关于管辖区实际需要的一致意见的产物。简言之，它类似于联邦过程。

然而，地方政府组织又与实质处于行政控制之下的资源配置过程密切相关。正式预算过程是构成地方政府组织的各部门作为其成员必须答谢的唯一时机。其他幕僚人员的职责如人事、财政或数据处理，也接近于独立部门的职责。国会处于联邦预算过程中的中心，加上缺乏平衡的要求，这种答谢在联邦层级更不可能或不相关。地方政府组织的首席执行官，能控制正式预算过程形式，并呈现给立法部门，也可控制公众听证会的时机。首席执行官还能在资源配置系统的其他方面施加有力的影响，包括税收预测过程、基金的管辖权结构和内部服务基金的运作、基金平衡目标、债务政策、经济发展计划、资本预算过程、补充拨款、预算控制水平以及平衡点的初步裁定。

强调单个行政部门之下的整合性组织，并不意味着学者只是呼吁将预算研究焦点从正式预算过程的政治转向涉及执行预算文件准备的技术，尽管一些人认为这可能是预算理论建立的沃土（Cope，1989）。执行预算只是汇总地为提交正式预算过程的公共组织资源配置过程的结果。不管是正式预算过程还是行政预算过程，都无法捕捉到资源配置过程的连续性——这种性质只是才开始被预算理论家认识（Rubin，1993；Forrester and Mullins，1992）。公共组织的资源配置过程，是以一系列连续分解、重叠和片段性的，但却是以相互联系、平行的决策顺序为其特征的（Rubin，1993）。

正式预算过程和执行预算，只不过提供了资源配置过程中这些维度的动态关系的概要快照。然而，公共组织的结构及与环境的关系，提供了观察公共组织相互作用的视角。这种视角允许人们决定这些相互作用领域的津贴，是否直接指向社区的实际需求。这有助于实现专业公共管理在提供公共服务的效率和效果上的承诺。

传统预算理论

通常可以从三种不同视角来研究公共预算：经济学、管理学和政治学（Carden，1990）。基于经济学的研究，倾向于关注公共物品的性质，以及由政府提供的产品与服务混合物的分配效率。各种决策规则和分配过程，都以其在这方面的相关效用来检验。利用来自微观经济学的理念，经济学家正在努力寻求构建公共部门决策的模型。公共管理者作为自身利益的预算最大化者的幽灵，是这些方案的中心角色。经济学提供了逻辑、数学的精确和简单的形式，以避免有关政治价值的问题，但是，经济学家并"没有给实际领域的预算者提供有价值的指导"（Caiden，1990：233）。

政治学家自然是强调资源配置过程的政治维度，以及政策制定过程的预算角色。这种政治观点已经由渐进主义理论支配，它开始是作为一种描述性理论，但后来在一些领域获得了正式地位。简单概括，渐进主义认为，每年的预算只是平稳地变化，较大的再分配成本很高，依据对公共部门政策议题的知识状况应当避免。资源配置过程是一个碎片化的、自下而上的过程，以尊重实际专家和前期分配为特征。基于组织的方法，预算理论发展的焦点，是公共组织的性质如何影响资源配置过程，以及资源配置过程的性质又是如何影响公共组织的运作。

即使公共组织与资源配置过程的联系并不那么紧密，但就如它在联邦层级一样，它在地方层级也是不可避免地成问题的。这就是为什么公共组织实践者体验的是将预算过程作为其组织内部资源配置系统而非纯粹的政治过程的原因。潜在生产领域的研究，是展望提高资源配置过程的能力，以服务于公共组织的整合角色。如果在各种服务领域中，主要决策者都更紧密地联系，分享运作前景和决策假定，那么他们做出的资源配置方案，将更能回应社区的需求。政治学家典型地把公共部门看作是在政策制定过程中单一的政治行动者，而常常忽略部门功能的组织特征。野心较少的管理学派，聚焦于备选预算形式的相关效用上，以及预算过程的分析技术领域和正式政策计划上。

出自管理导向的规定，只是偶尔基于与这三种视角相关的描述或解释研究上。管理视角是与公共管理联系最明显的一种视角。预算被看作是一个技术过程，公共管理者则扮演与其工作的组织分离的技术人员。通过这种分离，理论家就可以避免价值议题。但是，理论的发展从一开始就受到一个问题的纠缠：技术效率为何种目的而存在？

预算理论规定从预算理论描述中分离出来的一个原因，是后者大部分的研究是基于联邦的预算过程，而前者多被州和地方广泛采用。在国家预算理论中处于支配地位的渐进主义的性质，明显地限制了管理工具的实用性，但是从联邦过程分析得来的任何预算描述性理论，与州和地方层级的联系都不大。然而，州和地方的预算过程在很多方面都不同（Hackbart and Carson, 1993）。因此，与国家预算过程相比，那些地区要发展单一公共预算理论的可能性较低。然而，源于聚焦于联邦政府理论的"宏伟"，最终因对其他政府层级较低普遍性而黯然失色。

预算理论概念碎片化的这个特征，反映了这一学科多方面的特性（Caiden, 1990），方法的多样性施加于它（Schick, 1988），以及公共管理领域大体上碎片化的结构。的确，从公共管理借用及补充的知识来看，一些理论家把它看作是一门独立学科（Caiden, 1990；Cope, 1989）。公共管理把相关学科里一系列相关现象的观点与发现引进来，但是却没有将其整合起来形成一个特殊的理论观点。公共管理自称的预算理论的管理角度，并没有成功地把经济学家所关心的分配效率、分配公平的相关政治问题或者挑战与由渐进主义模型提出的分析的重要性联系起来。

这种理论给实践者留下一批激动人心的行动工具，却没有实质性的行动指导。白利（Bailey，1968）认为工具理论——作为特定情况的行动指导，例如公共预算的管理观点想要开发的那些特定领域，应该基于特定现象的规范及描述/解释研究上。然而，在缺乏后者的情况下，包括那些把焦点集中在执行预算上的管理学派理论家，往往会把规范研究的重要性归因于工具理论（Rubin，1990；Cope，1989）。根据白利（Bailey，1968）的看法，规范理论，应该通过识别加强行政执行的价值观来决定未来的状态。公共管理通过聚焦于技术而非环境需求，以及他们工作组织的特征上——公共管理的环境——来避免这些价值问题。预算改革已经被州和地方政府广泛采用的事实（Rubin，1990），或许已经非常接近关键点了：他们能提供帮助吗？他们能帮助些什么？

从公共管理实践者的角度来看，资源配置过程，对于建立与不断地重建公共组织有促进作用。由于政治价值观的差异，以及对许多政治问题因果关系认识的普遍性缺失，目标与技术的恰当性常常受到怀疑。在资源配置方案中，这些目标和技术得到了表现；预算过程能够潜在地改变组织目标，使与资源配置密切相关的新技术得以实现，还可使备选的组织安排合法。这个过程的特性以及做出决定的基础，构成了公共管理的基本要素，描绘了行政实践者的执行环境以及公共管理的理论范围。

很少有学者从这种角度研究预算理论。其中，最成熟的研究模型是由米勒（Miller，1991）在其政府财政管理理论中提出的。米勒建立了一个财政管理的诠释性理论模型，其中讲述到：财政管理者必须处理好由组织现实的社会结构所引起的含糊及不确定性。而这样的处理，要通过一系列表明他们对于组织机制、过程、及其他现象——如预算过程的观点以及解释的行动者来实现。对米勒来说，传统的财政管理理论，是建立在公共组织对其组织目标和技术存在一定的共识的假设上，但是对政府组织来说则不适用。在这种设想中，预算管理者控制着标志，提供了集中于资源约束共同要素的惯例。这些可连接由于缺乏"'盈利'的普遍观念"，而使组织计划的一系列可选方案成为可能（Miller，1991：101）。在资源稀缺的环境下，预算办公室变成了一个主要的组织行动者和统一体。

为致力于确定资源缩减与"松散联结"组织概念之间的关系，鲁宾（Rubin，1979）仔细观察了五所州立大学对裁减预算的反应。这项研究因对"松散联结"本质概念的不清而削弱（Orton and Weick，1990）。林奇开发了一种公共预算方法，这种方法聚焦于解释公共预算包括政策制定、管理以及政策与管理密切相关的方面。在对这种现象有了较好的理论知识后，人们可以用于理解官僚部门开展活动方式改变的争议（Lynch，1989：325）。

然而，林奇的模型仅停留在抽象的"体系"层面，他也意识到这对实践者来说是难理解的。许多组织理论都倾向把其概念具体化，因而思想的抽象在任何基于组织方法的预算理论中可能会成为一个问题。其他研究则观察了特定预算过程的组织特征，如预测（Klay，1985）、决策次序（Whicker and Digelman，1991）、预算改革的采纳（Rubin，1990）、补充性预算过程（Forrester and Mullins，1992）以及预算分析家行为（McCue，2000；Thurmaier，1995；Willoughby，1993）。这些研究表明，在公共组织结构与管辖区预算过程特性之间存在重要联系，凸显了组织理论可以阐明这种关系的那些领域。

基于组织的预算理论

预算过程的组织目标之一，就是提高组织管理能力以做出最佳资源配置决策。在追求此目标过程中，资源配置过程应该起到一个抗衡由提供多重服务的公共组织的高度差异性所产生的离心力作用。鉴于管理人员的现有能力，预算形式和过程都应该检验在那方面的相对效用。在这里，除了资源配置过程应该提高管理人员做出最佳资源配置的决策能力外，确定决策最优的最终标准应是组织经济基础的保持与发展。地方政府组织从管辖区的经济基础得到资源，专业公共管理的基本职能就是维护组织的资源流动。

在这种设想中，公共组织的资源配置过程服务于组织内部结构和组织与外部环境关系的发展。维护管辖区经济基础的需要，可以在公共组织中起到像向心力一样的作用，就如私人部门中追求利润的需要那样。但是这并不是说，行动的最优过程决策，不是社会价值和政治权力的最终的功能。这种方法为告知和指导参与者、特别是专业公共管理者行动的理论发展提供框架。因此，这种预算理论基于组织的方法，也为根植于专业公共管理的预算规范理论的发展提供了保证。

为了公共管理理论的目标，这部分将会运用 Bailey 的框架来检验这些问题。白利认为，"如果政府过程有所改善，那么四个相互重叠和关联的理论则是必需的：描述/解释理论、规范理论、假设理论、工具理论"（Bailey，1968：129）。预算理论基于组织的方法在这些领域中的含义将在下面作探讨。"政府过程的改善"在这里定义为"政治的合法目标"的数目的最大化，而这些目标可以通过宪法上授权的方式实现（Bailey，1968：129），这种定义与专业公共管理联合起来提高公共资源利用的效用；如下所述，这种责任不仅局限于技术上的效率，也不仅是财政专业化的职能。

假设性理论

白利把假设性理论定义为，"主张明确表达关于人性和组织易驾驭的基本假设"（Bailey，1968：133）。他强烈反对公共管理在没有考虑到其执行环境的情况下，表述管理模型和管理技术的趋势。尽管这个领域已在描述组织惯性和在规定组织变化过程中取得了一些进展（或至少在组织理论领域取得了一些进展），但在理解和描述公共组织人员方面仍徘徊不前。

政治学和经济学都倾向于研究与环境有关的公共管理者。在公共资源配置过程的研究中，公共管理者被看作是寻求自身利益最大化的另一个政治或是经济人，而且这种特征被集中研究内部资源配置过程的趋势所加强，在这个国家资源配置过程中，把这些将管理者所起作用的部门看作是独立的政治人是可行的。因此，"预算最大化的官僚"成为了预算理论的主要支撑，尽管有证据证明公共管理者经常拒绝那些会使他们放弃追求其组织首要任务的工作经费（Wilson，1989），而且调查表明，公共管理者仅仅会去扩展预算中的自由裁量那一部分资金（Blais and Dion，1991），或者是简单地寻求最大化组织权力，以使他们能够像专业管理者那样发挥作用。

这两个告诫都表明了公共管理的假设理论中应关注的问题。预算最大化的官僚在某种程度上是公共管理者在公共资源配置中不应有的特征，因为公共管理领域的发展是不可选择的。这使得实践领域公开地受到来自倡导私人部门管理手段，或是公共部门提供核心服务的基于市场选择的改革者的抨击。在描述公共管理和管理者领域中的失败，意味着对他们的否定——就像是"碎片化的"私人管理和唯利是图的或是不称职的私人管理者。

公共管理中假设理论的发展，要求研究者研究公共管理者在环境——被称为公共组织中的作用。理论家已经注意到，不把在预算理论上的争论与社会科学研究的任何特别的例证方法联系起来，在某种程度上鼓励了与实践者的对话，但是，假设理论要求研究人员从实践者角度了解实践。实证主义研究倾向于把环境标准化或者随机化，并且在公共管理中大部分的"理论与实践的差距"是由于实证主义者范式的支配地位和局限所造成的（Harmon，1981；Miller and King，1998）。此外，对于公共管理中"个人及组织能力"的研究，迫使这个领域去面对其基本问题：在民主社会中专家的角色——

一个它尽力逃避的问题。这两个因素已经导致了对"去环境"技术发展的强调，而不是对环境的解释。在这里，假设理论要求对专业及实践的组织环境进行界定；这样的话，个人和组织的能力得到了描述，而且提高这些能力的前景也愈发明显。

描述性解释理论

白利认为，"那些我们不能描述和解释的事是不能得到改善的"（Bailey，1968：131）。在这里，他明确地聚焦于公共管理者实践中的组织特性上。公共管理的预算理论必须解释什么？研究必须聚焦于广泛定义的预算过程的决定因素上，同时也必须聚焦于政治学意义上的预算产出的决定因素，还有经济学意义上的关于产出的规范标准上。公共管理的预算理论，应该能够解释国家预算过程中根据社会对宏观政治及经济结构的偏好，州和地方预算过程，以及因国家、州和地方过程的不同而出现的不同。对影响预算体制演变和发展的因素也应该进行探讨。

这些努力的一个可能富有成效的中心就是公共组织。上述概括的概念、要素以及问题都能用其他学科进行探讨，但是在公共管理领域则必须从公共组织方面来实施它们，因为那是该领域的一个权威性学科焦点。公共组织的焦点，可以允许资源配置过程开发出在概念及环境上都为实践者所熟悉的应急理论。可能的偶发因素，包括组织的分化和整合程度、管理能力、可用技术以及政府形式，也包括政治分裂、政治文化、经济基础和人口可变因素等环境因素。

公共管理同样也必须瞄准公共组织内发生的事件，以及组织过程和结构对预算支出和过程的影响。公共组织就是其他学科研究的社会历史、政治与经济结构、政治文化、集体行动需求及资源能力，以及公共管理所研究的组织结构、发展、文化以及决策制定能力的交汇处。这里所描述的框架中，前者是作为公共组织的环境来运作的，而公共预算问题则可看作是环境因素和公共组织的管理、运作和战略规划子系统之间适合度的研究。组织因素包括预算分析者用来评估资源需求的价值与因素的来源与实质，预算过程所充当的可以表达部门任务及其紧密关系的作为组织沟通机制的角色，正式预算过程的象征及潜在功能，以及由鲁宾（Rubin，1993）所描述的、组成资源配置过程的类似决策在组织中的整合与合理化程度。

通过从组织的角度来发展资源配置过程的描述/解释理论，所要提高的事项就是，组织管理者作出"好"决策的一种能力。这种"好"的特征将在以下的规范理论部分进行概述。追求这种目标的工具发展，应该植根于这里所描述的公共组织中运行的、公共管理者资源配置功能的描述与解释理论中。否则，管理行动的工具理论会扎根于私人管理上，而且他们反映了公共部门管理应该成为的像私人部门管理一样的规范角度。

规范性理论

尽管白利承认，随着理想的"未来国家"即将到来，很多问题都会随之而来，例如价值或结果问题，但白利主张，"如果公共管理的最高目标是实践的改善，那么规范理论的假定就非常重要了。如果价值观没有作为一种近似的标准建立起来的话，我们又怎么知道实践上有所改善呢？"（Bailey，1968：133）。在政治环境中发展规范理论的问题在预算中复杂化了，在这种环境下，结果就直接促成了政治价值观的交锋。正如科伊（Key，1940）指出的，关于预算结果的规范理论地位的判断最终是政治哲学的一种功能。

这种预算理论的基于组织的方法，让规范理论家可以聚焦于财政官员的组织角色和同行中与众不同的能力。独特的能力不是简单地指决定最优产出的理性分析能力。在私人部门企业中，财政专业人员的角色是为了保证企业长期的财政生存能力；公共部门的财政专业人员，尤其在那些生存能力都成问题的地方层级里，承担着相同的责任。因此，规范理论对于地方政府预算的主张是，财政专家必须保护地方政府组织长期的财政生命力。

这种主张并不意味着财政专家能够决定资源配置，而通过架构分析或者执行基于专业知识的解决方案，这种资源配置可以使目标最优化。然而，财政官员的专业责任使得他/她把这个问题引入资源配置过程，因为事实上对于这种目标几乎是没有政治上的支持的。因此，他/她的专业责任在于确保一个更好的预算过程——这就是说，一方面要考虑组织长期的财政生命力，另一方面也要通过对备选行动方案的结构性分析来了解它。然而，这些专业的价值观必须最终以结果的方式来显示，因为如果管辖区的财政生存能力被长期忽视的话，那么没有什么政治价值观能独立生存。

为管辖区提供长期财政生存能力的一种方法，是提供符合选民短期需求的混合商品和服务。因此，预算过程的分配效率也是财政专业人员的职责之一。这里，需再次强调的是过程；财政人员必须提供一个使带来的响应性混合商品与服务的可能性最大化的资源配置过程。这使得最小化提供多重服务的公共组织的离心力特征成为必要，因为资源配置过程必定不可避免地要听从在许多包含组织的部门中居于要位的实际专家。这些部门管理者的决策角度是回应分配混合的关键，这也暗示了财政专业人员肩负着组织发展的职责。正如上述所说的，预算过程是唯一能够服务于管理能力建设的组织范畴。

财政专业人员应该致力于把地方管辖区的知识建构成公共组织的，并且要知道这些知识基础贯穿于组织资源配置过程中。对组织长期的财政生存能力的保护和以预算输出作为形式的最终产出，并不会来源于专业标准或被接受理论的应用。为了达到这些目标，就很有必要去了解关于管辖区的服务偏好、政治历史和社会文化。这暗示了正式预算过程应该对政治参与者开放，而且未被代表的参与者必须由组织来代表。由于有需要发展一个显示共同决策制定观点的管理团队，这个要求可能会进一步使过程和冲突政治化。

工具性理论

在明确了预算过程的规范性理论基础后，在追求那些规范性理论目标时，利用描述/解释理论来发展工具理论就成为可能。上述所说的规范性观点，聚焦于公共组织的资源配置系统特性上，关注如何配置系统来产生最优结果。因为有了维持组织长期财政生存能力以及回应管辖区内短期需求的这些需要，工具性理论将致力于管理人员作出"好"的资源配置决策能力的目标。

工具性理论将聚焦于各种选择性的预算体系在多大程度上有利于这些目标的实现，以及公共组织能够在多大程度上利用这些选择性的预算体系。这里，资源配置过程可以用来开发和提高管理能力，来克服公共组织的离心力，并且有限的管理能力可能会导致某些预算制度的不可行。佩蒂约翰和格瑞泽尔（Pettijohn and Grizzle, 1997）声称，大部分处于地方政府公共组织控制下的备选预算形式和资源配置过程，对政策过程来说不是中立的。预算理论基于组织的方法，为检查资源配置过程如何影响预算结果提供了一个平台。

这里的观点是，他们可能通过对管理能力和组织沟通的影响来起作用。组织上的研究中心也使研究者可以进入公共管理的其他领域，以便研究关于通过资源配置过程来建构管理能力的工具性理论。这包括动机理论、与激励机制的关系、组织沟通和战略性计划以及其他管理制度。鲁宾认为，"长期以来预算理论对于什么是最重要的有太多的限制"（Rubin, 1990：187）。这个领域必须扩大，而且公共组织要为这些额外要考虑的事提供一个普遍场所。

结论

艾伦·鲁宾（Irene Rubin）把预算描述为"政治的一个拥有许

多特征的特别角落"（Rubin，193：237）。艾伦·维尔达夫斯基认为，"大部分实际的预算都会发生在政治与效率之间的模糊地带"（Wildavsky，1961：186）。我们认为，鲁宾的政治角落是以公共组织为中心的，而这是一种经常显示出由维尔达夫斯基设想所提出的不确定性及矛盾性的部门。然而，这并不意味着公共管理应该只开拓执行预算过程来作为其领域中心。公共组织与其环境关系构成了正式预算过程和执行预算过程的环境，这是我们所说的公共组织资源配置系统的一部分。正是公共组织的中心把公共管理作为一门独立学科区别开来，这也使得这个领域可以发展一些为实践者所接受的理论。

我们已经指出，预算中基于组织的方法是怎样洞悉由白利（1968）所定义的公共管理理论的四个领域的。更为重要的是，通过组织的中心能够把这四个领域整合起来。预算过程的描述/解释性理论不需要被限制在宏观政治/经济问题上，因为在这些问题上，公共管理者执行人员跟外行人一样不感兴趣。再者，工具理论也不需被限定在工具的非理论层面，因为这就像把公共管理看作是有缺陷的私人管理一样。

这里所描述的规范基础，鼓励了公共组织像一个整合组织那样参与到社区中，正如公共管理者所显示的一般。公共部门也不可避免地具有政治性；这个领域中至关重要的问题，是专家与这个政治角色的关系。资源配置过程应该作为能够阐明这种关系的方法来研究，也应该作为能够开发适合的决策观点的方法来研究，我们把这些视为一个整体。专业公共管理的存在，是为了使公共管理者的管理能力最大化。我们已尝试过为规范性理论界定一种可以反映目标的方法，这种方法是基于财政专业人员对其所在组织的专业责任上。我们想像一个有专家参与的作为一个整体的整合组织社区。

组织理论领域作为我们建立预算理论的着眼点，在适当的分析水平、概念的混淆和不可避免的方法论上的争论等方面，它也有其自身的理论问题。然而，在寻找某些事物时，在它最有可能找到的地方寻找，要比在光线更强的地方寻找收效更大。基于组织的方法，也允许该领域从与资源配置过程相关的其他领域引进知识；它为检验激励机制、动机理论、沟通过程、组织文化和其他与预算理论相联系的因素，提供了一个检验的平台。公共管理领域倾向于划分各种与研究该领域相关的问题，而且还倾向于把与其相关的背景排除在外。虽然要弄清楚这些独立的工具可能更容易，但是这个领域是为了探寻公共管理。

参考文献

Bailey, S. K. "Objectives of the Theory of Public Administration." In J. C. Charlesworth (ed.), *Theory and Practice of Public Administration*. Philadelphia: The American Academy of Political and Social Science, 1968: 128—39.

Blais, A. , and Dion S. eds. *The Budget-Maximizing Bureaucrat: Appraisals and Evidence*. Pittsburgh: University of Pittsburgh Press, 1991.

Caiden, N. "Public Budgeting in the United States: The State of the Discipline." In N. B. Lynn and A. Wildavsky (eds.), *Public Administration: The State of the Discipline*. Chatham, NJ: Chatham House, 1990: 228—255.

Cope, G. H. "Yes, Professor Key There is a Budget Theory: Three Premises for Budget Theory." In J. S. Mendell and R. Y. Carter (eds.), *New Directions in Public Administration Research*. Fort Lauderdale: Florida Atlantic University, 1989.

Forrester, J. P. , and Mullins, D. R. "Rebudgeting: The Serial Nature of Municipal Budgetary Processes." *Public Administration Review*, 52 (5, 1992): 467—473.

Hackbart, M. M. , and Carson, R. J. "Budget Theory and State Budget Practice: Analysis and Perspective." *Journal of Budgeting and Financial Management*, 5 (1, 1993): 31—41.

Harmon, M. M. *Action Theory for Public Administration*. New York: Longman, 1981.

Key, V. O. "The Lack of Budgetary Theory." *American Political Science Review*, 34 (December 1940): 1137—1140.

Klay, W. E. "The Organizational Dimension of Budgetary Forecasting: Suggestions from Revenue Forecasting in the States." *International Journal of Public Administration*, 7 (3, 1985): 241—265.

Lynch, T. D. "Budget Systems Approach." *Public Administration Quarterly*, 13 (3, 1989): 321—341.

McCue, Clifford P. "The Impact of Objective and Empathic Dispositions on Local Government Budget Analysts' Spending Preferences." *Public Budgeting and Finance*, 19 (1, 1999): 89—114.

Miller, G. *Government Financial Management Theory*. New York: Marcel Dekker, 1991.

Miller, H. , and King, C. S. "Practical Theory." *American Review of Public Administration*, 28 (1, 1998): 43—60.

Orton, J. D. , and Weick, K. E. "Loosely Coupled Systems: A Reconceptualization." *Academy of Management Review*, 15 (2, 1990): 203—223.

Pettijohn, C. D. , and Grizzle, G. A. "Structural Budget Reform: Does It Affect Budget Deliberations." *Journal of Public Budgeting*, *Accounting and Financial Management*, 9 (1, 1997): 26—45.

Rubin, I. S. "Budget Theory and Budget Practice: How Good the Fit?" *Public Administration Review*, 50 (March/April 1990): 222—236.

Rubin, I. S. *The Politics of Public Budgeting*, 2nd ed. Chatham, NJ: Chatham House, 1993.

Rubin, I. S. "Retrenchment, Loose Structure, and Adaptability in the University." *Sociology of Education*, 52 (October 1979): 211—222.

Schick, A. "An Inquiry into the Possibility of Budget Theory." In I. S. Rubin (ed.), *New Directions in Budget Theory*. Albany: State University of New York Press, 1998: 59—69.

Thurmaier, K. "Decisive Decision Making in the Executive Budget Process: Analyzing the Political and Economic Propensities of Central Budget Analysts." *Public Administration Review*, 55 (5, 1995): 448—467.

Whicker, M. L. , and Sigelman, L. "Decision Sequencing and Budgetary Outcomes: A Simulation Model." *Public Budgeting and Financial Management*, 3 (1, 1991): 7—34.

Wildavsky, A. "Political Implications of Budgetary Reform." *Public Administration Review*, 21 (autumn, 1961): 183—190.

Willoughby, K. G. "Decision Making Orientations of State Government Analysts: Rationalists or Incrementalists?" *Public Budgeting and Financial Management*, 5 (1, 1993): 67-104.

Wilson, J. Q. *Bureaucracy: What Government Agencies Do and Why They Do It*. New York: Basic Books, 1989.

第 *9* 章

公共部门预算理论：经济学的视角

默尔·哈克巴特　詹姆斯·R.拉姆齐

当联邦、州和地方政府预算被政策重点和"政策声明"所左右时，公共预算理论已把重点放在渐进预算变化的基本原理上（Key，1940；Simon，1957；Lindbloom，1959；Wildavsky，1964；Rubin，1990；Davis，1974；Ippolito，1993；Berry，1990）。因而，预算理论的发展，尤其是渐进主义，聚焦于解释预算决策，而不是如何决定预算政策和预算内容。渐进预算理论的一个内在假设，就是边际预算决策是"政策变更协商的必要工具"，因为边际变化更具有政治可行性。因此，渐进主义在解释边际预算或政策交易上更有价值，而不是作为一种理论，解释公共预算的内容或公共部门相对私人部门应当提供什么产品和服务。

并且，渐进主义由于强调细小的预算变动，无法解释大的非渐进的预算调整，已经遭到人们的批评。凯顿就用"定时炸弹"一词提出了自己的忧虑（Caiden，1989）。其他人则找到了大预算变动会导致渐进预算理论出现问题的证据（Davis，1974）。然而，还有其他学者断言，虽然渐进的预算变化会占统治地位，但对渐进资金的中断要引起足够的思考和分析（Baumgartner and Jones，1993）。

所以，尽管描述性预算理论如渐进主义，提供了对边际预算和政策调整的深刻理解，但还是不能解释为什么非渐进预算的再分配会出现。此外，渐进主义无法解释为什么项目或者政策是通过公共支出预算来执行的。假设预算是政策和政策改变的结合，那么，能解析为什么在不同情况下项目能或者不能成为预算的一部分的理论，对预算理论而言就是一个有价值的补充。这样一个概念性的问题所引发的必然问题是：在联邦制系统中哪一级政府应该为如此繁多的支出作预算，或者说，怎样在政府的垂直层面上实现公共项目的成本分摊？这个问题越来越成为公共政策关注的重点。

如对 X 项目或 Y 项目是否应列入公共预算问题的决策，常常是关于政府在经济中适当角色的更广政策决策的衍生物。无论如何，政策和政策变更决定公共预算的内容和调整。一个由公共预算理论驱动的政策，应当为非渐进预算调整的发展和解释提供基础。

有关非渐进预算变更的研究者已经假定，大的预算变更是政策调整的结果。研究者已经确认并分析了非渐进预算变更。此项研究的最前沿是已经分析了间断平衡现象的特鲁（True，1995；Jones et al.，1996）。特鲁发现国内政策议题影响财政支出，政策左右预算。他将非渐进的预算变更归因于诸如"伟大社会"、"冷战建立"此类政策调整。琼斯（Jones）等人则发现，在杜鲁门—艾森豪威尔，肯尼迪—约翰逊，尼克松—福特—卡特，里根—布什—克林顿时期存在类似的效应。琼斯等人沿袭了特鲁（1995）的建议，集中力量研究预算的权威性，因为它最有效地反映了政策愿望和政策制定者的决策。与此同时，乔丹确定，非渐进变更在地方政府挑选的职责项目领域是十分普遍的（Jordan，1999）。

本章的焦点

本章通过把焦点集中在如何和由谁来提问的问题上，提出另一个可供参考的观点。更确切地说，是关于预算应当包含的内容及一个与此相关的问题，即预算内容应当被包括在哪一个公共预算中，这两方面的内容都将从公共支出政策的经济视角来考虑。历史上，关于政府在市场经济中所应当扮演的合适角色，或者说应当发挥的合适职能，已经被主流的经济学家争论过多次（Bator，1960，1958；Coase，1960；Thurow，1971；Samuelson，1954）。在对政府角色的认识在大范围内趋于一致时，经济学家对于各政府层级适当的政府职能的争论依然延续着。因而，公共支出水平趋向于依靠预算过程中边际再分配功能来决定（Mikesell，1999；Bator，1958）。

我们认为，公共支出理论是一个以政策为基础的公共预算理论。与渐进主义比较，公共支出理论考虑的是哪些商品和服务或项目该或可能由政府提供，包括在公共财政预算中。同样，公共支出理论提供了洞悉各种项目应纳入联邦、州或地方何种预算，而不是解释最终的预算配置如何解决。另外，基于公共支出理论制定的政策，有可能产生非渐进的预算变更，这样一些由政策驱动的预算调整可能会对由戴维斯、鲍姆加特纳、琼斯、乔丹等人所观察到的非渐进变更有所帮助。

经济政策的功能和公共预算

经济学家都普遍认为，在自由竞争的市场经济中，政府有其基本责任和基础功能。这些功能是：

- 资源配置功能
- 收入分配功能
- 稳定经济功能

首先，我们通过对市场失灵及其连带效应做一个简短的讨论，以此来确定在预算过程中哪一种配置功能更适合公共部门。当然，确立哪种资源配置的政策决策，依赖于联邦、州和地方政府的预算过程。市场的失灵分析可能对哪一类产品、服务或计划应当由公共部门提供给予了指导，关于政府将提供何种物品和服务的决策，应包含到政策决策中来。政府的收入分配功能，在联邦预算的绝对值和相对百分比上都已经得到发展（Mikesell，1999）。政策制定者利用支出预算、税收支出预算和税收政策达到再分配的政策目标（Rosen，1985：353—355）。再者，政策决策将支配公共预算中的再分配支出的性质和水平。自由市场经济中，政府的最后一个功能是稳定经济功能或者说是通过包括支出和收入措施在内的预算政策达到界定宏观经济的目标。

考虑过政府功能之后，这一章的主要议题围绕实现资源配置、收入再分配、经济稳定功能的政策，以及确定适当的政府干预水平的政策理论问题。在政府间行政环境中，同时追求多重政策目标是一个复杂的政策挑战。然而，这类指导决策合理化的预算理论，将可以从适应公共财政支出理论得出。

资源配置功能

在市场中通过供需的动态平衡，决定了最优的产出和多数产品的配置——那些产品都在完全竞争的市场中生产，另外，市场自动地回答了在每一个经济系统中都必须回答的三个经济学基础问题，它们是：（1）生产什么？（2）如何生产？（3）生产出来的产品如何分配？然而，如果竞争模型的假设不满足"帕累托最优"或者社会福利最大化，那么它就可能不会在市场经济中出现，最后成为公共部门在政策过程中分配资源的例子。

存在可以导致市场失灵而不能有效提供物品和服务的4种情况：

（1）公共或集体的消耗性物品和服务的存在；

（2）市场外部效应存在；

（3）自然垄断和不完全竞争；

（4）消费者信息不对称。

上述每种情形和它们之间决定公共预算内容的各种联系，将会在下面部分中作简短论述。

公共产品的例子

公共产品有以下两个基本特征：受益的非排他性和消费的非竞争性。受益的非排他性存在于每个消费者都能平等地得到某种商品时，例如：一场烟花晚会。一个人观赏烟花并不妨碍其他人观赏。由于这些物品不能集中合成或拆分单独地给予某一个体，将任何人排除在公共物品消费之外都是不可能的，或者说代价是巨大的。这就是受益的非排他性。消费的非竞争性则说明在个人消费同一产品时并不存在竞争。增加每一个消费者的边际成本为零。以灯塔为例，多一只船利用灯塔上的光航行，所需要的边际成本为零。船对灯塔光的消费是符合非竞争性的。

拥有这两个特征的产品被定义为纯公共产品。可能出现的情况是受益的非排他性特征存在而消费的非竞争性不存在，又或者是存在消费的非竞争性而不存在受益的非排他性，这样的物品被称为非纯公共产品或者准公共产品。在许多情况下，公共产品或者准公共产品可以而且将会由私人市场提供。然而，大体上说，公共产品很难通过市场提供，因为没有人会被排除在公共产品消费范围之外。个人可以不用付费地消费公共产品，每个消费者都会趋向于掩盖或者低估自身对此类产品的偏好，从而逃避为这类产品付费。消费者都试图成为"搭便车者"——无须付费地消费产品。如果所有公共产品的消费者都这样做的话，那么对此类产品的需求就好像不存在了。所以，这类产品将不会由市场提供。

让我们用一个简单的例子来阐明这种情况，假设史密斯先生和他的9个朋友在乡村买了10英亩地皮。他们计划用1英亩来建房子。现在进一步假设这一块地是一个与世隔绝的地方，没有任何道路或高速公路。更进一步假设，州政府没有想在此地建设公路。可能唯一通往史密斯先生住所的高速公路入口是一条泥泞的小道，那是由建筑公司在建设史密斯先生和他朋友房子时建造的。当史密斯先生住进其新居后的第一个冬天来临时，将会发生什么呢？综合所有可能性，雨雪飘零使得史密斯先生与其邻居通往高速公路的小道变成了泥路，事实上，小道可能已经不能通行了。

假设这种情形发生，其中一位邻居有可能做相关调查，发现铺设一条路只需1000美元。折合每户100美元。进一步假设这一位邻居开始向居住在此的每户人家收取这100美元，直到他来到史密斯家门前，他已经成功收取了900美元。实际上，史密斯先生也希望把路铺好，但假设史密斯先生决定掩饰其偏好成为一个理所当然的搭便车者。他告诉那位来收取100美元的邻居，他拥有一辆四驱吉普车，或者他不介意偶尔陷入淤泥中，他认为如果路铺好他一样能使用它，因为没有人能将他排除在外。当然只有他的全部邻居都不去掩饰他们自身的偏好，史密斯先生才有可能节省出100美元在新铺道路上奔驰。如果邻居也掩饰其自身偏好，那么，公路就不可能建成。

因此，当我们拥有了公共产品，个人对公共产品的偏好，只有通过政治过程或者投票系统来显示，使每个人认识到他们必须接受集体作出的选择。而集体偏好将会通过预算过程来显示。换句话说，当拥有足够的公众支持时，公共产品将成为通过预算程序来处理的特殊性质的公共产品。此外，当政策过程决定了新产品或服务将被提供时，新项目将被设立，非渐进预算变更就可能发生。同样，在决策过程中促进增长的主要项目如教育或国防，预算调整都可以预计到。

外部效应的例子

当外部效应出现时，产品将通过市场过程供给（与公共产品的例子不同），但是，这些产品的市场供给不是多了就是少了。为此，需要政府干预以保证这些产品的产出是"最佳"的。应当再次强调的是，政府的这种干预并不需要政府提供实际产品供应。

外部效应是指经济活动主体的生产或消费行为给其他人带来益处或损害，但经济活动主体并不因此得到补偿或支付代价的现象。商品产生的外部效应是可分开的，还可以通过市场过程进行交换，但这样的市场还不是最理想的。为了更好地理解这一点，我们将考虑消费和生产的外部效应。

假设有两个人，X 先生和 Y 先生，它们的效用函数如下：

$$U^X = U(X^A, X^B)$$

$$U^Y = U(Y^A, Y^B, X^A)$$

由这两个公式，一方面我们可以看到，X 先生通过他自身对产品 A 和 B 的消费获得了效用或者满足，另一方面，Y 先生则不仅通过自身对 A 和 B 产品的消费而获得效用或者满足，同时也从 X 先生对产品 A 的消费中获得效用（也有可能是反效用）。这就是说，X 先生对 A 产品的消费不但进入其自身的效用函数中，同时也进入 Y 先生的效用函数中。这就是消费的外部效应。此外，我们可以说，如果事实上 X 先生的消费增加了 Y 先生的效用，或者说：

$$\frac{\Delta U^X}{\Delta A^X} > U$$

那么我们就得到了一个正外部效应或者外部经济。如果 X 先生对产品 A 的消费是递减的，那么 Y 先生的效用就是：

$$\frac{\Delta U^Y}{\Delta A^X} < 0$$

这样我们就得到了一个负外部效应或者称为负外部经济。

让我们来看这样一个例子，假设 X 先生和 Y 先生是邻居，而且 X 先生喜欢举行聚会：重音乐和活动噪音。假如 Y 先生碰巧也喜欢聚会和重音乐，那么 X 先生的聚会就增加其效用，因此这就成为正的外部效应。但是，相反的，如果 Y 先生不是一个聚会爱好者，X 先生对聚会的消费就减小了 Y 先生自身的效用，因此，一个负的外部效应就出现了。

在其他一些更有意义的例子中，如教育也存在消费的外部效应。

当一个人消费教育时，教育增强了其自身的效用（它增强了他们的生产能力，所以提升了毕生的生产潜力）。但同时，个人的教育消费也增加了社会其他人的效用，因为他们赚取了更多的金钱，交付了更多的税款，成为更好的公民，等等。事实上，这是因为社会上的其他人，也从某个个体对教育的消费过程中获益，所以，我们全体都愿意给个人的教育消费作出补贴，以承担部分的教育成本。

而消费的负外部效应则正好相反。这种情况之下，个体消费者只会考虑自身的成本或者收益，而额外的成本就可能会强加在社会上。因为个体消费者只考虑自身的成本和收益，而不会考虑总的社会成本。所以在私人市场中会出现产品过度消费的情形。因此，就需要政府干预，比如利用税收形式来增加个体消费成本，减少其消费（在小群体中，讨价还价的情形就有可能出现，例如，在财产权建立的基础上，每个人都有参加政党的机会，不为某个个体所剥夺）。我们同时也认为外部不经济不可能完全消除，但是它会在一个效率层面降低，或者说在边际社会收益等于边际社会成本的层面降低。

如上所述，外部效应的存在，如正的外部效应——教育，可能出现公共部门通过预算过程供应产品和服务的情况。在其他的例子中，当负的外部效应产生时，这种情况可能有助于推进通过预算过程建立公共规制机构。在这种情况中，与其他的预算选择相比，预算配置议题包括关于规制活动的规模和能力的决策。这些新产生的部门和/或项目，还可能产生非渐进的预算改变。

自然垄断和不完全竞争的例子

市场也许还不能有效地配置经济活动，因为完全竞争条件得不到满足：一个生产者可能拥有足够的市场份额，让他可以通过改变其生产水平来影响产品的价格（也就是说，他并不是一个价格接受者）。结果如在完全竞争市场中那样，其利润最大化的价格并不等于边际成本。

这种情形可能由下列几种原因引起：（1）经济规模的企业可能相对的市场规模较大，而形成了一个自然垄断；（2）市场（由于多种原因）可能具有寡头垄断的特点（如汽车工业），其中只有少数几家企业在市场居于支配地位；（3）也有可能存在大量的企业，每个企业都有足够的市场供应能力，但是他们面临的是一个倾斜的而非水平的需求曲线。

当生产过程的产出随着投入增加而成倍增长时，经济的规模效益就会出现。例如，如果投入到生产过程中的生产资料翻倍，产出将增加不只两倍，这时平均的生产成本将会随投入增长而持续递减。在这种情形下，由于相应产品的有限需求度的客观存在，只有一个或可能少数几个企业能够继续在市场生存。这就是我们将这样的市场称为自然垄断市场的原因——一家企业将在更低成本下，持续增加产出能力，其结果是将其他竞争者驱逐出市场。

在前面已经提到过，当垄断出现时，价格超出了边际成本，当然，帕累托最优也不可能达到。在这种市场状态下，相同产品的成本比完全竞争市场下的成本更低，而价格却更高。因此，当垄断出现时，政府为提升资源配置的效率而采取干预是必要的。过去已经出现了很多形式的此类干预：（1）反托拉斯立法（例如，谢尔曼和克莱顿反托拉斯法案）；（2）政府规制企业的要价；（3）因为产品是排他和竞争的，政府实际上有可能提供产品，并对产品收取一定费用，就如在自由市场上的情况一样。

在不完全竞争的例子中，企业设置的价格高于边际成本，导致资源得不到最优配置。然而，政府的干预也不一定能改善资源配置。事实上，如果政府干预使得价格趋于与边际成本一致，可能会引起社会福利的减少。例如，石油输出国组织可能制定一项政策，导致石油价格提高。同时，如果人们相信非竞争市场的电力供应价格被"高估"，政府便尝试调整电力价格等于边际成本（MC），这样，相对于石油产品，则会导致电力过度使用。因此，"次优"理论在工业企业和经济部门中的应用是相互依赖的。这就常常使政策制定者处于被动接受一些低效率观点的不利位置。

与预算相关联，这种形式的市场失灵，也是建议设立公共部门行动基金的原因。公共部门也能够提供自然垄断特征企业所提供的产品和服务。另外，如在外部效应的例子一样，有垄断倾向的行业服从预算过程提供基金的公共规制。

消费者信息不对称的存在

最后一种导致市场失灵的情形是由于消费者的无知或者缺少完全信息造成的。消费者没有意识到消费某种特定产品的所有利益或者成本。因此，消费者不能处于有利的地位，去对消费多少产品作出"理性"的选择。思考一下教育的例子。教育更多的是提高个人的外部效益或利益，而不是对教育的直接消费。另外，通常更有可能的是，个体消费者不能完全认识消费教育资源对其自身产生的收益。也就是说，教育收益的消费性质——只要消费就会产生。但更多的教育收益是一种投资性质的，他们除了在将来某个时期外并没有在现在得到增长。就如一个学生考虑要不要进修时，只考虑到了当前的成本和收益。因为许多的成本现在就要承受（缺少零用钱、没有收入、学习厌烦情绪、无聊的老师），而许多的收益将来才出现，乍看起来，似乎成本远远超出了收益，所以，理性的经济决策是不进修。在这种情况下，既然消费者对教育的未来收益是无知的，政府就强制要求 16 岁之前要到学校接受教育，或者对个人教育进行补助，以降低部分成本—收益计算中的成本。

另一个例子，如药品消费。我们中许多人都不清楚消费某一种药品的全部成本。因此，联邦政府设立了食品与药品管理局来规范药品的生产和销售。在实际生活中，某些药品是非法的且不能销售的。于是，我们又看到政府干预的需求，这种干预并不一定包含实际的政府供给。再次干预可能涉及建立一项预算过程引发的政策或项目。

因此，概括地说，供给和需求相互影响决定了完全竞争市场中的最优供给和产品配置。然而，当产品具有公共产品的性质，或当行业具有规模报酬增加的特征或不完全竞争及消费者信息不对称而外部效应增加时，完全竞争市场就不能适当地供给和配置产品。因此，政府供给的存在有其经济合理性，公共部门预算也成了政府干预市场的政策工具。

收入分配功能

如上所述，如果没有出现外部效应、公共产品和消费者信息不对称，完全竞争市场将保证社会达到帕累托最优的理想状态，或者说达到这样一个状态——没有任何人的福利能够在不引起他人效用减少的情况下增加。但现有的要素禀赋（土地、劳动力和资本的分配）、社会品位和偏好以及技术，这些因素都使得现有收入分配难以得到社会认同。所以普遍的观点是，政府通过财政收入和支出措施对资源进行再分配，以确保社会达到道德上可接受的收入分配效果。

是什么决定了现有的收入分配形式？或者说，为什么有些人的收入状况比其他人好？这个问题的部分答案可以从经济学家的边际生产理论得到解答，它告诉我们，个人收入等于其边际生产力。如果某些人的收入比其他人少，那么政策规定就十分简单了——即增加低收入者的生产力（通过教育、更好的医疗保健、就业培训等方法）。此外，由于存在市场不完善，为了提高工人生产率，提升设计计划效率的一系列的计划，如公共就业计划、薪金补贴计划、有效反歧视强制法案都已经被贯彻执行。

与此同时，人们也认识到，个人的生产力水平是一个除了教育和人力资本投资外的多元函数。举个例子，某些人在富有家庭出生或是家庭经济能保证其有较高的收入水平；某些人天生就有极高的智商水平；某些人拥有七尺的身高，可以成为篮球运动员；还有某些人拥有美貌和好嗓子。所有这些例子中，他们都非常幸运，天生就拥有某些特质，允许他们得到更高收入。因此，关键点就是现有的收入分配方式，是部分取决于个人的生产能力，但也与个人的运气有关。

在美国，贫困既是一个绝对概念也是一个相对概念，我们必须承认，在这个国家中确实存在着贫困。现在的问题是，政府可以为现有收入分配制度做些什么？政府可以通过预算过程制订多种方法，在绝对层面和相对层面影响收入分配：税收结构调整，制定特殊支出计划，出台促进经济增长并达到充分就业的宏观经济政策。影响收入分配方式的政策动议，会影响传统、渐进的计划预算调整，这很像是由与公共产品、外部效应和自然垄断有关的政策变化导致调整。

稳定经济功能

资源配置和收入分配的政府职能，主要关注的是基础的微观经济学问题，如生产什么、如何生产和产品分配给谁等问题。然而，稳定经济的职能更多关注的是失业、通货膨胀和经济增长等宏观经济问题。1946 年的充分就业法案正式提出了通过充分就业、物价稳定和一个理想的经济增长率来促进经济发展。这是经济史上第一次提出这样的政策。在此之前，我们并不太在意宏观经济问题。事实上，我们的许多经济理论都假设失业不存在，至少是相当长一段时期内不存在，因为被辞退的工人为了再就业愿意接受更少的工资。这种单方胁迫的工资下降过程，会持续到劳动力市场恢复平衡。因此，工资弹性保证了经济总是恢复到充分就业的平衡。

在 1929—1939 年的经济大萧条期间，劳动力市场并不总是自动调整到充分就业的状态。我们也开始向政府寻求通过货币和财政政策结合的方法来稳定经济。财政政策对稳定经济政策的影响，会周期性地导致大的或非渐进的政策调整。诸如就业计划、高速公路建设和其他能增进就业的基础设施建设计划或项目等，类似的调整有可能在历史预算模式上具有里程碑意义。

总结：经济政策功能和预算

预算是政府和社会基本目标得以实现的现实反映和工具。我们总是尝试只用一项政策工具——预算，去实现不同的政策目标，这使得预算过程非常复杂。政府的职能可能是彼此冲突的。理想状态下，如果我们能有三个独立的预算或者说每个子预算都能独立地指向一种特定的政府职能，那么便不存在冲突问题。举个例子，我们可能喜欢这样一项收入分配预算，其制定者为了表现社会福利功能而制定一项税收转移政策。相反的，也有可能有这样一项资源配置预算，制定者负责确定市场未能在最佳时间提供某些产品，并尽快制定出包含此类产品的预算。最后，我们还想能够有这样的一份稳定经济的预算，其制定者负责制定适当的财政政策和货币政策用以保障充分就业。

而实际上，我们不可能拥有这样三个独立的、严格明晰的预算案，预算计划也不允许政府以自身价值来评估每个目标。更确切地说，一个目标的达成经常以另一个目标的缺失为代价。因此，三个政府职能之间的冲突是有可能存在的。

预算和财政联邦制

因此，我们所谈及的政府，是假设在我们的经济中只存在唯一的政府单位。而实际上，我们知道我们的政治体制是联邦制，它是联邦政府、州政府和地方政府交互作用的混合体。政府通过财政预算过程来达到三个目标，下一个问题是：各级政府应该做什么？

人们通常认为，政府稳定经济的职能应当由联邦政府统一执行。这有两方面的原因。首先，必须有一个中央机构来控制货币供应量；如果每级政府都能够发行和回收货币，就会造成货币供应量的急速扩张。下放经济稳定职能的第二个问题是，州政府和地方政府的财政政策效力还是相当有限的。源自分权经济的支出漏出和州、地方政府无力利用财政赤字，都会限制财政政策的效果。因此，经济稳定职能最好由联邦政府执行已经成为普遍共识。

从公共政策的角度看，当政府稳定经济的职能是否最好由中央执行还存在概念性争论时，州和地方政府早在多年前，就已积极地创造就业岗位和资本积累。早在 75 年前，一些南方的州政府就已开始采用一些诸如产业收益债券、课税津贴、税务减免等政策工具，致力于促进不如其他地区繁华的某些地区发展经济。现今，几乎所有的州和地方政府都将经济发展作为一项主要的公共政策目标。预算支出和税收收入支出都被用来吸引商业和工业进入，从而刺激地方经济增长。这也要部分地归因于实际的中央财政和货币政策并不总能成功地达到我们预想的宏观经济目标：不同程度的经济衰退的存在就是很好的例子。

另外，中央稳定经济政策的工具，从性质上说在应用中也是宏观的。甚至在充分就业和物价稳定的国民经济环境中，不同地区也会有不同的经济繁荣程度。在过去 20 年中，州和地方政策制定者已经开始认识到"滚动性经济衰退"这一概念。就是说，当国家经济总体增长时，不同地区的经济却有可能经历经济衰退和高失业率。在 20 世纪 90 年代早期，这是千真万确的，在金融、保险和房地产等部分经济中，经历着显著的下滑，严重影响了东岸和西岸许多州的经济。当国民经济及其包含的地区经济发展迅速时，东西海岸的经济衰退却被掩盖在国民经济令人悦目的统计数据中。也因此，它没有成为一个中央稳定经济政策的中心。

在许多案例中，州政府和地方政府都想通过直接引入外资的方法，将新资本投资到美国经济中。在其他案例中，州和地方政府的经济发展政策是一个零和博弈，在这个博弈中，州和地方政府为了获取相同的商业和工业增长而互相竞争。有许多经济学文献论述过经济刺激及其在公司决策过程中所扮演的角色。较早的经济学研究往往倾向于认为，这些由州政府和地方政府提出的经济增长的特殊刺激方案，只有在特定的边界范围（即当所有其他决策变量都相等时）内才能彰显其重要性。最近几年，由于全国经济增长不均衡，州和地方政府对于新就业岗位和固定资产的竞争已经变得异常激烈。现今，州和地方政府的经济发展政策，已经成为公共政策决策日常工作的一部分。

关于分配功能是否最好由联邦集中执行也存在着概念性争论。在一个高度分权的财政体制中，由于移民和搭便车问题，州和地方政府各自独立实现不同的收入再分配目标是有困难的。假设有下面这样的两个社区，X社区将收入均衡置于十分重要的地位，它的居民是典型的平等主义者。但在Y社区，自由放任主义则占主流。现在在这个案例中将会发生什么呢？由于X社区高度发达的社会福利系统，Y社区中的低收入者将倾向于移民去X社区。当社会福利成为X社区富人的沉重负担时，他们则倾向于移民到Y社区。因为在那里，他们不需要对社会福利系统付费。如果这种情况极端化，所有低收入家庭都在社区X中（没有可再分配的收入），而所有高收入家庭聚集在Y社区中。因此，一致性和平等性决定了收入再分配政策由联邦执行将更有可能获得成功。

我们还应该认识到，即使由联邦政府执行收入分配职能被认为是最好的，州和地方政府还是会再次通过自身预算支出，对获得这个职能虎视眈眈。实际上，州和地方干预是联邦政策功能范围的拓展，这类政策委托州和地方政府管理和经营我们的许多收入维持项目。当许多此类项目主要由联邦政府资助时，这类政策常常有一个共同性，即它要求州政府共同合作出台公共救助计划，诸如医疗补助方案、困难家庭的暂时性救助等。即使联邦出台相匹配的条文和计划指导方案来消除州际的公共救助项目的差异，但差异和潜在的蒂伯特效应——"用脚投票"确实存在（Tiebout，1956）。

外部性概念（现在指社区溢出效应），暗示了应当由中央政府来执行资源配置职能。以教育为例，我们知道教育是提升外部效应的，也就是说，其他个体而非产品的消费主体从消费中获得效用，那么社区中就可能出现需要教育资源的个体，而非提供教育资源的个体。

举例来说，历史上初级和中级教育都是由地方供给的产品，也就是由县供给。然而，不是每个在本县接受教育的人都会留在该县工作。因此，当这些人搬迁时，就体现了由这个县到其搬迁地的溢出效应，因为搬迁地会免费受益。现在的社区和县就像个体一样，制定消费决策——都只考虑相对于其他社区的成本和收益。社区的这种想法就跟个体一样，都可能导致供给的膨胀或者萎缩。而保证这些产品最优供给的唯一途径，就是扩展决策基准线，在这个例子中，就是由联邦政府供给或配置产品，而不是州和地方政府。

然而，对资源配置职能是否应当在州和地方政府层级执行也存在着一些争论。首先，通常认为单一制形式的政府，其最基本的缺点就是对不同居民和社区的不同偏好不敏感。如果所有的公共产品都由中央政府提供，那么人们可能希望所有社区都是一致的。这有可能造成低效率，因为新奥尔良市的居民并不需要或不想要扫雪机，而布法罗市的人也不会需要飓风保护系统。

其次，分权制下消费者的移动性增强了福利增加的可能性。查尔斯·蒂伯特（Charles Tiebout）提出，在分权制政府系统中，消费者能自主选择供给其符合自身偏好的财政方案（包括税收和公共服务）的社区作为居住地。这就是之前提到的"用脚投票"或者说蒂伯特效应。然而，在所有产品都统一由中央政府提供的体制中，这种个人偏好是无法表达的。

还有一个经常被谈及的观点，就是在分权体制下，在公共产品生产过程中，资源配置职能有可能带来更多的新尝试和更大改革。最终，我们有理由相信，分权能带来更高的效率，因为支出决策与资源成本之间的联系更加紧密，也就是说，纳税人能更清晰地知道他们的钱干什么去了。

能达成资源配置职能的理想政府组织应当将产品配置权交给最能代表产品消费受益者的那级政府。国防明显是使全体国民受益，所以，它应当由中央政府统一提供。邻近街灯受益主要是四邻街坊，所以，它应当由地方政府提供。当然，还存在许许多多的灰色地带，但基本上资源配置职能由多级政府执行，每级政府都对其辖区范围内的居民集体消费产品的消费产出效率水平负有一定责任。因此，资源配置职能是由包括联邦、州和地方政府在内的各级政府执行的。

有效策略

经济支出理论的适应性（"以政策为基础"的公共预算理论的一种）作为一种解释工具成为本章的重点：（1）为什么项目或活动被包括在公共部门预算中；（2）哪一级政府应当对某些公共项目负责或为其制定预算。公共支出理论提供了一个有用框架来理解为什么政府选择某种产品和服务作为公共供应或者将它们列入公共预算。同样，一旦决定了一整套公共产品和服务供给之后，它也可以弥补渐进主义理论在预算变更方面的不足。通过从公共支出理论角度提出假设，关于公共产品偏好、如何最佳管理外部效应问题的态度、政策功能的智慧以及公众对收入再分配的态度等方面的变化，把无论是渐进或非渐进的资源再分配都包含在预算过程中。因此，公共支出的经济理论，拓展了对在"X"和"Y"中进行预算选择的理解。

同样地，公共支出理论在政府各层面上的扩展，为政府各层面预算议题管理提供了指导。各级政府共享公共项目的资金，而理论构筑的责任分配和适当的行政权力配给，则保证了各级政府责任划分的合理性。这样的贡献已经在上面讨论中总结了。

参考文献

Bator, Francis M. "The Anatomy of Market Failure." *Quarterly Journal of Economics*, 72 (August 1958):351.

Bator, Francis M. *The Questions of Government Spending*. New York: Harper Bros. , 1960: 100.

Baumgartner, Frank R. , and Jones, Bryan D. *Agendas and Instability in American Politics*. Chicago: University of Chicago Press, 1993.

Berry, William D. "The Confusing Case of Budgetary Incrementalism: Too Many Meanings for a Single Concept. " *Journal of Politics*, 52 (1, 1990): 167—196.

Caiden, Naomi. "Budgeting for Time-Bombs: Recent General Accounting Office Reports on the Crisis of the Nuclear Weapons Complex and the Savings and Loan Industry. " *Public Budgeting and Finance*, 9 (4, 1989): 83—93.

Coase, Ronald. "The Problem of Social Cost. " *Journal of Law and Economics*, 3 (October 1960): 1—44.

Davis, Otto A. "Towards a Predictive Theory of Government Expenditures: US Domestic Appropriations. " *British Journal of Political Science* (4, 1974): 419—452.

Ippolito, Dennis. "The Budget Process and Budget Policy: Resolving the Mismatch. " *Public Administration Review*, 53 (1993): 9—13.

Jones, Bryan D. ; Baumgartner, Frank R. ; and True, James. "The Shape of Change: Punctuations and Stability in U. S. Budgeting, 1947—1994. " Paper presented at the Midwest Political Science Association, Chicago, IL, 1996.

Jordan, Meagan. "Punctuated Equilibrium as a Comprehensive Theory of Local Governmental Budgeting: The Proof Is in the Tails. " Unpublished Ph. D. diss. University of Kentucky, 1999.

Key, V. O. "The Lack of a Budgetary Theory. " *American Political Science Review*, 34: (1940): 1137—1144.

Lindblom, Charles E. "The Science of Muddling Through. " *Public Administration Review*, 19 (1959): 79—88.

Mikesell, John. *Fiscal Administration: Analysis and Applications for the Public Sector*. Fort Worth: Harcourt Brace & Co. , 1999: 1—10.

Rosen, Harvey S. *Public Finance. Homewood*, IL: Irwin, 1985.

Rubin, Irene. "Budget Theory and Practice: How Good the Fit?" *Public Administration Review*, 50 (1990): 179—189.

Samuelson, Paul A. "The Pure Theory of Public Expenditure. " *Review of Economics and Statistics* 36 (1954): 387—389.

Simon, Herbert A. *Models of Man*. New York: John Wiley, 1957.

Thurow, Lester C. "The Income Distribution as a Pure Public Good. " *Quarterly Journal of Economics* (May 1971): 327—336.

Tiebout, Charles. "A Pure Theory of Local Expenditures. " *Journal of Political Economy*, 64 (1956): 416—424.

Tresch, Richard W. *Public Finance: A Normative Theory*. Plano, TX: Business Publications, 1981.

True, James. "Is the National Budget Controllable." *Public Budgeting and Finance*, 15 (2, 1995): 18—32.

Wildavsky, Aaron. *The Politics of the Budgetary Process*. Boston: Little Brown, 1964.

第 *10* 章

作为一种投资组合的预算

阿曼·卡恩

公共部门预算理论已有久远的传统，尽管它有时前后很不一致。艾伦·维尔达夫斯基在他的经典之作《预算过程的政治学》（1964）中，从一个侧面指出，这种传统大多是建立在对预算行为的传统描述性理论基础上（Fenno，1966；Schick，1975；Ippolito，1978；Shuman，1984；LeLou，1988；Rubin，1990）。虽然描述性理论提出了一种关于预算行为的后霍克（hoc）解释，但却缺乏规范内容以构成大多数政府决策过程的基础（Key，1940；Lewis，1952；Smithies，1955）。从规范观点看，任何涉及预算决策的项目，无论是提供新服务还是扩展现有服务，都须有一个明确或隐含的目标为项目提供基础。预算可直译为一种手段，赋予政府为实现既定目标或目的的活动能力。

这一决策过程的一个重要方面，就是当政府从事某一项目或为其分配资金时，人们通常认为它不是孤立的，而是与其他项目相关联的。描述理论和规范理论都没有认识到，单个决策活动与相反的活动集合之间的这一简单而临界的区别。这一论点隐含的基本原理是，一个项目在孤立考虑时可能不具吸引力，而与其他项目打包合并就变得吸引人了。因此，本章将预算看作现存和新项目的合并或联合过程，并尝试阐述这些组合如何形成政府预算决策。

作为一种投资组合的预算

任何一个熟悉公共预算的人都知道，每年政府预算管理者都会收到各类运作代理人的各种各样的项目资金请求，这些请求大大超出现有资源。需要将项目数量限制在实际可供预算资金内。而这些请求资金的项目数量通常会超出现有资源，那么就有可能将这些项目进行各种组合或打包，这被定义为"投资组合"。一个活动理论上可有 N 种这样的投资组合，每种组合都有自己的预算，由此组成的选择系列，供预算管理者从中作出决策。

将预算视为涉及多种组合的决策训练的观点，与私人部门金融决策中长期使用的投资组合理论一致。20 世纪 50 年代，哈里·马科维茨（Harry Markowitz）为处理风险和不确定性条件下的资产管理问题而发展了该理论，它表明：单个项目（这里指的是资产）可能不被接受，而将它与新增和现有项目综合考虑得出最优组合时，也许值得接受。这种项目间有利的相互作用结果，叫作"投资组合效果"。

预期收益的概念

我们的讨论从一个简单的假设开始，即每项需求资金的政府项目，都有货币或非货币预期收益。预期收益的观念在预算决策中至关重要，因为没有它资金分配就缺乏理性基础。例如，将资金分配给教育时，预期收益可能是尽可能多的孩子接受教育；同样，当资金分配给图书馆、公共安全或交通时，预期收益可能就是读者的增加、交通事故的减少和交通阻塞比例的降低。在每个例子中，预期收益是一种目标价值（例如一个目标），它也许能完全实现，也许不能完全实现。后一种情况可能源于决策者在决策时的未知因素，或者即使决策者随后得知了这些因素，也难以对它们施加足够的控制来影响最终结果。

既然决策者无法确信目标价值能否充分实现，我们可将资产的预期收益正式定义为：项目包含的预期收益率的加权平均值。这些加权在多数情况下，代表将总（预算）资金一定比例分配到一个项目中，对实现目标价值的可能性赋值。显而易见，项目越能实现其目标价值，所赋权重就越大。一般情况下，对于一个包含两个项目 1 和 2 的投资组合，其预期收益可表示为：

$$E(R_p) = E(X_1 R_1 + X_2 R_2) \tag{1}$$

或 $$E(R_p) = X_1 E(R_1) + X_2 E(R_2) \tag{2}$$

其中 R_p 表示投资组合收益，X_1 表示总预算分配给项目 1 的资金比例，$X_2 = (1 - X_1)$ 为预算分配给项目 2 的比例，R_1 和 R_2 则分别表示项目 1 和 2 的收益。

举例说，假设将 100 美元的预算分给两个项目，其中 60％ 的预算分配给项目 1，40％ 分配给项目 2，项目 1 实现目标价值（例如目标）的可能性为 90％，而项目 2 则为 85％。那么，两个项目的投资组合预期收益则为：$E(R_p) = X_1 E(R_1) + X_1 E(R_2) = (0.6)(0.90) + (0.4)(0.85) = 0.54 + 0.32 = 0.86$。这就意味着，由两个项目组成的投资组合加权平均可实现 86％ 的目标价值。在现实中，年终实际收益可能会高于或低于 86％。

包含 N 个项目的投资组合预期收益，可表示为[1]

$$E(R_p) = \sum_{i=1}^{n} X_i E(R_i) \tag{3}$$

这里 $\sum X_i = 1$，即 $X_1 + X_2 + \cdots + X_n = 1$，这保证了全部现有资金被充分配置。

方差和协方差的概念

一个项目不能实现其目标价值表明背离预期。这种背离通常被称为方差，是预期收益离散的统计表达方法。正因为它的随机性，即不可预知性，使一项资产组合的方差通常是与"风险"相伴的定义。风险可定义为某人做决策时所面临的可能性，如赌马或跳伞。风险一词通常似与不确定性互换。两者的区别是，面对风险，决策者可以分配可能性到决策结果上；但在不确定性情况下，就很难这样做。然而，尽管获取有关风险的更多信息可能花费成本，但却可能减少不确定性的问题。于是，对于每项期望收益，理论上有对应的方差或风险来计算与预期值的背离。

作为一个总规则，如果要评估资产或者预算，就需要有期望收益 $E(R_p)$ 和方差 σ_p^2，它们以投资组合中单个项目的期望收益和方差为基础。在投资组合文献中，一项资产的方差不仅表示背离预期值，还表示所有项目中的协方差。协方差是计算一对项目融合或分离的程度，换句话说，它测量投资组合中一对项目相互作用的效果。

两个项目的投资组合方差，可表示为[2]

$$\sigma_p^2 = X_1^2 \sigma_1^2 + X_2^2 \sigma_2^2 + 2X_1 X_2 \sigma_{12} \tag{4}$$

这里 σ_p^2 是投资组合方差，X_1 和 X_2 是总预算中分别分配给项目 1 和项目 2 的预算比例，σ_{12} 是协方差，或者说是项目 1 和项目 2 的相互作用。注意等式（3）中三个项都表示风险：项目 1 的风险，项目 2 的风险以及项目 1 和项目 2 相互作用的风险。因为这三项都代表风险，那么方差就代表投资组合的总风险。

为了阐明这一观点，让我们回到两个项目投资组合的例子。项目 1 的方差（σ_1^2）是 0.020，而项目 2 的方差（σ_2^2）是 0.015，这两项的协方差（σ_{12}）是 0.005。后一项数据表示相互作用的效果，也就是两个项目相互作用构成其投资组合的风险。因此，利用等式（3）的项，我们可以计算投资组合的方差是：$\sigma_{12}^2 = X_1^2 \sigma_1^2 + X_2^2 \sigma_2^2 + 2X_1 X_2 \sigma_{12} = 0.6^2(0.90) + 0.4^2(0.85) + 2(0.6)(0.4)(0.005) = 0.324 + 0.136 + 0.00 = 0.462\,4$。如果我们使用这个系数的标准偏差（因为一项方差总是用平方数表示），那么这项投资组合的风险就是 0.68

或 68％。这个数看起来可能相当高，但这大多取决于决策者依据风险收益组合来看待它的标准。

因为一个随机变量本身的协方差就是它的方差，因此，一个包含 n 项投资组合的方差，可表示为

$$\sigma_p^2 = \sum_{i=1}^{n} \sum_{j=1}^{n} X_i X_j \sigma_{ij} \tag{5}$$

这里 i 和 j 表示这项投资组合里的所有项目。注意为了计算协方差的方便，所有项目都被组合成对。

协方差可为正数、负数或者为零。当两个项目的预期收益同方向发展时，协方差为正数。例如，有一对项目 1 和 2，如果当项目 1 高于预期值 $E(X_1)$，而项目 2 也高于预期值 $E(X_2)$ 时，那么项目的共变为正数（$\sigma_{ij} > 0$）。同理，当项目 2 高于预期值 $E(X_2)$，而项目 1 低于预期值 $E(X_1)$ 或相反时，那么这些项目之间的共变为负数（$\sigma_{ij} < 0$），反之亦然。然而，当协方差为零时，各项目依据预期值的运作是彼此独立的，也就是说，一个项目不能对另一个产生干扰（$\sigma_{ij} = 0$）。

在建构投资组合中，多数决策者偏好负协方差而非正协方差，这是因为在其他条件相等时，正协方差会使 σ_p^2 增大，负协方差则使之变小。换一种方式说，负协方差使两个项目的预期收益朝相反方向发展，在投资组合中可减少风险（比如方差），这使它受到决策者青睐。但值得注意的一点是，以 σ_p^2 表示的协方差的符号和数量在很大程度上决定着投资组合得来的利润。

优势的概念

关于预期收益和方差的讨论，将我们带入投资组合理论的另一个重要概念，即优势。优势是一个或多个项目在投资组合中优于其他项目的一种状态，意即面对多个项目的情形，决策者往往对投资组合中某些项目的偏好多于其他项目。这些偏好项目优于非偏好

项目。

在投资组合理论中，优势背后的深层理念是基于预期收益和投资组合项目的风险，作出尽可能好的决策的愿望。例如，当我们支付一种商品的费用减少时，无论出于什么原因，都会增加我们对此种商品的收益。因此，购买此种商品时，要计算的活动成本包括支出费用和预测的风险值。对政府来说，分配到投资组合中不同项目的资金，不仅要反映预期收益，其配置还要反映为这些项目作出的风险最小的假设（比如方差）。

基于投资组合理论的简单知识，我们将讨论延伸到多项投资组合，并尝试解释这些概念在一系列有效投资组合或预算的最佳决策中所起的作用。

有效投资组合（预算）

当个人作出决策时，很难确切知道他或她所作的决定正确与否。既然没有方法确保预期收益最终转化为已实现收益，那么决策者就必须在风险（比如方差）和收益（比如其目标价值）间加以权衡。这种情形也适用于政府的预算经理。当面对几个不同的投资组合或预算进行选择时，预算经理总希望能选择预期收益最大化而方差最小化的投资组合项目。也就是说，在给定预期收益的情况下，选择的投资组合方差最小，或在给定方差的情况下，选择预期收益最大的投资组合，这是有效率的。

假设预算经理拥有一定数量的资源，比如资金，他或她可将其分配给各种可能的投资组合中的任一项，但这些组合中只有一些是有效率的。如果不存在另一项投资组合有更高的预期收益和更低的方差，我们就可界定这项投资组合是有效率的。在理想状态下，一个精明的经理会尽可能地清除潜在投资项目（预算）序列中无效的，而保留有效的。这从图 10.1 可见，线 AB 表示有效投资组合序列。[3]

如图所示，投资组合位于效率界线以下是无效率的，而投资组合位于效率界线以上的资金是不可获得的。

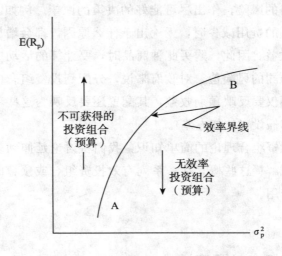

图 10.1　效率界线

　　这对预算经理来说是一个引人注意的困难选择，他们必须在投资组合中选择最好或最优的组合。在很大程度上，问题的解决可从效用理论（Schlaifer，1969）中去寻找。效用理论在本质上试图去形式化理性决策，以使决策者在可供选择的投资组合中指出其偏好。[4]决策者附加在这些可选项目（可以是货币或非货币的）上的价值，综合了所有相关决策条件。这些条件通常被认知为"一致性公理"或"选择性公理"，使人们得以建立效用指数，用于预测在风险性或不确定性条件下的个体选择。

　　这些公理的本质由以下内容构成：

　　（1）无差别。对于任意两个选项（X 和 Y）来说，决策者可偏好其中某一项目（如偏好 X 多于 Y；偏好 Y 多于 X），或者是在两者之间保持无差别。

　　（2）替代。对于任意两个选项（X 和 Y）来说，假如决策者在两者中保持无差别，那么它们中的一个就可以替代另一个。

（3）转移。对于任意三个选项（X、Y 和 Z）来说，假如偏好 X 多于 Y，而偏好 Y 又多于 Z，那么偏好 X 肯定多于 Z。

（4）组合。[A] 对于任意三个选项（X、Y 和 Z）来说，假如决策者偏好 X 多于 Y，偏好 Y 多于 Z，那么就存在 X 和 Z 的概率组合偏好多于 Y，X 和 Z 的概率组合偏好少于 Y，以及决策者在 X 和 Z 的概率组合中无差别于 Y。[B] 对于多于三个选项来说，假如决策者偏好 X 多于 Y，偏好 Z 多于其他项目，那么 X 和 Z 的概率组合偏好就多于 Y 和 Z 的概率组合，等等。

假如决策者遵守这些公理，那么他使效用最大化的设想也是合理的。这意味着理性决策者总会选择效用最大化的选项，也即带来最大满意度的选项（Shoemaker，1982）。值得注意的是，实际上并不需要个人作出公理或计算可选项目的效用。设置它们仅为确认个体行为与公理一致时，其决策与效用最大化保持一致。然而，一些很可能背离公理原则的选择行为也确实存在（这里不作讨论）。这就产生了自相矛盾。尽管与这些矛盾相关的杰出理论[5]出现了很长时间（Arrow，1950，1971），但仍未找到被普遍接受的消除矛盾的方法。

然而，有趣的是，个人作出的选择通常是主观的，这使我们难以用精确的可操作性术语来详述其效用函数。为了避免这种问题，理性决策者总会尽量选择风险最小的可选项目。这种类型的决策者被认为是"风险规避者"（Raiffa，1971）。对风险规避决策者来说，图 10.2 是一组效用曲线，称为效用等产量线。等产量线是预期收益和方差在同样的效用下的组合。也就是说，在同一曲线上，任何预期收益和方差组合的效用都是相同的。这个图还说明，效用随着效用曲线从较低处往较高处移动而增加。这意味着尽管预期收益和方差的组合在曲线 U_3 上有相同的总效用，但这个效用要比在 U_2 上的组合总效用要高得多，同理，U_2 上的组合效用也比 U_1 的高。因此，$U_3 > U_2 > U_1$。

现在要确定最优投资组合，只要简单地将图 10.1 加入图 10.2，

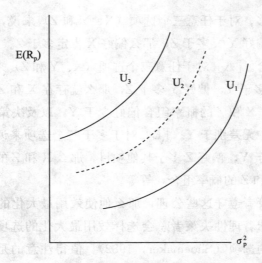

图 10.2 效用曲线（等产量线）

就会找到两图相交的一点，如图 10.3 所示。如图所示，要使一项投资组合最优，那么它必须在效率界线和最高可获效用等产量线的切点上，即图中的 Q 点。在这点上，决策者获得了可用资金范围内最高水平的满意度。假如除了预算经理外还有其他的决策者，那么每个效用函数不同的决策者会在其他切点上获得最大满意度。

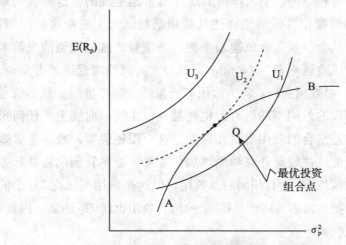

图 10.3 最优投资组合（预算）

重要的是，我们的最优投资组合（预算）也是优势投资组合，因此，在预算经理可用资金范围内，风险值（如方差）相同，则无其他投资组合预期收益更高，或预期收益相同，则无其他投资组合风险值（方差）更小。

理论的局限性

尽管投资组合理论似乎并不复杂，但将其应用于公共预算却面临困难。这些困难至少来自三个不同方向：两个是理论上的，一个是经验上的。第一个困难，是在确定最优投资组合时效用最大化原则的适当性，这在实际上可能不是一个限制；第二个困难，是这项理论应用于包括不可分割项目在内的所有项目，这是预算经理真正头痛的问题；第三个困难，是预算经理如何应付项目数目增多的情况，这更多是经验上的问题。下面我们简短地阐述这些问题，并检查下述关注点。

效用最大化原则的适当性

用效用最大化原则来解释组织中决策者的行为并不新鲜。例如，奥立弗·威廉姆森1964年用此原则预测私人组织、特别是企业的经理行为。在威廉姆森模型中，经理将在最小利润约束条件下最大化他们自己的效用。这个模型对经理行为的预测在很大程度上依靠一种假设，即为经理创造效用的是什么。威廉姆森指出，经理从员工规模的增大以及股东的利润中得到效用。前者被认为是必要的，因为更大的员工规模通常与更高的经理薪水相关联，而后者则给经理带来骄傲或成就感的满足。

在威廉姆森理论基础上，尼斯坎南（1979）提出了第一个针对政府决策者（大多是官僚主义者）的正式模型。尼斯坎南假定官僚会最大化其部门总预算来最大化其效用。与威廉姆森一样，尼斯坎南也认为，提高官僚效用水平的所有可能因素（如更高的工资、更大的权力、更高的权威，等等）都与部门预算正相关。然而，部门的规模是有限的，因为它必须提供期望的产出数量，而那些承诺高于其产出的部门，则会在将来的拨款中吃亏（Warren，1925）。

随后，米格和贝朗格（Migue and Belanger，1974）对尼斯坎南提出了批评：假如尼斯坎南假定的官僚部门预算最大化是正确的，那么，只有那些对生产力有贡献的支出会发生，因为它们对产出有直接竞争力。依据专家所言，官僚政治行为模型必须考虑的可能性，即官僚会将部分预算用于提高效用的必备条件（如更高的工资、更多的闲暇等），尽管这可能增加官僚部门的边际生产成本，影响官僚部门决定生产的产品数量。

另一些人，如罗戈夫斯基（Rogowski，1978），则认为官僚并非总是通过最大化部门预算来使其效用最大化。除了预算最大化因素外，其他因素同样会引导官僚最大化其效用的行为。举个例子说，一个官僚对其服务组织的使命有深深的责任感（Down，1967），又或者仅为专家理性所驱动，这种组织内的自我提升比预算增长强得多（Margolis，1975）。这两个例子都表明：官僚确实会使其效用最大化，但不一定要通过官僚部门规模最大化来达到。

这里所建议的预算经理效用最大化的行为，并不是要完全消除威廉姆森、尼斯坎南或其他人的建议。在我们的预算行为模型里，经理的效用有两个主要来源：预期收益和风险。在较低风险（方差）下，预期收益（目标价值）的增加能够为经理们所执行的特殊投资组合增加利润（与有利于股东的最低利润水平相似），从而增加预算经理的收益。如果我们相信传统看法，那么，就是这种收益最有可能提高预算经理的效用水平，而对有献身精神的预算经理来说则无足轻重。

对不可分割产品的应用

第二个问题是关于投资组合理论对所有公共产品的普遍适用性。对其应用人们得格外谨慎。这项理论只对那些可分割的项目有效，以致这些项目各单位都可获得相同水平的预期收益和方差。事实上，政府有大量符合这一条件的例子（如学校午餐供应的数量、治愈的病人数量、循环利用的书籍数量、防止的事故数量、发放的许可证数量、提供的水数量、回收的垃圾数量等）。这些项目的效率界线是一条连续的线，而这个权重方法反映预算分配给各个项目的百分比。

但是，有大量项目（如铁路、桥梁、公路、楼房、设备等）因粗笨或不可分割性，很难被拆分为预期收益和方差相同的分割单位。因此，它们只能被作为一个整体而非部分，即整体收益和整体方差被接受或否决。换句话说，经理不能获得这些项目 62％的收益和 38％的方差。因此，图 10.1 所表示的线的连续性只对可分割项目有意义。而将同样的逻辑应用于不可分割项目上就是不现实的（Baum et al.，1978）。

避免这个问题的一个方法，就是在整数工程中使用一种包含赋值 0 或 1，即表示无或所有的权重方法。这种像整数工程采用的方法会很有用。通过要求这些项目被全体接受或否定，整数工程可以纠正因部分或小部分接受不可分割项目所带来的问题。韦因加特纳（Weingartner）在 1963 年的一部著名作品中，首次提出马科维茨的方法加上决定变量是二元的限制后，可应用于不可分割产品。按照韦因加特纳的观点，当找到满足限制条件的决定矢量后，就可以得到效率界线的解法，达到最大化。

$$\mu - \lambda\sigma^2 = \sum_i \mu_i x_i - \lambda\sum_{ij} \sigma_{ij} x_i x_j, \quad \lambda \geqslant 0 \qquad (6)$$

其中 $x_i = 0$，1

这里：μ＝预期总体收益；σ^2＝总体收益方差；μ_i＝项目（资产）

i 的预期收益；σ_{ij}＝项目（资产）i 和 j 收益的协方差；而假如项目（资产）i 被选中的话 x_i＝1，否则为 0。在上面的方程式中，方差 σ^2 代表风险的值。因此，λ 可以看作是风险排斥的值或预期收益、风险之间的权衡，后者由 σ^2 给出。

这个问题还存在其他的公式表示，并且从韦因加特纳的最初著作提供对其模型的支持后，关于整数工程的文献资料急剧增长。

处理数量很多的项目

第三个即最后一个问题，是在投资项目数量增多时如何应用投资组合理论，这是三个问题中最复杂的。预算经理需要处理的项目数量增多的情况是很有可能的。因此，我们必须对一组数量相当多的投资组合效率进行决策。在这种情况下，经理按照可接受收益的最小值表达其偏好，如同在区间概算一样，被定义为置信水平的下限。这个下限可用以下方式表示：

$$CL_i = E(R_P) - W\sigma_P \tag{7}$$

其中 CL_1 是置信下限，W 是经理优先选择的常数，表示概率分布状态中的标准差。$E(R_p)$ 和 σ_p 分别是一项投资组合的预期收益和标准差。

经理为使预算收益不会下降而设一个下限门槛。依据设置的收益最小值，W 表示预期收益下面的标准差。换句话说，通过赋值给W，经理可为其愿意接受的风险给预算设置一个最小可接受收益。例如，假如 W 设为 1.58 的标准差，它意味着对收益降到低于最小可接受水平，经理愿意接受仅为 2.805 个百分点的可能性（假设是标准正态分布），概率可从任何一本标准统计教科书的 Z 表查到。当最小可接受收益（CL_1）对给定预算增加时，会使从中选择的有效组合数量减少，这可能毫无意义。当可供考虑的有效投资组合变少时，效率界线同样也会变小。

结论

　　这一章简短地讨论了公共预算中的潜在投资组合理论，特别是当它与预算决策相关联时。从 20 世纪 50 年代发展以来，投资组合理论就被广泛地应用于商业文献。当应用于预算时，这个理论似乎很行得通，虽然我们必须谨慎使用它。这里所讨论的政府预算要求，与财务经理用以决定如何最佳配置定额资金的投资组合是非常相似的。为使投资组合被接受，它必须是有效率的。不是所有的投资组合都是有效率的，但有些会是，这取决于它们为决策者产生的风险和收益的数量。政府的预算经理面临的问题，是如何从一系列有效投资组合中选出最有可能或最优的投资组合。投资组合理论建议，在选择投资组合时，政府的经理应该像私人部门的经理那样做，即选取风险收益组合中最大化其效用的投资。

【注释】

　　[1] 等式 3 实际上是等式 2 在 n 个项目投资组合中的扩展。这两个等式都基于两个基本条件：(1) 常数 k 和随机变量 X 乘积的预期值等于常数 k 乘以这个随机变量的预期值的结果：$E(kX)=kE(X)$；(2) 两个随机变量 (X 和 Y) 的预期值等于它们的预期值的和，即：$E(X+Y)=E(X)+E(Y)$。

　　[2] 这个表达式是建立在以下普遍接受的条件上的：(1) 常数 k 和随机变量 X 的乘积的方差等于常数的平方乘以随机变量的方差，即 $\sigma^2(kX)=k^2\sigma^2(X)$；(2) 两个或更多随机变量的和的方差，比如 (X，Y 和 Z)，等于它们各自的方差加上任意两个随机变量组合的协方差乘以 2 的和，即：$\sigma^2(X+Y+Z)=\sigma_x^2+\sigma_y^2+\sigma_z^2+2\sigma_{xy}+2\sigma_{yz}+2\sigma_{xz}$；(3) 一个常数和一个随机变量组成的一对项目的协方差等于两个常数的乘积乘以两个随机变量的协方差，即 $Cov(kX, lY)=klCov(X, Y)$。注意条件 (2) 意味着对一项投资构成来说，比如 8 个随机变量 (在例子中指项目)，就会有 8 个方差和 28 个相互作用的组合或协方差，即：$[n(n-1)]/2=[8(8-1)]/2=28$。随着投资项目的增多，协方差的数量也会呈几何级数增长，带来计算问题。这个问题可以用一种称为

索引的方法来纠正，它利用一些预先确定的特性来评估所考虑的投资。

　　[3] 效率界线描绘出在一个风险—收益组合空间里的合意的投资组合。界线的形状及其在风险—收益轴中的空间位置，取决于投资组合中所考虑的项目数量及它们之间的相关程度。

　　[4] "效用"一词对不同的使用者有不同的意义。就运动而言，如接球者的效用，它表示一个可以在多个位置比赛的选手。就微观经济学而言，它表示人们在消费不同份额的商品时所得到的满足感（如个人保险抚恤金）。在决策分析方面，这个词倾向于表示决策者对给定结果的偏好。为了避免多重解释的问题，决策理论家使用"偏好"一词来代替"效用"。

　　[5] 这就是著名的"阿罗不可能定理"。

参考文献

Arrow, K. J. , *Essays in the Theory of Risk Bearing*. Amsterdam, Netherlands: North Holland, 1971.

Arrow, K. J. *Social Choice and Individual Values*. New Haven, CT: Yale University Press, 1950.

Baum, S. ; Carlson, R. C. ; and Jucker, J. V. "Some Problems in Applying the Continuous Portfolio Selection Model to the Discrete Capital Budgeting Problem." *Journal of Financial and Quantitative Analysis*, 13 (June 1978): 333—343.

Downs, A. *Inside Bureaucracy*. Boston: Little Brown, 1967.

Fenno, R. F. *The Power of the Purse*: *Appropriations Politics in Congress*. Brown, 1966.

Ippolito, D. S. *The Budget and National Politics*. New York: W. H. Freeman and Co. , 1978: 81—108.

Key, V. O. "The Lack of a Budgetary Theory." *American Political Science Review*, 34 (December 1940): 1137—1140.

LeLoup, L. T. "From Microbudgeting to Macrobudgeting: Evolution in Theory and Practice." In I. S. Rubin (ed.), *New Directions in Budget Theory*. Albany: State University of New York Press, 1988: 19—42.

Lewis, V. B. "Toward a Theory of Budgeting." *Public Administration Review*, 12 (winter 1952): 43—54.

Margolis, J. "Comments (on William A. Niskanen, 'Bureaucrats and Politicians')." *Journal of Law and Economics*, 18 (December 1975): 645—659.

Markowitz, H. M. "Portfolio Selection." *Journal of Finance*, 7 (March 1952): 77—91.

Markowitz, H. M. *Portfolio Selection*: *Efficient Diversification of Investments*. New Haven: Yale University Press, 1959.

Migue, J. L. , and Belanger, G. "Toward a General Theory of Managerial Discretion. " *Public Choice*, 17 (spring 1974): 29.

Mosher, F. C. *Program Budgeting: Theory and Practice*. Chicago: Public Administration Service, 1954.

Niskanen, W. A. , Jr. , *Bureaucracy and Representative Government*. Chicago: Aldine-Atherton, 1971.

Raiffa, H. *Decision Analysis: Introductory Lectures on Choices under Uncertainty*. Reading, MA: Addison-Wesley, 1970.

Rogowski, R. "Rationalist Theories of Politics. " *World Politics*, 30 (January 1978): 296—323.

Rubin, I. S. "Budget Theory and Budget Practice: How Good the Fit?" *Public Administration Review*, 50 (March/April 1990): 179—189.

Schick, A. "The Battle of the Budget. " In H. C. Mansfield (ed.), *Congress against the President*, *Proceedings of the Academy of Political Science*, 32 (fall 1975): 51—70.

Schlaifer, R. *Analysis of Decisions under Uncertainty*. New York: McGraw-Hill, 1969.

Shoemaker, P. J. H. "The Expected Utility Model: Its Variants, Purposes, Evidence and Limitations. " *Journal of Economic Literature*, 20 (June 1982): 529—563.

Shuman, H. E. *Politics and the Budget: The Struggle between President and Congress*. Englewood Cliffs, NJ: Prentice Hall, 1984.

Smithies, Arthur. *Budgetary Process in the United States*. New York: McGraw-Hill, 1955.

Warren, R. S. "Bureaucratic Performance and Budgetary Reward. " *Public Choice*, 24 (winter 1975): 51—58.

Weingartner, H. M. *Mathematical Programming and the Analysis of Capital Budgeting Problems*. Englewood Cliffs, NJ: Prentice Hall, 1963.

Wildavsky, A. *The Politics of the Budgetary Process*. Boston: Little Brown, 1964.

Williamson, O. E. *The Economics of Discretionary Behavior: Managerial Objectives in a Theory of the Firm*. Englewood Cliffs, NJ: Prentice Hall, 1964.

Winkler, R. L. *Introduction to Bayesian Inference and Decision*. New York: Holt, Rinehart, and Winston, 1972: 260—264.

第 *11* 章

间断平衡：基于议程的预算理论

米根·M. 乔丹

V. O. 科伊（1940）将预算描述为是否将更多资源分配给项目 X 而非项目 Y 的决策过程。同样地，他认为预算是一个决定谁得到什么和得到多少的过程。换句话说，公共预算是优先与约束的反映——什么可以提上议程而什么不可以。间断平衡是一个相对较新的理论，它体现了对提到议程上的优先权的控制和转换的成果。

渐进主义成为最流行的预算理论，很大程度上应归于维尔达夫斯基（1964）以及戴维斯、邓普斯特和维尔达夫斯基（1966，1974）的著作。尽管渐进主义承认预算的较大变动会偶然发生，但预算的特性是基于多数预算的变动较小的事实。然而，我们需要另一个理论来解释频繁的变动与偶然的大变动。本章探讨的间断平衡理论概念，就涵盖了所有的这些变动。

鲍姆加特纳和琼斯（1993）提出了"间断平衡"的概念，它既表达了渐进主义又包括大的预算变动。此概念声称存在着一种平衡状态，即平衡经过间断性的变动重新实现平衡的状态。这种平衡状态是渐进变动中的稳定期。间断是平衡规范的打破，正式议程的不稳定期为大变动创造了一线机会。

本章介绍的预算间断平衡理论，是比渐进主义更综合的替代理论。作为一种基于议程的理论，我们将讨论间断平衡的基础，以及这个理论在公共预算中的应用。

渐进与间断

间断平衡承认议程稳定的重要性。这种稳定并不意味着缺乏运动，而是对现状的微调。这些微调或渐进描述了议程中最普通的运动。渐进主义因这种微调倾向而常常被用来描述政策制定。

西蒙（Simon，1957）和林德布洛姆（Lindblom，1959）的渐进主义基础，是基于人们理性而全面地解决问题的思维能力的有限性。并没有一个严格一致的要求或已制定的标准来确定问题、目的、目标和优先权。这些概念可能大多取决于决策者的环境、经验和价值观。如果两个人对是否存在某个问题缺乏共识，那就不可能在解决这个问题上达成一致。

这种冲突的倾向是渐进主义的一个重要方面。政策制定者通过将选择限定在先决条件仅有微小差异的范围内来减少冲突，从而减少对选择的否决。此外，渐进调整较易逆转。

预算的渐进主义

"渐进主义是近 30 年来处于支配地位的描述公共预算的理论"（Gordon，1990：152）。维尔达夫斯基（1964）将渐进主义看作是政治的结果，同时将注意力集中在预算政策制定上。政治上有赢家和输者，因而存在冲突。渐进政策因其更具政治灵活性而成为谈判的必备工具。在渐进政策制定中，人们无须决定这些支出的去留，取而代之的是对原有支出决策的小改动成为正常现象。

由于预算渐进主义表现了预算基础的小变动，因而预算经常被历史数据左右。渐进预算的本性是回避对预算要求的全面审查。沙坎斯基指出："对部门支出基础正当性的询问，总会引出无数以前协商过的复杂议题和决定"（Sharkansky，1969：201）。因此，渐进主义不仅是一种协商的方法，而且是一种回避的方法。沙坎斯基认为，预算政策制定者之间仍存在着争议，然而渐进主义允许预算结果从争议中分离出来。

尽管许多关于渐进主义的经验研究集中于联邦或州的层面（Davis et al.，1966，1974；Lowery，Konda，and Garand，1984；Thompson，1987），但它同时作为地方层面的描述性理论也相当普及。布朗和哈拉比（Brown and Halaby，1984）、麦克唐纳（McDonald，1984）以及麦克道尔和洛夫汀（McDowall and Loftin，1984）认为，城市政府的财政多被渐进主义而非经济力量、意识形态和政治制度的改变所影响。影响城市支出的主要力量是前一年的支出。

着眼于地方的权威人士，克莱曼等人（Kleinman，Eastall and Roberts，1990）下结论说，渐进主义更多地与总预算而非单一功能相联系。乔丹（Jordan，1999）通过对过去 27 年间辛辛那提市的总支出和公路支出情况的研究对这一点作了进一步阐述。如图 11.1a 所示，这个城市的支出并没有大波动。几乎过半的支出变动都在 5％以内，只有 4％的支出变动超过 10％。而图 11.1b 则描述了单一功能更大的发散性。公路支出变动过半数以上大于 10％。这表明，在辛辛那提市的总预算中，支出优先权发生了转变。

当预算政策制定的渐进性被广泛接受时，也有例子表明，渐进主义并没有适当描述预算活动。凯顿（Caiden，1989）在提出如何为"时间炸弹"做预算的问题时，特别阐述了渐进主义的适当性。她将"时间炸弹"定义为现在或潜在的灾难，它需要吸纳大量资金。"时间炸弹"发生的原因在于渐进主义是制度化的。解决问题的方法以回避或忽略长期基本议题、僵局或悬而未决的事的解决为特征。

凯顿（Caiden，1989）还特别提到了核武器储存以及存贷款崩溃；然而，授权计划也可成为滴答响的"时间炸弹"。渐进主义没有

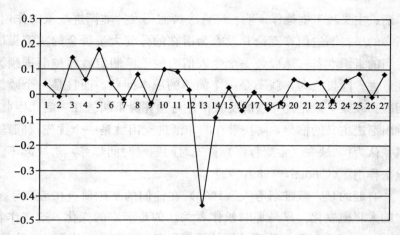

图 11.1a　辛辛那提市：1966—1993 年总支出的变化

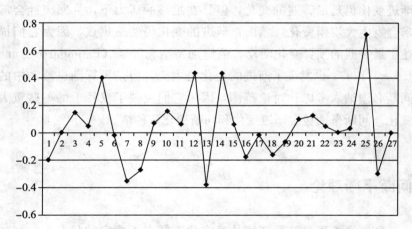

图 11.1b　1966—1993 年公路支出的变化

把授权计划纳入考虑范围（Rubin，1990）。无论如何，支出方面需求作大调整，源于支出公式构成中的人口统计数字经常变动。正如伊波利托（Ippolito，1993）、多伊尔和麦克卡弗里（Doyle and McCaffery，1991）所指出的，预算改革立法通常都不包括授权计划，如医疗和社会保障，所以问题继续恶化。随着授权计划的增加，渐进主义变得越来越不重要和不实际（Gist，1974）。

舒尔曼（Schulman，1975）列举了美国载人太空计划例子，为非渐进主义政策框架作证明。综合决策需要发挥非渐进政策的作用。不幸的是，渐进预算理论并没有为潜在的分配大量资金的决策提供适当的组织准备。然而，一个令人信服的政策制定者超越渐进预算观点去冒险投资时，就不是一个简单的成本问题，而且是一个政策问题。政策决策是优先权的反映，并与预算决策纠缠在一起。因此，跳出渐进主义的框架，解决潜在的非渐进支出就是一个优先权问题。凯顿认为："缺失（常规程序）首先对问题（时间炸弹）解决起不了丝毫作用"（Caiden，1989：92）。

有趣的是，戴维斯等人（1966）在他们的基础研究中发现了支出的大规模变化。只是那时候作者关注的是渐进的变化。这些作者（Davis et al.，1974）后来才开始仔细研究那些变动。他们的结论是：渐进变化仍是最普遍的变化，但是在足够的压力下，为回应社会需求会发生大规模变化。然而，渐进的变化仍然是焦点，因为它们描述了最普通的预算变化活动。鲍姆加特纳和琼斯（Baumgartner and Jones，1993）也发现了渐进的变化是主流，但是预算渐进流动中的间断必须纳入考虑和讨论范围，因为它们反映了议程上的一些重大变化。间断平衡包含渐进变化和间断变化两种情况。

间断平衡理论

间断平衡理论涉及环境从稳定状态转向不稳定的状态。鲍姆加特纳和琼斯（Baumgartner and Jones，1993）的结论是：当组织化努力（或动员）成功地动摇现状时，就会产生不稳定。在这种情况下，短期的渐进政策制定是不够的。足以突破现状的强大力量包含着非渐进反应的必要动力。

基于议程的理论

间断平衡是一个基于议程的理论。官方议程是为了制定政策和执行所选政策。决定哪项议题被提上议程的过程是竞争性的。这种竞争源于决策者认识的局限性。如同渐进主义一样，间断平衡也认可决策者处理信息能力的有限性，决策者不可能同一时间应付所有的问题。因此，在议程设置过程中，成功的参与者总会使议题得到处理，而其他人则不会。在常常拥挤的政治环境下，某些议题没有被议程接纳是可以理解的。因此，引人注意是如此重要，以致议题能够脱颖而出。

金顿（Kingdon，1984）探讨了将问题引起决策者关注的三个机制。第一个机制是指标，如婴儿死亡率或者项目支出模型。指标被用来评估问题的重要性以及确定问题的变化。标识的变化可能意味着系统状态或条件的改变。比如，婴儿死亡率的增加可能表明需要为胎儿保健提供更多的基金。

第二个机制是焦点机制，它包括事件、危机和象征。焦点机制既可作为加强前期观察的早期警报，又可与其他事件联合吸引注意力。这一机制的一个例子就是纽约世贸中心和俄克拉荷马的爆炸事件。这两个焦点事件或危机，使人们关注国内恐怖主义和联邦执法机构的专项基金。

第三个机制是反馈机制。这个机制通过对情况做出反应来提供信息。正式反馈可包括系统化的监控和评价研究，而非正式反馈包括市民投诉。因为反馈可能是积极或消极的，所以官僚试图凸显或限制流向政策制定者的反馈流。

议题吸引注意力的关键是问题的界定。对问题的界定影响到决策者对问题的看法，继而会影响到他们是否解决或如何解决这一问题。问题界定就是尝试将问题放在一个特定情境或相关框架中，使问题的影像变得更清晰。施奈德和英格拉姆（Schneider and Ingram，1993）认为，影像决定了议题是在消极的还是积极的情境下被考虑。罗塞福和科布（Rochefort and Cobb，1993）也指出，对诸如紧急或新奇事物的描述能提高注意力。

波茨（Portz，1996）研究了问题界定在教育政策应用中的重要性。他的结论是，并非所有问题都能得到平等的界定。一个有着强大倡议者的问题界定更可能进入议程的顶端。金顿（Kingdon，1984）将这些倡议者视为政策企业家。就像商业企业家一样，政策企业家愿意投入时间、精力、金钱和名声来提升人们的观念信仰，推动一项政策进入官方议程。他们这样做的理由，可能出于个人利益，比如晋升或保住目前的代理或职位，而政策企业家的参与对议题提升到议程中起着决定作用。纳齐兹和巴普（Natchez and Bupp，1973）举了一个例子，来说明政策企业家的早期概念。他们认为，联邦官僚机构的议程设置，在本质上是资本主义的，它是在进攻性企业部门主管的帮助下，成功地建立了政治支持。这些政策企业家保护他们的资源远离利益竞争。

企业家的工作不仅仅是使他们的议题进入议程，而且要使其在议程中保有位置。因为决策者不可能同时处理所有议题，某些议题会从议程中删除或渐渐消失。金顿（1984）认为议题消失有几个原因。一个解释是，一旦立法通过或行政决定做出时，官员就将下一项议题提上议程，别的议题会更为突出。第二个原因是，对问题的关注随着消极反馈出现而不再增长。不仅有为保持议题在议程中的位置而奔走的鼓吹者，通常还有极力反对其纳入议程的参与者。这些反对活动，特别是在精心组织下会产生消极反馈，使议题的位置成为一个疑问。第三个原因是，议题不再新颖。问题可能不再构成威胁，或是风头已过。第四个原因是，无法有效阐述或解决问题，会降低其在议程上的突出性。时效性是很重要的。金顿的最后一个解释是借鉴唐斯（Downs，1972）的观点，即当人们意识到解决问题的财政和社会成本巨大时，对其关注度会减弱。波茨（Portz，1996）认为提出可行性解决方案是关键的。如果解决方案不在决策者考虑范围之内，问题就不可能被提及。

政策间断

议题被提上议程所经历的过程是间断平衡的基础。美国政治制度的结构正有利于维持现有议程。多党制和政府部门间的权力制衡促进了非渐进主义。一个政党常常会试图限制另一个政党的活动，或政党间协商提出较少争议的政策变动，使变动最终得以执行。这些变动的结果通常是小范围的，而且有必要的话也相对容易撤销。同样，宪法赋予任何政府部门的权力，都能够制约其他政府部门的活动。进一步说，利益集团可以通过游说、诉讼、投票和其他表达方式对政府施压，这同样限制了快速和扩张的政策变动。这些政治特征有利于议程稳定。

在惯性驱使的环境下，需要一个机动的政策子系统。子系统是一个实体，包括公民、政客和鼓吹位置或议题的官僚。反枪械规制就是子系统的一个例子。这个子系统由枪械制造商及雇员、枪械持有人以及国家枪械协会构成。子系统明显地要为关注度和资源而竞争。挫败或分解在现有议程中拥有政策议题的子系统，自然而然会改变议程（Baumgartner and Jones，1991，1993）。

然而，政策的形象和管辖地决定着政策子系统的成败。鲍姆加特纳和琼斯（1991）描述了 20 世纪 70 年代，环保主义者使用各种形象和管辖地，导致核能子系统的崩溃。他们给政策形象下的定义是，理解和讨论议题的方式（Baumgartner and Jones，1993）。对议题最投入的人会赋予议题最恰当的术语。用简化和象征性的术语来解释问题，是一种证明特定公共政策方法正当性的手段。当然，对同一种政策，不同的团体可能会有不同的描绘。议题的支持者会聚焦于形象的某一面，而其反对者则会聚焦于形象的另一面。枪械控制就是一个例子。一方面，枪械控制政策的支持者可能会将全自动武器和大量青少年犯罪妖魔化，另一方面，反对者则可能会将传统狩猎生活方式和宪法精神退化妖魔化；形象是谋求议题在议程中位置的强有力手段。

管辖地是对给定议题做出权威决定的场所或组织。一个议题通常会固定分配给特定的管辖区；然而，它也可能随时间的流逝而变化。例如，联邦政府可能把议题推给州政府（如里根总统的新联邦主义）。政府各部门间的管辖区也可能会转换。因为不同的管辖区接受的议题会不同，所以管辖地会影响一项议题在议程中的位置。

形象的改变可能导致管辖地的改变，管辖地的改变也会导致关注某个议题的形象。议题与形象的关联度与管辖区的专有控制有关，这种控制决定围绕议题的政策制定。假如一项议题有清晰的形象，它既不具争议也无变化，那么，与议题相关的政策放在现有管辖区内会更安全。当管辖地改变时，争论的术语同样会转换，这可能导致用于构成议题形象的象征的转换（Baumgartner and Jones，1991，1993）。举个例子说，假如烟草规制的管辖地从食品及药品管理局转到农业部，烟草公司可能更少地被视为上瘾物生产商，而更多地被视为家庭农场和农业公司。如果政策的形象或管辖地发生变化，不稳定性就会出现，为大的间断改变创造机会；因此，尽管美国民主制度具有非渐进倾向，但政策仍易受到主要或系列转变的影响。

系列转变一词"表示在决策中从偏好的一面转到另一面的偶发性改变"（Jones，1994：27）。琼斯认为个人决策者易受系列转变的影响。个人处理信息的方式是系列或连续的。偏好不易改变，但偏好关注度却会依据对环境背景的感知而迅速转变。因此，个人不仅是理性的、偏好最大化的决策者，而且他们还是会将对议题的理解放在一定背景中的问题解决者。对环境的感知可使一种偏好支配与其相冲突的偏好。正是人对环境的敏感性情形，使选择上的偶发性改变成为可能。源于环境敏感性的偏好关注度的改变，可导致人们作出替代或相反的选择。

琼斯（1994）将系列转变概念应用于政策制定和子系统。由于决策主体（例如国会）所考虑的项目数量是有限的，所以政策制定过程会受类似于个体决策者缺陷的制约。寻求在议程中位置的议题，在时间和关注度上展开竞争；它们是相冲突的。子系统对语境下的形象和管辖地也是敏感的。因此，根据琼斯（1994）的观点，决策主体的大转变也是可能的。

显然，对偏好特性的关注度可能会改变选择。这种特性是定义和作选择的条件或特征。选择由列出的可供选择的解决方案构成。结构或决策设计可帮助决策者作出艰难或复杂的特性权衡（Jones，Baumgartner，and True，1996）。对可选方案的结构组织的考虑会一直持续，直到决策者被迫重新评估这一系列特性。通过重新评估，新的特性会引起一个主要改变。一种决策设计到另一种决策设计的改变并不是没有意义的，因为只有主要的改变才能破坏其静态性。

这些决策都是在政治组织内作出的。美国政治组织的静态性使得动员成为必要。这些政治动员包括政策子系统试图变更一项议题的界定方法，并最终影响该议题是否会被提上议程。主要的政策改变即间断，是成功地动员努力的结果。但是，动员也努力维持现有议程；因此，为了创造间断运动，大规模有组织的动员努力是必要的。

应用间断平衡理论的预算

特鲁（1995）扩展了鲍姆加特纳和琼斯的预算理论。特鲁发现国内政策议题驱动着支出，并且预算实际上又由政策驱动。他得出结论说，政策转变会引起大的非渐进转变。政策转变如"大社会"（The Great Society）和冷战军备建设，就是引起大预算转变的原因。在这些情况下，优先权被重新调整，并反映在预算支出上。

琼斯等人（1996）继续其预算过程间断平衡研究。他们审查了美国1947—1994年的年度财政预算授权，发现预算变化呈尖峰分布而不是正态分布。渐进主义暗含着正态分布，是源于持续动态调整的假设，其中转变是平稳而持续的。然而，尖峰分布显示偶发性决策的存在（Padgett，1980；Jones et al.，1996）。

与正态分布相比，尖峰分布包含一个在零点附近的强大中央峰顶。这个峰顶代表边际变动的最高频率。峰顶两侧的弱翼则表示低得多的适度决策频率。但是，大规模预算变动的频率比正态分布的更高。图 11.2 直观地显示出尖峰分布和更常见的正态分布之间的区别。

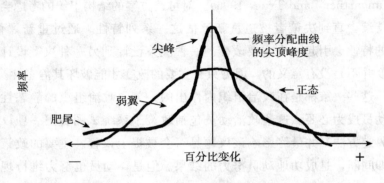

图 11.2　尖峰分布

琼斯等人（1996）发现，预算变动是从一种特殊类型的尖峰分布中得出的，即帕累托概率分布，它与其他预算和财政数据的研究结果一致（Mandelbrot，1963；Padgett，1980；Peters，1991；Ramanathan，1993；Reiss and Thomas，1997）。他们的发现意义在于，与预算的常规分布相比，联邦预算在分布的尾部展示了更多的预算变动。进一步说，最大多数的改变是在中央顶峰（零点附近），这显示了预算议程的稳定性。他们的结论是，这种尖峰分布的存在是因为无论个人或组织都不能同时关注所有的政策问题；因此，注意力的转变就引起了间断。

琼斯、鲍姆加特纳和特鲁（1996）又用联邦预算授权检验了政策间断。他们测试了三个挑战间断假说的对抗性假说：（1）党派控制；（2）资本主义剩余（经济稳健性）；（3）平民主义者代表或民意。他们的结论是，政策间断确实存在，但因传统的经济和政治力量而未被充分认识。因而，预算政策反映了议程中的转变超越了传统力量的影响。

特鲁（1999）就间断平衡理论测试了 1940—1998 财政年度的社会保障预算。他使用预算授权以及支出和收入，得出社会保障预算中会产生政策驱动的预算间断的结论。特鲁将社会保障支出的历史划分为：早期的稳定期、潜在的间断期、缓慢的扩张期和政策驱动的间断期。1950年程序法的修正和1983年的社会保障紧急救援，是两个政策驱动间断的证据。特鲁总结说，社会保障间断是关注和实行"困境和暂停"的结果，并且，这种间断还将继续发生。

虽然大多数间断平衡的著作集中于政策制定和联邦预算，但乔丹（1999）的结论是，地方政府预算反映了议程的转变。他检验了现有的地方层级的间断预算。在1965至1992财政年度，调查的38个大城市的六项预算功能支出发生了改变。这六项功能是：治安、消防、公共卫生、公园和休闲、公共建筑以及公路。这些结论与琼斯等人（1996）的结论一致。每一项预算功能都呈尖峰分布，而且表现出比正态分布下的预算变化更大的变化。因此，地方政府预算也存在着间断议程转变。

间断预算活动是议程设置中的不稳定性所衍生的结果。这些不常见但重大的不稳定瞬间，为非渐进变化的发生提供了机会。通过将这一理论应用到预算中，使预算描述包含着渐进和非渐进的预算变化，从而扩展了预算变化的讨论。因此，反映政策优先权冲突的预算变化被具体化了。

结论

通过对稀缺资源的分配，预算意味着对潜在支出、交易对象之间的选择。这种交易的基础是存在着赢家和输家。多样化的实体不能花同一美元。换句话说，金钱的相互排他性是理解预算所需要的关键特性。交易在预算变化小的时候是很难发觉的。但预算分配力量的大变动则促成重要的交易。在预算过程的流动中，当某些代理参与人被指定为赢家，而输家的经费被削减甚至根本没有时，交易力量就瓦解。重要的交易要求修改预算政策，并吸引输家部门和委托人的关注。如果只关注渐进预算变化，这些交易就会被忽略。

渐进主义承认决策者认识能力的有限。无所不知和一致同意是不可能的。决策者并没有同时处理所有议题并加以解决的能力；因此，并非每一项议题都能出现在官方议程上寻求决议。这就产生了对事物关注度的冲突及竞争。渐进主义是通过现状产生的边际变化来解决或避免冲突的一种方法。然而，吸引反对方推动更深入的调查及辩护，使大规模的变动产生更多的冲突。这些特性使增量在谈判中更有用，也因此而成为最普遍的预算活动。

如渐进主义一样，间断平衡也承认多数预算变化活动都发生在边缘地带。但间断平衡所提供的基于议程的观点解释预算间断则使它比渐进主义走得更远：

- 预算议程基本上是稳定的；因此大部分议程活动的性质是渐进的。通常仅有小部分活动偏离预算基础。
- 议程稳定性并不排除围绕议程的波动活动。一旦一种条件进入轨道，就有发起人或企业家积极行动以阻止其偏离轨道。
- 当现状的动力被间断打破时，就会产生新的路径或议程。对立的子系统将成功地削弱现有议程。这种情况在决策者重新调整关注时发生，从而在优先权上发生变化。
- 当间断预算改变后，预算议程就重新回到渐进和稳定的模式。

间断平衡指出，即使在预算支出稳定时也存在动员努力以维持现状。政策企业家拒绝在交易战中落败。因此，间断的实际发生是现状下优先权转变的指标。

间断平衡的前景

间断平衡应用于预算的益处是使议程成为焦点。预算活动更多是在官方议程的背景下发生，而不会超越传统。议程设置过程由个人、团体以及为引起决策者关注而竞争的事件构成。这种预算观点与预算是优先权的反映更为契合。因此，要检查特殊政策领域的间断预算，只要厘清那项政策在官方议程上的位置就行了。特鲁（1999）通过聚焦社会保障而走出了第一步。

预算的尖峰特性与间断平衡理论相一致。因此，对间断进一步的经验检查不能依赖于常态假设的传统分析。例如，因为是局外人，回归分析在分布尾端偏离价值。局外人被认为是"标新立异的人"的价值在于，他们与大多数观察资料大不相同。值得关注的是，他们的存在会对回归估计施加强大影响，导致错误的结论或模糊了重要信息。因此，他们通常被识别并被排除。概率和基于正态分布的统计理论主要关注的是平均数的计算方法，而非异常观察资料。

然而，伴随着非正态分布，像尖峰分布一样，局外人的数量和频率都增加了。因为基于正态的传统战略对预测是不适当的，所以得使用诸如间断的历史考察等其他方法。公共管理研究也需要开发非正态分布假设的其他分析方法。其他领域如商业、工程和天文已检测到异常情况，因此公共管理也需要这样做，以弥补基于正态分析的局限性。

根据间断平衡理论，一个样本中异常或间断的部分是非常重要的。在预算应用中，它揭示了支出优先权的转变。对间断的定位及检查围绕间断发生的议程设置过程，可以解释这种转变。这将为引起间断变化的政策子系统或焦点机制提供一种洞察力。

参考文献

Baumgartner, Frank R., and Jones, Bryan D. "Agenda Dynamics and Policy Subsystems." *Journal of Politics*, 53 (November 1991): 1044—1071.

Baumgartner, Frank R., and Jones, Bryan D. *Agendas and Instability in American Politics*. Chicago: University of Chicago Press, 1993.

Brown, M. C. , and Halaby, C. N. "Bosses, Reform and Socioeconomic Bases of Urban Expenditure, 1890—1940. " In T. J. McDonald and S. K. Ward (eds.), *The Politics of Urban Fiscal Policy*. Beverly Hills: Sage Publications, 1984: 69—99.

Caiden, Naomi. "Budgeting for Time-Bombs: Recent General Accounting Office Reports on the Crises of the Nuclear Weapons Complex and the Savings and Loan Industry. " *Public Budgeting and Finance*, 9 (winter 1989): 83—93.

Davis, Otto A. ; Dempster, M. A. H. ; and Wildavsky, Aaron. "A Theory of the Budget Process. " *American Political Science Review*, 60 (1966): 529—547.

Davis, Otto A. ; Dempster, M. A. H; and Wildavsky, Aaron. "Towards a Predictive Theory of Government Expenditure: US Domestic Appropriations. " *British Journal of Political Science*, 4 (1974): 419—452.

Downs, Anthony. "Up and Down with Ecology: The 'Issue-Attention Cycle. '" *The Public Interest*, 28 (1972): 38—50.

Doyle, Richard, and McCaffery, Jerry. "The Budget Enforcement Act of 1990: The Path to No Fault Budgeting. " *Public Budgeting and Finance*, 11 (1991): 25—40.

Gist, John R. *Mandatory Expenditures and the Defense Sector: Theory of Budgetary Incrementalism*. Beverly Hills: Sage Publications, 1974.

Gordon, Teresa P. "Incrementalism in Public Budgeting. " In James Chan and James Patton (eds.), *Research in Governmental and Nonprofit Accounting*. Greenwich, CT: Jai Press, 1990.

Ippolito, Dennis. "The Budget Process and Budget Policy: Resolving the Mismatch. " *Public Administration Review*, 53 (January/February 1993): 9—13.

Jones, Bryan D. *Reconceiving Decision-Making Democratic Politics*. Chicago: University of Chicago Press, 1994.

Jones, Bryan D. ; Baumgartner, Frank R. ; and True, James. "The Shape of Change: Punctuations and Stability in U. S. Budgeting, 1947—1994. " Paper presented at the Midwest Political Science Association, Chicago, 1996.

Jones, Bryan D. ; Baumgartner, Frank R. ; and True, James. "Policy Punctuations: US Budget Authority, 1947—1995. " *Journal of Politics*, 60 (February 1998): 1—33.

Jordan, Meagan M. "Punctuated Equilibrium as a Comprehensive Theory of Local Government Budgeting: The Proof is in the Tails. " Ph. D. diss. , University of Kentucky, 1999.

Key, V. O. "The Lack of a Budgetary Theory. " *American Political Science Review*, 34 (1940): 1137—1144.

Kingdon, John W. *Agendas, Alternatives, and Public Policies*. Boston: Little Brown, 1984.

Kleinman, Mark; Eastall, Richard; and Roberts, Emilie. "What Determines Local Authorities' Capital Expenditure on Housing? An Evaluation of Various Models. "

Urban Studies, 27 (June 1990): 401—419.

Lindblom, Charles E. "The Science of Muddling Through. " Public Administration Review, 19 (1959): 79—88.

Lowery, D. ; Konda, T; and Garand, J. "Spending in the States: A Test of Six Models. " Western Political Quarterly, 37 (1984): 48—65.

Mandelbrot, Benoit. "New Methods in Statistical Economics. " Journal of Political Economy, 71 (1963): 421—440.

McDonald, T. J. "San Francisco: Socioeconomic Chanee, Political Culture, and Fiscal Politics, 1870—1906. " In T. J. McDonald and S. K. Ward (eds.), The Politics of Urban Fiscal Policy. Beverly Hills: Sage Publications, 1984: 39—67.

McDowall, D. , and Loftin, C. "Conflict, Crime, and Budgetary Constraint: Police Strength in Detroit, 1927—1976. " In T. J. McDonald and S. K. Ward (eds.), The Politics of Urban Fiscal Policy. Beverly Hills: Sage Publications, 1984: 101—124.

Natchez, Peter B. , and Bupp, Irvin C. "Policy and Priority in the Budgetary Process. " American Political Science Review, 67 (1973): 951—963.

Padgett, John F. "Bounded Rationality in Budgetary Research. " American Political Science Review, 74 (1980): 354—372.

Peters, Edgar E. Chaos and Order in the Capital Markets. New York: John Wiley, 1991.

Portz, John. "Problem Definitions and Policy Agendas: Shaping the Educational Agendain Boston. " Policy Studies Journal, 24 (autumn 1996): 371—386.

Ramanathan, Ramu. Statistical Methods in Econometrics. San Diego: Academic Press, 1993.

Reiss, Rolf-D. , and Thomas, Michael. Statistical Analysis of Extreme Values. Basel: Birkhauser Verlag, 1997.

Rochefort, David A. , and Cobb, Roger W. "Problem Definition, Agenda Access, and Policy Choice. " Policy Studies Journal, 21 (spring 1993): 56—71.

Rubin, Irene S. "Budget Theory and Practice: How Good the Fit?" Public Administration Review, 50 (March/April 1990): 179—189.

Schneider, Anne, and Ingram, Helen. "Social Construction of Target Populations: Implications for Politics and Policy. " American Political Science Review, 87 (June 1993): 334—347.

Schulman, Paul R. "Nonincremental Policy Making: Notes Toward an Alternative Paradigm, " American Political Science Review, 69 (1975): 1354—1370.

Sharkansky, Ira. The Politics of Taxing and Spending. Indianapolis: The Bobbs-Merrill Co. , 1969.

Simon, Herbert A. Models of Man. New York: John Wiley, 1957.

Thompson, Joel. A. "Agency Requests, Gubernatorial Support, and Budget Success

inState Legislatures Revisited." *Journal of Politics*, 49 (August 1987):
756—779.

True, James. "Attention, Inertia, and Equity in the Social Security Program." *Journal
of Public Administration Research and Theory*, 9 (October 1999): 571—596.

True, James. "Is the National Budget Controllable." *Public Budgeting and Finance*,
15 (summer 1995): 18—32.

Wildavsky, Aaron. *The Politics of the Budgetary Process*. Boston: Little Brown,
1964.

第 *12* 章

部门使命对部门预算策略的
影响：一个演绎理论

玛西娅·林恩·威克尔　莫昌焕

　　研究公共管理的学者跟政客和政府官员一样，都关注政府机构用于保护资金运行的预算策略。维尔达夫斯基（1992）和科思伦（Cothran，1993）讨论作为冲突承诺的预算，承诺的是策略部分地决定部门成功程度的地方。鲁宾（1990）注意到，由于公共预算包含各种广泛的参与者，他们具有不同的支出目的，政府部门间为获取资源的竞争，必然导致政治上有计划的策略。阿克塞尔罗德（Axelrod，1995）观察到，部门领导会依靠各种策略、计谋和战术，来应对包括中央预算办公室、行政部门和立法机关的批评家对部门支出价值的质疑。

　　波斯纳（Posner，1997）在研究美国联邦预算中，探讨是否可以开发预算策略来补偿对资本构成及支出的偏见，而同时又维持现有统一预算结构的规定。按照巴克多尔（Barkdoll，1992）的观点，预算策略也有期限，他研究了联邦药物管理局（FDA）在年度预算周期环境下，试图发展政府部门的整体愿景。

　　另外一些学者认为，官僚试图将其资源最大化。塔洛克（1976）主张，部门官员努力使其部门规模最大化，必然涉及增加部门可利用的资源。尼斯坎南（1973）同样提出，官僚试图最大化其部门预算规模。更大的部门预算，通过提供与更大责任和控制范围相联系的更多薪水和外围利益，使官僚个人受益。此外，更大的部门预算常常更有利于部门的生存。随着部门的发展壮大，其运作更容易与时俱进，而不合格的部门官员更容易被变相调离妨碍部门成长的重要位置。并且，外部预算参与者期待部门增加需求，就不会做那些停滞甚或衰退印象的方案（Dunleavy，1991）。

因此，官僚开发预算需求策略来增加其经费最大化的可能性。一些人质疑作为经验描述的预算最大化，质问官员是否真正最大化预算资源或代之以相当满意的选择。检查部门关于预算成功的定义是陈述这个问题的关键（Duncombe and Kinney，1987）。另一些学者规范性地讨论即使官僚确实最大化其预算，他们也不应该这样做。然而，预算策略应当用于保护公共利益和有效地执行部门使命，而不是让官僚为了个人利益自私地去最大化部门预算。

一些学者引用渐进主义作为预算如何实际产生的模型，来质疑预算策略是否对于长远的资源配置有影响（Axelrod，1995）。然而勒娄普和莫兰德（LeLoup and Moreland，1978）进行了一个经验分析，断言部门策略影响了预算结果。如果一个部门要求提高预算的有效性和主动性，它就可能获得其他不这样做的部门得不到的更大的预算增长。这个观点与认为部门策略本质相似的渐进主义者观点相反。勒娄普（1978）批评预算渐进主义时断言："预算自我实现的本性，致使渐进主义对社会科学几乎是无用的，而且渐进主义的主要偏见是倾向于稳定和反对变化。"鲁宾（1990）也认为，渐进主义由于几个原因对现代预算已经不适用了。例如，不同部门的预算结果可能是统计表上看不出的或无法评比的，减少对部门领导增量限制以寻求额外资源。部门领导的快速更换也会降低预算渐进模型的相关性，因为它主要应用于需每年处理预算的参与者。渐进主义也低估了预算过程对调节竞争的重要性，并且没有认清部门预算策略的依赖本质（Rubin，1990）。其次，部门用预算策略来获得资源，也许并不必然与合计层面的渐进预算结果相抵触。每个部门都可能采取过去使用过的特殊策略，去确保其在资源上得到"公平分享"。当所有部门为其特殊客户、公众及立法委员会采用效果相同的不同策略时，最终结果可能是提高其影响力。再者，渐进主义可能是一种预算策略的场合，是在部门观察到通过适当程序获取最大化资源的最佳策略的需求逐渐增加时。对于渐进预算策略的补充，面临不同处境的部门需要不同的市场策略来提升其预算要求和保护资金。

最后，随着近些年政府部门努力将其资源分配从预算程序转到预算外的状况，渐进主义作为预算主流方法的地位被削弱了。预算外资源分配包括贷款、贷款抵押、保险、税收支出及其他无需每年通过预算程序的收入。于是，一些政府部门主要关注的，不再是通过渐进有决定权的经费增长，而是走到预算外及预算程序控制者的审查之外（Meyers，1994）。

本章的目的是把部门使命与部门预算策略联系起来。政府部门使命涉及部门是否分配、再分配、规制或市场竞争者。我们认为政府部门使命确定了政府部门面对的收支结构。支出与收益二者都可能被集中在一些市民中，或散布在一个大团体中。收支结构重视部门结果，进而影响公众对部门的态度。当公众不再热切地拥护为政府服务融资的新税收及其机制时，融资阻力便会或多或少地出现。同样，对部门结果的支持可能会狭窄而强烈或宽泛而微弱。在部门使命、收支结构和公众态度这三个要素中，每个要素都直接或间接地影响政府部门预算策略。部门使命规定了组织的收支结构，进而影响公众对部门及其项目的支持。公众支持反过来又会影响部门的预算策略（图 12.1）。

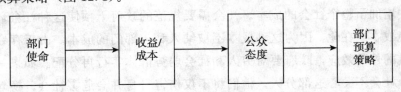

图 12.1 部门使命和部门预算策略的联系

尽管一些部门努力去寻找预算外资源，但有决定权的预算仍然是部门寻求资源的重要办法。这项研究在一个缩小规模、削减预算和私有化的时代尤为重要。如果政府部门在预算游戏中的策略不成功，那么他们将成为反政府情绪和精简的牺牲品。本章将着重描述被严重忽略了的部门预算策略，这是预算领域中渐进主义主导的结果。本章延续了沙坎斯基（Sharkansky，1965）、勒娄普和莫兰德（LeLoup and Moreland，1978）的预算策略研究，并尽可能列举出可能影响部门策略选择和预算成功的因素。我们在此讨论了不同的部门使命主要影响其预算策略选择和预算结果，还讨论了部门策略不仅受到与预算需求相关的内部部门的限制，而且受到与预算政治相关的外部部门的限制。部门预算人士在做预算时经常与外部参与者来往，如立法机关的委员、大众传媒或利益集团。因此，我们确实不能假定，部门预算需要首席执行官完全反映部门的真实意图。

部门使命

由于存在市场失灵，人们认为政府的干预在自由市场中是必要的。当一个市场存在公共物品、外部效应、垄断和信息不对称时，传统的市场失灵就会发生。私营部门不会适当地为社会提供公共物品，因为公共物品有非竞争性和非排他性的特征。提供公共物品是政府的一个重要分配功能。自由市场机制也不会反映外部成本和收益。例如，当一位女士驾驶她的汽车，她只会关心她要支付的汽油价格及其个人享受。然而，个人驾驶活动制造了空气污染，这无形中增加了整个社会的成本。社会需要规范的政府干预使这种社会环境成本内在化，因为这种成本不被纳入私人部门的成本。由于存在负的外部效应，政府要对穷人和社会弱势群体实行再分配。如果一个社会不关心这部分人，他们将不仅伤害自身并会危害社会。换句话说，再分配政策不仅对穷人有利也对富人有利。保护消费者免受垄断操作的伤害，社会也需要规范的政府干预。最后，新古典主义经济学家认为，完全竞争性市场并不总是真实的。特别是消费者没有关于产品的完整信息，生产者也没有关于消费者需求的完整信息。而且每个消费者和生产者所拥有的信息在数量和质量上都存在重大差异。因此，自由市场在有效配置稀缺资源方面存在缺陷，它在缺少公共部门干预的情况下也不能恰当地运转。因此，政府干预是有理由的。据此，唐斯(1967)提出 9 条需要公共组织的理由：巨大的外部效益或成本；不可分割的利益；收入的再分配；垄断的规制；保护消费者免受无知或无能力的损害；弥补市场经济聚集的不稳定或缺陷；生产者混乱的领域；法律和规则框架的构建；政府自身的维持。由于这些市场失灵，我们认为公共部门对社会来说是不可或缺的。

　　洛伊（Lowi，1964）确立了分配、再分配和管理三种政策类型。里普利（Ripley，1985）通过区分保护性和竞争性规制政策来划分规制政策，同时增加了外交防御政策类型：结构政策、策略政策和危机政策。然而，由于放松管制和私有化的增加，里普利对于保护性和竞争性规制政策的划分就没有很大的意义了。尽管如此，阿尔蒙德和鲍威尔（Almond and Powell，1980）将公共政策细分为分配、规制、提取和象征四种类型。他们的分类没有包括洛伊的再分配政策。因此，这项研究运用洛伊的政策分类，根据使命把公共部门分为三种：分配、再分配和规制。我们给这三种部门使命增加了第四种，即市场竞争者（表 12.1）。

表 12.1　部门使命

部门使命	使命描述	部门使命举例
分配	提供广泛分布在不同地理区域、不同部门人口使用的政府服务	国防、交通、一般公共教育、以疾病保护和控制为目标的广泛的卫生保健
再分配	将收入从社会一部分转移到另一部分进行支付和服务分配；经常为那些被认为有经济困难或有需要的人提供收入	福利、低收入群体的社会服务；有需要或弱势群体的教育项目；低收入个体和老年人的健康项目；贫困人口的租金减少和公共住房。

部门使命	使命描述	部门使命举例
规制	使用包括免税和优惠的正面激励及包括罚金、行政处罚和刑事诉讼的反面激励来修正、规制产业行为以获得社会期望的结果	环境保护部门；食品和药品安全监管；对银行、股票市场、储蓄和借贷以及其他金融机构的金融监管；公民权利管理。
市场竞争者	生产可清晰识别单位成本、能在市场交易中销售给个人的畅销货；市场竞争者生产具有提升公共和私人利益及福利特征的商品	公用事业、博物馆、公园、邮政局、高等教育。

我们是以互斥和详尽的方式讨论这些分类，而现实世界会更加复杂。在现实世界，公共部门有多重使命，不同组织的下属单位或项目也有不同的使命。组织越大，越有可能有多重使命。因此，机构可能比办公事有更多重的使命，并且，部门更可能有多重使命。这四种不同的部门使命在目的上并不总是相互排斥的，在一些事例中可以重叠或并存。然而，我们为了理论兴趣，将这四种使命作为分离和相异的使命来讨论。进而，我们认为相对其他使命，部门倾向于一个主要使命。它是在其他通常是竞争性的使命中占主导地位的使命，它会导致更频繁、持续地采用某类或某系列的预算策略而非其他可能策略的倾向。因此，我们的讨论是为了使命和策略之间的统计联系，而非为了普适性和决策。

分配部门

分配部门提供的政府服务被广泛应用于不同群体。这些服务可能跨越地理政治的区域而广泛传播，为此可能获得多种政治支持。国防产品就是一个分配部门的例子，它让绝大部分的人群受益，产品和服务并不针对某一特定群体，而且产品可以在广阔的地理区域内生产或传递，例如公用道路、铁路和公共交通等交通业，是享有广泛通路及无特定受益者特征的分配产品或政策的又一例子。在某些教育可以再分配的同时，当特定人群被设计为项目支出的主要受益者时，一般的公共教育可能具有分配性质。每个人都可以使用，也可能从其产品和交付中受益。同样，健康计划可能设定了目标，但适用面广泛的一般健康计划，其目标是一般疾病预防和控制，因而具有分配属性。

再分配部门

再分配部门负责转移支付和提供服务，有效地使真正的收入从社会的一部分转移到另一部分。那些再分配政策的目标受益人通常是那些被认为经济上弱势或有需要的人，但这并不是绝对的。再分配部门有时在非受益群体中不受欢迎，他们会觉得这些部门不公平地从他们那里拿走收入，向其他并不值得获得公共支持的群体提供服务。把再分配计划说成是福利可能会削弱对部门结果的支持。各种形式的公共补助和福利是意向和影响的再分配。其他的再分配计划包括对低收入群体的社会服务，以有需要或弱势群体为对象的教育计划，以低收入个人和老年人为对象的健康计划以及对贫困者的租金津贴和公共住房。许多再分配项目都是建立在把收入作为唯一甚或主要标准的基础上。为残疾人融资，提供昂贵的医治如肾透析，或者为特殊疾病患者提供服务的项目也可能是再分配。然而，更典型的是，基于收入的需求是再分配部门作决策的标准。

规制机构

规制机构尝试调整私人部门的行为以获得符合社会需要的结果。它们通过采用正面激励或"胡萝卜"，例如津贴、免税、税收信用、信用激励和保险来达成。它们也可以利用负面或抑制或"大棒"，包括同意支付、罚款、行政处罚和刑事诉讼来达成（Whicker，1993）。在美国，规制机构被设想为"字母汤"，因为它们都可以通过首字母缩写被识别出来。环境保护局（EPA）通过调节私人部门行为来保护清洁的空气和水资源，要不然就减少环境污染；美国食品和药品监督管理局（FDA）和动植物卫生检查处（APHIS）负责食品和药品安全；金融规制由证券交易委员会（SEC）、联邦存款保险公司（FDIC）、联邦储蓄贷款保险公司（FSLIC）和会计检查官共同进行；公民权利规制是由就业机会均等委员会（EEOC）管理；各种形式的安全规制由联邦航空局（FAA）、核管理者委员会（NRC）、国家公路交通安全管理局（NHTSA）、职业安全与健康管理局（OSHA）、消费者商品安全委员会（CPSC）和煤矿安全和健康管理局（MSHA）实施；危险物品由酒类烟草和火器管理局（BATF）管制。

市场竞争者

市场竞争者与私营公司相似。它们生产可清晰辨认单位成本的畅销货，这些产品可在市场交易中直接销售给个人。这些由市场竞争者生产的产品有提高公共和私人利益及福利的特征。这类部门可能参与收费产品的生产。在考虑到消耗或竞争观念时，收费产品体现了连接功能。收费产品排斥产品消费的特性是可行的，且包括付费公路这类产品和收费道路（Mikesell，1995）。适于销售的公共产品具有排他性和非竞争性的特征。在生产产品或服务时，部门会把产品销售给公民—顾客，而他会以预定价格购买它。公民—顾客可以拒绝其他人消费其刚购买的产品，因此，可激励此类产品的融资，至少可部分通过购买或销售获得。如果私人部门也向社会供应可市场化的公共产品，这类公共产品会引起严重的问题。首先，私人供应商为最大化其利益，不会提供社会最佳数量的适于销售的公共产品（Weimer and Vining，1992）。其次，私人供应商会放弃无法获利的群体或者地区。例如，一个私有公共汽车或邮件投递公司因缺乏消费者，就不会向无利可图的农村地区提供服务。尽管像保健和教育这些产品是可以市场化的，但它们更重要的是拥有"社会公平"的特性。当私人部门不去做时，政府可以提供那些适于销售公共产品以实现社会公平的价值。正如马斯格雷夫夫妇（Musgrave and Musgrave，1973）所说的，它们是价值物品。劣值品通常由规制机构通过征税和强制手段来控制。然而，价值物品通常由市场竞争者、分配或再分配部门提供。市场竞争者与分配或再分配部门的主要区别在于，提供服务时公共部门是否直接从公民—顾客那里收回产品生产的成本。因为由公共部门市场竞争者生产的产品，存在一个公共利益尺度，虽然公民—顾客可能没有支付产品生产的全部成本，且产品可能由公共财产的其他来源融资。市场竞争者的例子，包括公用事业、公共交通、博物馆、公园、邮政局和高等教育。

收益、成本和公众支持

部门使命决定组织是否有顾客、生产商、消费者或者公共利益焦点。部门的使命也和不同的成本结构有关。部门的利润和成本可以是集中或分散的。相应的，部门的公众支持也与利润和成本是集中或分散有关。这些联系在表 12.2 中显示出来。

表 12.2　与部门使命关联的收益/成本结构、部门焦点和公众态度

成本 ＼ 收益	集中 （对部门狭小而集中的支持）	分散 （对部门广泛而无力的支持）
集中 （公众对部门融资的强烈反抗）	市场竞争者 （消费者焦点）	规制机构 （公共利益焦点）
分散 （公众对部门融资的温和反抗）	再分配部门 （客户焦点）	分配部门 （生产者焦点）

虽然表 12.2 没有说明受益群体地位与公共态度之间的关系，但对认识受益群体地位会强烈影响公众对部门的敌对或接受程度具有关键作用。如果一个受益群体在社会上有较高的地位，那么敌对程度就会低于那些处于较低社会地位的受益群体。换句话说，如果一个受益群体处于较低的社会地位，那么公众的接受程度将会比处于较高社会地位的受益群体低得多。享有较高社会地位的受益群体同时拥有了政治权力和社会期望。

当讨论价值物品时，马斯格雷夫夫妇（1973）认为，社会期望影响政府干预的决策。例如，政府对酒类和烟草征收重税，因为公众认为这些是社会所不期望的劣值品，而政府为残疾人或老年人提供免费的柔性公共客运服务或者健康照顾的给付，因为公众认为这些是社会所期望的价值物品。人们认为政府为烟鬼和酗酒者提供救助是社会所不期望的，但认为政府努力协助残疾人和老年人则是被社会所期望的。

与此类似，施奈德和英格拉姆（1997）提出了潜在目标群体的社会结构过程。他们指出，在政治上强大和值得帮助的群体，如中产阶级和老年人，能够比结构不稳定群体获得更多的利益。因此，他们认为在政治上弱势和不值得帮助的群体，如街头混混和囚犯，将比其他结构稳定群体承担更多的重担。这意味着当部门融资是为政治上强大和值得帮助的群体提供集中利益时，它会在社会和预算过程中受到热烈欢迎。当部门的融资是为政治上弱势和不值得帮助的群体提供集中利益时，它将会在社会和预算过程中被冷淡地否决。然而，施奈德和英格拉姆发现，政治上弱势和不值得帮助的群体在数量上和资源上是非常少的。在一个社会里，成员为稀缺资源而竞争；如果一个群体想获得利益，其他的群体就得牺牲。更重要的是，在一个强烈资本化的社会中，穷人在竞争中常被认为是"不值得"的失败者。因此，尽管我们承认，一个接受群体被认为符合期望或值得帮助的程度会对公众态度有一定的影响，但我们坚信，影响公众态度的主要因素是受益群体如富人和穷人的政治和经济权力的差异。在这项研究中，严密地运用于诸如残疾人、老年人和儿童的社会期望与施奈德和英格拉姆的理念不同。我们认为，尽管低收入、身体强壮的成年人被归为穷人，但给他们提供政府救济金，却是没有考虑社会期望和价值。

集中利益

当部门结果收益是集中的，那么部门项目的大部分好处和报酬都被小部分人所获得。作为主要受益者，这部分人强烈支持使他们受益的部门结果。其他非受益者则不会特别支持。这些人最好是中立的，而忽视那些不直接奖赏他们的项目；这些非受益者有时会敌视那些没有将集中获利分给他们的部门。受益群体的反应是中立的还是敌对的，部分取决于受益群体的地位。如果受益群体有很高的地位，那么其余人大多会忽视这些部门及其项目。企业的产业政策补贴已不再典型地引起其他群体的负面反应，因为企业所有者和管理者已有相当大的声望和政治影响力。相比之下，对低收入者的预算津贴、福利和其他转移项目经常引起其他非受益者的敌视。例如，对扩大或修改典型福利项目"失依儿童家庭补助"的抵制已经不可忽视。这种敌视反映了穷人较低的社会地位及缺乏政治权力。

分散利益

分散利益被分配给广大的人口。这些被任何个人或群体获得的利益，常常不构成收入的主要来源或者个人福利的重要部分。通常，这种利益与直接的货币和其他有形利益相比可能是无形的。正因为如此，许多人支持这些项目，但大部分支持显然不够强有力。像环境保护这类例子，更清洁的水和空气的益处分布广泛，但仅是单个人健康的一部分。对任何个体的益处可能都不足以激发人们对部门给予有力支持。国防益处同样是分散和无形的。国防结果相比环保可能更为有形，但同样是分布到各处。同样的，受益群体的地位影响支持的程度。地位高的如国防承包商，对部门的支持就比地位低的要有力。"环境正义"项目拥护者，致力于提高特别是在贫困和少数民族地区的环境质量，却遭遇微弱和肤浅的支持，就部分源于受益者社会地位较低和利益分散的本质。

集中成本

当为部门结果付出的代价不均衡地落在有限或小部分人身上时，集中成本就会发生。当特殊税收或者罚款在小部分人身上征收，或者一部分人承受因部门项目而造成的更大生产成本和（或者）收入损失时，这些情况也会发生。那些受到高额成本影响的人拒绝为项目支付成本并且在政治上阻碍项目或者部门的发展。其他不受影响的人相对来说无关紧要，所以，网络政治的影响转向了忍受项目成本冲击的抗议者。像烟草生产管理的例子，禁止对青少年销售香烟。管理成本由遭受香烟销售损失的香烟公司不均衡地承担，更重要的是当青少年都不吸烟，它们就会失去未来的成年消费者。环境管理的成本同样经常由污染的制造者承担。在每个事例中，那些承担部门项目成本的人，通过各种途径强烈地抗议和反抗他们在为部门结果融资方面承担的角色。损害群体的地位同样影响到非损害群体的态度。非损害人群的反应是中立的还是敌对的，部分取决于损害群体的地位。如果一个损害群体处于较低的地位，那么其余的人大多不会理会这些部门和项目。如果承担成本的群体处于较高的地位，其他群体可能会支持那些稳操胜券的人去对抗部门。

分散成本

当部门结果由一般税收来融资，分散成本就会产生。为部门项目付出的成本扩展到一般纳税者，而且不易于或不能很快地辨认。在这种情况下，公众对部门的抵制可能是温和的，因为没有一个单一群体被不均衡地伤害或者激发去对抗部门的融资结构。抵抗更多来源于那些关注政府保持小规模、高效率、负责任的人群——因此通常是广泛而温和的抵抗形式，而不是集中成本所引起的强烈反抗。分散成本的例子，包含那些由一般税收融资的老年福利、公共健康项目和其他政府项目。

部门使命和利益/成本结构

随着部门使命的改变，部门的利益/成本结构也面临改变。每种类型的部门使命都可以和不同的利益/成本结构挂钩。反过来，利益/成本结构又会影响公众对部门结果的支持和对部门融资的抵抗。

分配部门的利益/成本结构

分配部门在它们的利益/成本结构中具有分散的收益和成本。它们有一个生产者焦点，因为大多数分配部门为大部分人群关注生产收益，在此成本同样是分散的。分配部门面对源于分散利益的广泛而微弱的公众支持。抵制分散部门适度融资如成本也同样是分散的。因此，分配部门与那些面临强烈抵制的部门相比，在获得资源和政治与公众支持的预算游戏中处于良好的政治地位。例如，当我们从作为消费者的公民角度看国防部门时，它们就是产生分散的收益和成本。然而，当我们从作为生产者的企业角度去看国防部门，它们创造了政治上强大的产业去支持国防部门。因而，一些分配部门在它们的利益/成本结构中可能面对集中收益和分散成本。在这种情况下，国会的小组委员会、公共事务局和利益群体，可能为最大化其利益而形成一个铁三角。

再分配部门的收益/成本结构

再分配部门面临集中收益和分散成本。它们有一个客户焦点，重点是为被它们视为客户的收益群体提供项目。因为集中收益的缘故，大部分来自客户群体对再分配部门的支持是有限而强烈的。相比之下，对融资的抵制通常是温和的，因为成本分散到一般的纳税人。这可以为项目支出形成楔形效应，像福利事业基金，在成立的几年里，从初期少量启动资金迅速地增长，可部分归因于对部门融资的抵抗是温和而非激烈的。这些部门在融资方面处于很好的政治地位，但很多再分配政策的受益者是穷人、残疾人、老年人和社会上的其他弱势群体。这些群体比起从事商业和富裕群体而言拥有相当少的政治影响力。因此，对预算游戏中的再分配部门的支持，部分决定于客户群体的地位。然而，甚至在政治上弱势的群体，当这个群体的地位是特别有价值时，像残疾人和老年人，他们的政治支持可能很强大。当群体地位很低和被公众认为没有价值时，像低收入的强壮成年人，支持会相对没那么强烈。

规制机构的收益/成本结构

分散收益和集中成本形成了规制机构的收益/成本结构。这些部门有一个公众利益焦点，因为它们清晰地表达了收益广泛分散到普罗大众的项目需求，而没有一个特定的受益群体。这种分散收益的结果，导致对部门结果的公众支持是广泛而无力的。规制机构面对的集中成本结构，意味着某些产业或者群体在支付部门项目时受到严重影响。当这些产业不均衡地承担直接成本时，它们表现出对部门项目融资的极大抵制。在预算政治中，规制机构相对其他三种部门在获得政治支持方面面临最不受欢迎的处境。规制机构必须为部门结果处理广泛但无力的公众支持，同时压制被集中成本消极影响的产业的强烈反对。

市场竞争者的收益/成本结构

与其他三种类型的部门相比，市场竞争者显然拥有集中收益和成本。因为他们与市场交易竞争，在市场交易中受益群体也是不均衡地承受部门项目的成本，所以这些部门有一个消费者焦点。公众对为主要消费群体提供公共服务支付成本表现出很大的反对，他们要求受益群体为自身从公共服务得到的相对排他的好处承担全部负担。消费群体强烈地支持部门的项目。狭小而强烈的支持部分地被公众对公共结果的强烈反抗抵消。这种政治形势的结果通常是为市场竞争者提供公共津贴，同时还让他们负担一些额外的部门成本，有时额外成本的相当比例是由部门的消费者承担的。

内部部门预算策略和公众支持

部门同时拥有内部和外部的预算策略。内部策略是用来进行跨项目和客户群体的融资选择和建议。部门可使用至少四种内部预算策略。像维尔达夫斯基确立和讨论的内部预算策略，这些内部预算策略不是严格互斥的。一个部门可能会使用不止一种内部策略，或在不同时点使用不同的策略。

预算环境是满意还是不满意，影响着部门预算策略的选择。当经济稳健、经济增长旺盛时，公众更可能聚焦于来自公共支出的收益。在经济繁荣、预算环境有利时，部门更可能强调将预算策略与其收益结构相联系，相关公众支持部门收益结果产生的项目结果。

相比之下，当经济衰退和经济增长停滞时，公众更可能将焦点集中于与公共支出相关的成本和对政府项目融资的反抗。对税收的反抗表现为对民主和部门存亡的重要挑战（Glaser and Hildreth，

1996)。公民—投票人在抵制税收时会使用不同的理由（Whicker and de Lancer，1997）。对那些在经济停滞或萧条和部门预算环境不利时获得重要地位的部门官员而言，公众对政府项目融资的反抗形成一种挑战。在严格预算约束下，如果部门不执行有效策略，它们可能面临预算削减、规模减小或私有化。面对不利预算环境的部门，更可能集中于与其成本结果有关的预算策略，以及公众对成本结构产生的部门项目融资的反抗（表 12.3）。

表 12.3　对部门结果和预算策略的公众支持

对部门结果的公众支持	内部部门预算策略	外部部门预算策略
有利的预算环境		
对结果广泛而无力的支持	内部策略 前些年增量 通货膨胀增量 最好猜想	立法委员会听证策略 玩游戏 它是成功的：效率问题 避开可能被否决的极端要求
对结果狭小而集中的支持	公平策略 相等的美元 生活费用 需求公平	客户策略 寻找客户 服务客户 扩大客户 集中于个体选民 保证反馈 迂回战术
不利的预算环境		
对融资的温和反抗	目标策略 杰出的中心 减少浪费 它是我们的使命	信心策略 成为他们所认为的 直接做 正直 我很想帮你，但…… 如果他们问起来怎么办
对结果的强烈反抗	保护/扩大部门范围策略 收益/成本 市场失灵 天塌地陷（后果严重）	分散权力的资本化设计策略 补偿 互相责难 两极对付中间 削减受欢迎的项目

（续表）

对部门结果的公众支持 不利的预算环境	内部部门预算策略	外部部门预算策略
		削减较不明显的项目
		要么全部，要么没有
		转移责任
		他们造就了我
		转换
		骆驼鼻子
		踏进门里的脚
		仅仅是暂时的
		承诺
		自己付费：它创造盈利
		危机（销售和广告）

渐进预算

作为一种政策决策方法的渐进主义是由林德布洛姆（1987）提出的。渐进主义同样也被普遍认为是主流的预算政策（David，Dempster and Wildavsky，1987）。部门可以为项目选择渐进的基金，在不同的项目和客户群体中清晰地或者大概地建议相等或相似的预算增长率。例如，一个部门决定要求它的各种运输项目的基金成比例的增加就是使用渐进主义。

一个渐进策略就是"前几年渐进"的方法，那些部门要求与前一年所有项目基金相同的增长率。第二个渐进方法是"通货膨胀"策略。在此，部门官员利用通货膨胀指数决定渐进基金需求。还有第三个渐进方法是"最好猜想"策略。部门官员利用其对项目和预算角色的知识，形成一个关于部门预算需求合理渐进的最好猜想，交给中央预算办公室和立法机关。

自从渐进预算策略避开了一切特定项目或预算类型的认真细查，并假定预算基础是受保护的，它们就与对部门结果的广泛公众支持联系起来。如果部门有理由相信，公众确实（如果谨慎地）倾向它们的项目，那么就更可能使用渐进策略。在有利的预算环境下，渐进预算策略最有可能被采用。

平等预算

部门可能选择处理那些资金范围不相上下的项目和客户群体。在某一层面再分配部门使命与平等预算不一致，而在操作层面开发的部门使命和预算就不存在这种情况。一个再分配部门从社会的各个部分特别是从较富有部分获得资源，而不为其提供服务，那么，再分配资源就从富人流向穷人。然而，部门一旦从其客户获得资源，就会在有需要的客户中使用公平预算分配资源。因此，当部门关注平等地对待接受利益的客户（例如福利受领人）时，公平预算就会发生。有时，公平预算策略与渐进预算策略在结果上可能相似，虽然动机和理由仍然不同。如果部门最初对项目和客户群体有平等的融资，平等融资的结果可能会与渐进主义相类似。然而，如果对客户群体的融资水平不同，公平预算的需求就会背离渐进主义。

一个公平策略是"金钱公平"的方法。部门利用这个策略，在不同地域要求相等的资金数额，有时，从低收入地区向高收入地区的转移消除了对客户的激励。"生活费"策略是为调节在不同地域生活费的差异。生活费高的地区比生活费低的地区的客户获得更多的融资。第三个公平策略是"需求平等"策略。这个方法考虑到各种客户群体的相关需求，认识到处于非常不利地位的群体需要更多的支持，才能获得与较少不利的群体相等水平的结果。各种客户群体要求的实际数额可能不同，但原则是对不利条件存在差异或有需要的群体提供公平的结果。

公平预算策略与对部门结果的有限公众支持相联系。认识到公众不喜欢被部门基本项目支配，部门策略作为吸引公众公平意识的一种方式，要保持和增加部门融资水平。公平融资的一个方面，就是吸引公众关于客户群体待遇的公平意识。如果预算过程是公平的，当某个群体在特定水平被融资时，其他群体在同样水平也应该被融资。因此，最高融资群体成为其他群体融资需求棘轮上升的关键。当公平融资为客户转移集中于特定地域而减少激励时，公平感就会产生，并且会尊重提供者。当预算环境有利时，公平预算策略最可能被应用。

目标预算

在目标预算下，对部门管理的各种项目和受其服务影响的客户群体，部门会明显区别对待其融资要求。某些项目和功能区域被优待，而其他的则不会。部门为其控制项目提出的百分比的增加（或减少）是不平等的，反而变化相当大（Levin, Rubin and Wolohojian, 1986）。纵然渐进主义可能是困难时期政治上更容易的方法，在紧缩开支时期，目标预算被预算学者作为理性预算方法来推荐。这一内部预算策略类似于韩国为快速经济增长而采取的不均衡经济增长策略。韩国是将其稀缺资源集中到更具潜力的战略产业和区域。

"杰出中心"是第一个目标预算策略。部门关注那些表现特别好的项目或预期将会表现好的项目，要求它们有更快的增长。部门管理的这些杰出中心项目一旦成功，对其融资增长要比其他项目快得多。"减少浪费"是第二个目标预算策略。应用这个方法，部门会明显减少甚或淘汰未能产生预期效果的项目，以继续支持其他的部门项目。"我们的使命"是第三个目标预算策略。部门对其基本使命范围内的项目提出的要求多于对更外围项目的要求。

目标预算策略与公众对部门融资的温和反抗相联系。只面对温和反抗融资的部门，能提供那些未损害公众意愿的项目以更大需求去融资于其他部门项目。因此，在"杰出中心"和"我们的使命"方法下对一些项目的更大需求，并不一定会损害部门管理的其他项目的更谨慎的融资请求。在困难时期和偶尔在繁荣时期使用"减少浪费"策略，伴随公众对部门融资进行温和（与强烈相反）反抗，也能进一步提升部门负责任和有效率的公众形象。总之，当预算环境不利时，目标预算策略更可能被采用。

保护/扩大部门范围的策略

在这种策略下，部门通过在内部分配资金使其控制范围最大化。融资建议基于防止其他部门和潜在供应者侵蚀部门服务基础。部门利用策略去保护和扩大其范围，是为了保护部门项目和预算免受对融资的强烈政治反抗，包括可能威胁部门生存的大量预算削减。在某个地区或功能区域与私人公司竞争的公用事业，可能会选择不同于另一地区、把资金投向那些存在竞争的地方，远离那些服务基础不受威胁的地区。

保护/扩大部门范围的第一个方法是"收益/成本"策略。部门利用各种预测和正当理由表明，建议的预算请求的收益超过成本，他们提出的预算请求是适当的。保护部门范围的第二个方法是"市场失灵"策略。部门认为他们必须提供或扩大其项目，因为市场已不能为市民提供必需的服务。在那些被认为是失灵和不适合的市场领域，部门分配资金给那些项目。因此，市场失灵的程度决定了部门请求和用于保护或扩大部门范围的融资幅度。与市场失灵策略相关的是"天塌地陷"策略。部门官员认为如果不保护和扩大部门范围，悲惨后果就会发生：用谚语说就是"天塌地陷"。为保护部门范围的部门融资要求是为了防止悲惨后果发生，否则，悲惨后果就会出现。

保护或扩大部门范围策略与公众对为部门项目融资的强烈反抗相联系。当公众反抗很强烈时，部门知道一旦预算被削减，要重新融资在政治上是很困难的，有时甚至是不可能的。面对公众对融资强烈反抗的部门，会转向保护现有的项目或者更积极地扩大它们，因为不那样做的后果将可能是严重的和长期的。当预算环境有利、公众关注项目成本多于收益时，保护/扩大部门范围的策略更可能被采用。设计保护预算策略，是为了克服公众对部门成本的强烈反抗。

外部部门预算策略和公共支持

在预算政治和项目融资受到强烈攻击的竞技场上，部门利用各种预算策略，从外部预算参与者获得政治支持和部门融资。维尔达夫斯基（1992）在他的经典著作《预算过程的新政治学》（*The New Politics of Budgetary Process*）中，描述了四种类型的部门预算策略。维尔达夫斯基讨论的策略，主要为处理在部门之外控制融资的人设计的，与立法委员会听证、客户策略、信任策略有关，其设计是使分散权力转化为资本（Wildavsky，1992）。第五种策略是"成为好的政治家"，维尔达夫斯基证实它与其他类型策略不是相互排斥的，而是相互重叠和包含的。反过来，这些策略与公众支持的范围和程度相联系。此外，我们不认为这四种策略是渐进的，因为它们可以是渐进的、激进的或者其他类型的。

理论上，在预算策略发展过程中，部门关心的是围绕收益和成本的公众态度。然而，实际上经济条件表明了哪个将会更重要。与内部预算策略一样，经济条件决定预算环境是有利还是不利的。预算环境的条件，进而又影响了部门对使用何种外部预算策略的选择。当预算环境有利时，公众倾向于关注项目的收益。拥有有利预算环境的部门，倾向于强调与支持部门收益相关的预算策略。当预算环境不利时，公众倾向于关注项目的成本。拥有不利预算环境的部门，倾向于特别强调与公众反抗融资相关的预算策略。在经济困难时期，一些部门可能使用收益去战胜公众对融资的反抗。

立法委员会听证策略

立法委员会听证策略，包括在关键立法委员会之前，部门行为最大化其融资的结果。立法委员会听证策略，为部门提供更大的公众竞技场，让其介绍继续增加资金投入的实例。立法委员会听证可能被媒体报道，提高公众对进行中的预算政治保持警觉，而中心预算办公室听证会及决策则不会得到媒体同样的关注度。更进一步说，由于议员寻找的那些预算和拨款委员，其地位通常是很高、很有声望的，因此，关键委员会成员更可能在立法机构要么有更老资格，要么有更高地位，或者两者兼而有之。立法预算和拨款委员会成员的较高地位将进一步增加媒体关注的可能性。在部门官员和议员之间，或者持竞争观点的立法委员会议员之间，存在对手交易的潜在火花，在这种矛盾和敌对关系吸引注意力的时代，也会使立法听证会为公众看得见。尽管如此，由于立法委员会成员可能来自不同的地区，这些地区有着相似的多样的政治和经济利益，通过听证会产生的公众关注仍可能是短暂的，支持虽然广泛但可能是无力的。在有价值的项目被考虑批准前，委员会成员就能察觉到这些项目的价值，但除非项目直接和强烈地影响其自己地区及其选民，否则他们可能不会十分关心或支持部门存在问题的项目。当预算环境有利时，立法委员会听证策略更可能被采用。

第一个立法策略是"去玩游戏"。在提交给关键的预算或拨付委员会之前，部门预算经常被行政系统中的中央预算办公室削减。按照游戏规则，不会正式地反驳那些在联合行政预算中由首席行政官（总统或州长）签署的预算数字，在理论上，部门领导被限制提出可选择的关于部门需求和更高数字的信息。尽管游戏规则没有阻止部门领导回应由立法委员会成员提出的问题，但实际上，又确实要求部门领导这样做。于是，由部门领导玩的游戏，就是回应没有公开反驳联合行政预算的询问，但用这种方法促使立法委员会成员询问部门发展的最初预算数字是什么，以及与这些数字相关的部门需求是什么。部门于是能够向委员会提出其需求和最初数字，避免公开挑战或反驳中央预算办公室和首席执行机构（Wildavsky，1992）。当立法委员会成员温和地关心大多数项目，是被促使深入调查而不是攻击项目时，这个策略是可能成功的。由委员会成员对部门进行有利的立法质问，其动机是围绕"花架子"去获得媒体或者其他政治力量的注意，去关注对他们自己地区繁荣有适度影响的项目。

另一个立法委员会听证策略是"它是成功的"。在这个策略中，部门利用讨论关于前几年已成功实施的事例，捍卫在过去绩效基础上的现行支出需求。简言之，它的项目成功了。这个策略部分明确了那些参与预算过程的项目评价标准。如果那些标准由项目的反对者制定，他们可能会因为太过苛刻而很难融合在一起。成功使用这个策略的部门，可以找到一个使得项目被成功评价的合理标准（Wildavsky，1992）。当委员会中没有人被鼓动去攻击这个项目，并声明被表面合理的标准判定"它是成功的"时，这个策略就被最好地使用了。

在立法委员会之前采用的另一个部门预算策略，是"避开可能被否决的极端"。这个策略假定，任何对部门请求的反对都将会破坏部门官员提出部门预算请求的可信度。如果极端的例子被公开了，那些请求会被怀疑或受到心怀敌意的委员会成员挑战，说它们不真实、不现实或两者兼备的可能性就会很大。因此，精明的部门官员避开极端例子或请求。而且，当支持是广泛但无力时，立法委员会成员不会被驱使去攻击项目，所以避免了攻击部门领导的可信度，提升了普通委员对项目的支持。

客户策略

客户策略包括部门熟练地利用客户群体去提高部门资金（Wildavsky，1992）。尽管这种策略可以伴随各种客户群体使用，但当客户群体作为有需要或应获得救济的群体，其可见度高并容易获得公众支持时，这种策略是最成功的。客户策略包括"寻找客户"、"服务客户"、"扩大客户"、"集中于个体选民"、"保证反馈"和"迂回战术"。寻找和服务一个客户群体，意味着部门应确认可辨认的客户群体并为其提供服务。对于一些部门而言，例如农业、福利和退伍军人部门，客户群体已经是可辨认的。对于其他部门，例如那些处理环境、交通或食品与药品安全的部门，特定的客户群体可能很难辨认，从而降低了那些部门依靠这些策略的可能性。

在扩大客户和集中个体选民的策略中，部门改进与客户群体的关系。于是，客户群体成员更意识到其从部门获得的利益，也更强烈地支持为项目融资。通过保证反馈，部门保证其项目继续为客户需求服务。

当客户群体无法显示或者被视为特别有需要或应获得救济的群体时，尝试通过间接融资机制获得收益（采用不正当收益或自动授权融资的形式），部门可能实施"迂回战术"。如果客户群体特别有需要，部门围绕中央预算办公室和委员会的对手，通过动员客户群体出现在集会、游行或在委员会做重要决策之前，也许会实施不同类型的"迂回战术"。因此，在预算过程的策略时刻，有需要的残疾儿童、陷入绝境的老年人和其他应获得救济的群体，可能被以搭便车或其他方式带到立法听证会和其他公共讨论会。

客户策略通常与对部门结果强烈但有限的公众支持有关。某些策略特别能动员被认为是有需要或应获得救济的群体，成功获得媒体的关注，但大部分市民没有从增加的部门资金中获得好处。对部门融资的强烈支持，来自那些受部门项目影响的人，但对客户群体及其朋友来说却是有限的。一般来说，客户策略超越客户群体到普罗大众，努力去临时性扩大对项目资金需求的意识，努力去简单获得广泛但很可能无力的公众支持，以便有足够长的时期保证融资。当预算环境有利时，部门更多地倾向于利用客户策略。然而，部门没有必要在繁荣时期限制其对客户策略的使用。

信心策略

信心策略，一方面包括在部门官员之间建立相互支持和信任，另一方面也包括议员和其他主要预算参与者建立相互支持和信任（Wildavsky，1992）。当预算请求非常大时，例如国防、某些授权项目和重大公众事务，信任策略就显得尤为重要。因为没有议员或其他人可以轻易地理解大型预算请求包含的内容，因此，拥有请求合法性的信心是很重要的。当支出计划是为了生产非常专业而复杂的结果，如国防、公众事务、太空计划和交通，信心策略也同样重要。再者，任何个体都无力监督此种支出，它包括所有或者大多数技术细节和原理，要求资金申请方和资金批准方之间存在相互信任。

维尔达夫斯基指出了几个信心策略，包括"成为他们所认为的"、"直接做"、"正直"和"我很想帮助你，但……"。在第一个信任策略中，部门官员正确地认识到，议员掌握他们的形象并履行这个形象。部门官员经常的形象是：他们是细节的专家，是努力工作的、谦逊的、专心的，并关心纳税人金钱的有效利用。"直接做"包括成为上述委员会成员、不撒谎和避免掩盖错误行为。"正直"包括提供可靠信息，保护部门官员良好的公众名声。当议员或其他预算参与者要求部门官员从事其不能做的、无伤部门地位或他自己名声的事时，官员就会使用"我很想帮助你，但……"策略。这个策略意味着官员重视相互信任的关系和外部限制，而不是毫不让步、敌意或敌对关系妨碍官员服从。由阿尔·克利曼（Al Kliman，1990）指出的一个附加信心策略，是"如果他们问起来会怎样"。部门官员利用这个策略，经常为预算计划提供详细的有用回答，赋予预算请求以可信度。

当公众对部门融资的反抗是温和的时候，信心策略特别地有效。伴随温和的公众反抗，仅凭信任就足以鼓励议员批准部门请求。更强烈的公众反抗，很可能要求更详细和更有力的证据，证明部门结果的价值和增加资金的必要性。因此，信心策略对国防和医院效果最好，但对面临公众强烈反抗部门融资的规制机构则作用不大。当预算环境不利，信任部门项目的公众形象需要克服为部门结果融资的温和公众反抗时，信心策略更可能被使用。

分散权力的资本化设计策略

部门官员融资最大化行动的第四种类型，是分散权力的资本化设计策略。在这种策略中，部门官员利用行政和立法部门之间的权力分离以及各部门内部的权力分立，去影响一个权力中心对付另一个权力中心（Wildavsky，1992）。

在几种策略中，部门官员为了官员自身利益，试图去利用预算参与者之间的冲突。在"补偿"策略中，部门官员试图使一个权力中心同意更多的融资，这样，其他权力中心将更可能在批准融资的争执中分裂，结果导致一个更高的总分配。当一个部门被预算过程中相互竞争的利益困住，"互相责难"就会发生。在这种情况下，部门必须"躲避"并同意支持他们的权力中心为其辩护，否则就会被扼杀。"两极对付中间"包括部门在立法过程中有效地利用关键决策者之间的斗争，特别是在独立委员会和拨款委员会之间的斗争。

当部门官员被迫建议削减这类预算时，他们可能同样有策略。使用"削减受欢迎项目"策略的部门官员说，只有削减立法和公众强有力支持的项目，才能尽力保护没那么受欢迎的项目免于详细检查，对受欢迎项目融资的坚信，将会使其要么不受影响要么恢复。与之相反的策略是"削减较不明显的项目"，例如住宅保管、维修和基础设施领域，从而尝试去保护核心项目活动。"要么全部，要么没有"策略有很高的风险，意味着任何的削减都损害项目的生存能力。在"它自己付费"策略中，官员们认为自筹资金的项目不应被削减。一种对这种一般策略更积极的解释，将融资请求归因于其他原因的是"危机"策略。"危机"策略包括销售术、广告和将融资请求归因于会导致可怕结果的外部危机。

一些策略包括对请求责任的让渡。"转移责任"允许预算参与者提出，其他人应为他们被迫做出的削减负责。与这个策略不同的策略是"他们造就了我"，在这个策略中，部门官员暗示他们对其做出的请求别无选择。在"承诺"策略中，部门官员暗示，融资增加是一个早前承诺或其他不可控因素的职责。

一些策略包括掩盖事实或者将来可能的融资水平。在"转换"策略中，代理官员把项目从一种支出类型转换成另一种类型，以保持最初类型稳定的支出水平，显得所要求的资金似乎没有增加。当一个潜在的大项目伴随着一个较小的数额开始，但是需求和资金水平随之迅速增加时，"骆驼鼻子"就会被使用。一个与"骆驼鼻子"相似的策略是"踏进门里的脚"。在这个策略中，即使当融资适度时，部门官员也会在预算中保持某些项目，以期将来的融资水平会增加。"仅仅是暂时的"这个策略，意味着融资请求将是临时的。

当对部门结果的融资存在强烈反抗时，分散权力的资本化设计策略更可能被使用。这些策略利用了系统中的弱点和分割。频繁地使用"分而制之的"方法，它们在性质上是分开的和消极的。在公众对融资存在强烈反抗的不利条件下，更温和和信任的策略更不可能成功。当预算环境不利时，分散权力的资本化设计策略更可能被使用，因为需要强有力的或以冲突为基础的方法。

部门使命和主要预算策略

因为部门具有不同的使命，公众对结果的支持和反抗融资的程度也不一样，也因为公众支持可能与各种预算策略、部门使命有关，进而，可能也和内部和外部预算策略有关。因此，部门对内部和外部预算策略的选择，受到了预算环境是否有利的影响（表12.4）。

分配部门和主要预算策略

分配部门有效地利用了拨款过程。利用生产的产品和服务可以散布到广大地区的长处，他们的产出有时被贴上"议员为选民所争取

表 12.4 部门使命和预算策略

部门使命和焦点	预算环境	公众支持	支配内部预算策略	支配外部预算策略
分配 生产者焦点	有利	对结果广泛而无力的支持	渐进策略	立法委员会听证策略
	不利	对融资温和的反抗	目标策略	信心策略
再分配 客户焦点	有利	对结果狭小而集中的支持	平等策略	客户策略
	不利	对融资温和的反抗	目标策略	信心策略
规制 公众利益焦点	有利	对结果广泛而无力的支持	渐进策略	立法委员会听证策略
	不利	对融资强烈反抗	保护/扩大代理范围策略	分散权力的资本化设计策略
市场竞争者 消费者焦点	有利	对结果狭小但集中的支持	平等策略	客户策略
	不利	对融资强烈反抗	保护/扩大代理范围策略	分散权力的资本化设计策略

到的地方建设经费"的标签。这些部门与外部预算参与者、特别是在他们需要时召来的重要议员，可能逐步建立政治代金券。

当预算环境有利时，分配部门的预算策略更可能受到的影响，是随面临生产者焦点的部门项目结果的广泛而无力的支持而来。在繁荣时期，分配部门更可能在规划预算请求时利用渐进策略。广泛的公众支持，使部门官员能够在多数或所有项目中要求全面增长。当对付外部参与者时，分配部门更可能强调立法委员会听证策略。当经济条件允许立法机构关注项目收益时，分配部门可以兜售其分配收益的政治支持，更可能在议员中引起从分散地域到获得实在的融资增加。例如，琼斯（1991）声称，国防部门尝试通过对议员为选民所争取到的地方建设经费支出的分配去报答给予他们预算酌情决定权的国会成员。

当预算环境不利时，分配部门更可能受公众对项目融资的温和反抗的影响。分配部门内部利用目标预算策略的可能性增加了。为了克服对融资的温和反抗，分配部门更可能强调其杰出中心，表明融资增加是如何与部门的基本使命相关，并且表明他们已经削减了浪费。分配部门对外更可能使用信心策略去压制关注和批评。

再分配部门和主要预算策略

再分配部门有效地使用"铁三角"，成功地发掘了部门、客户和主要议员之间的联系。他们依靠客户群体进行游说，由授权委员会和权威立法机构提供保护。

当进行预算策略选择时，一个有利的预算环境引起再分配部门关注对结果有限而强烈的公众支持。当内部开发预算请求时，有利的环境条件更可能引起再分配部门利用公平策略。公平策略允许部门使用公平原则去弥补狭隘的部门支持。当环境有利时，再分配部门更可能使用客户策略对付外部预算参与者。客户策略使部门能够动员那些从部门项目获益和强烈支持部门项目的人为增加融资进行游说。使用客户策略是再分配部门能够在制定外部预算请求时，操纵"铁三角"关键的一只脚，这个"铁三角"由部门本身、它的客户和主要议员组成（Keigher，1988）。

一个不利的预算环境，导致再分配部门关注他们所面临的温和公众反抗。由于成本是分散的，所以对再分配部门融资的反抗是温和的。在紧缩时期，再分配部门的行为与分配部门相似，在内部使用目标预算策略，在外部则使用信心策略。再分配部门通过权威立法机构及机制，可以拥有其预算融资的大部分，以此来改变融资请求、授权和拨款行动。在紧缩时期获得这种保护，再分配部门可以使用目标预算，显示浪费是如何被削减，融资增加与项目效率、使命关联和杰出中心的联系。当环境不利时，再分配部门对外更可能使用信心策略去压制批评和关注。当预算被削减，研究福利救济的主管已经显示了在客户策略和关注之间的转移（Mason，Wodarski，

Parham and Lindsey，1985）。

规制机构和主要预算策略

规制机构对危机的利用，常常不仅是在作为获得最初授权立法机构的推动力被创造时，而且是在重要时段推动融资水平上升时。他们可能进一步利用媒体去推进公众对规制收益的认识。

在有利的环境下，规制机构做出预算选择，是基于其广泛而无力的公众支持，这些支持是源于分散收益。在繁荣时期，规制机构与分配部门一样，使用相似的预算策略。当经济强劲时，规制机构在内部使用渐进策略去开发融资请求，在外部则使用立法委员会听证策略，利用受规制机构项目结果影响的多数或全部立法地区的事实。

在不利的环境下，规制机构做出预算选择，是基于其面临的对融资的强烈反抗。规制机构因其成本集中而面临对融资的强烈反抗，这对规制的影响比其余方面更严重。那些经受着高成本的人，通过努力降低其个人或公司成本来抵制部门融资。在不利的环境下，规制机构预算固然会保护部门项目和控制范围。意识到规制机构的创立及随后的权力膨胀，已经被显而易见的危机驱使，这些危机暂时抑制了对规制机构融资的强烈反抗，规制机构在紧缩时期抵制其控制及相应的预算收缩。因此，例如，纵然已经对州部门在不利环境下能否提供有效规制提出了质疑，州环境部门还是会抵制归还某些环境规制权给联邦政府，因为这会缩小他们自身的控制权（Malysa，1996）。对外部而言，规制机构可以使用好斗的和冲突的策略，去克服公众对融资的强烈反抗。这些分散权力的资本化设计策略，利用行政和立法部门之间的权力分立以及各部门内部的权力分立。

市场竞争者和主要预算策略

与其他部门不同，市场竞争者可能没有被限制通过预算过程获取资源。利用出售部门服务或商品的优势，市场竞争者可以从市场活动中获得资源。例如，公共运输部门可以发展新的或扩大的服务，来产生附加的收入或提高票价。很多市场竞争者，仍然依靠政府津贴和发展预算策略，从拨款中获得资源。科思伦（Cothran，1993）提出了预算从一个支出控制重点到一个分散的企业家预算重点的转换，保持了政府部门官员对支出和结果负责。这种预算策略最可能被市场竞争者使用，他们在某些程度上经历的"底线"如同其私人部门竞争者所面临的一样。认识到公众可能认为公共部门没有私人部门那么有效率，市场竞争者会尽可能低调处理其与公共部门的联系。在请求预算津贴时，他们强调其自身的效率、消费者焦点和服务范围。

由于市场竞争者通常关注收益，他们面临对部门结果有限而强烈的支持。当经济环境有利时，这种有限的支持驱使市场竞争者做出预算策略选择。在繁荣时期，市场竞争者更可能采用与再分配部门一样的预算策略，这些部门也同样面对有限而强烈的支持。在繁荣时期，市场竞争者更可能在内部使用公平策略，以表明融资请求是建立在公平基础上的。在外部，市场竞争者更可能使用客户策略去获得预算津贴，召集客户或受益群体为部门融资进行游说。

当经济环境不利时，市场竞争者被迫关注其面临的公众对融资的强烈反抗，那些公众反抗是源于集中成本。在紧缩时期，市场竞争者更可能采用与规制机构类似的预算策略，他们同样面临对融资的强烈公众反抗。因此，市场竞争者认识到一旦部门范围和市场份额失去时要补偿的难度，将会在内部规划预算以保护其部门范围。在紧缩时期，市场竞争者会在外部采用对分散权力的资本化策略。

结论：部门预算策略选择的复杂性

在这里描绘的部门使命、收益/成本结构、公众支持、环境驱动

的内部和外部部门预算策略之间的关系不是确定性的。在犯了许多
错误之后，很长一段时间内，部门依赖最有效的预算策略取得了成
功。我们认为，那些在此研究中建议的预算策略在部门使命适合他
们时将会最有效。换句话说，具有不同使命的部门需要不同的预算
策略，以最大化部门预算成功的可能性。更重要的是，我们认为，
部门使命在许多其他因素中是影响部门预算策略选择的最主要因素。
然而，就各种特殊原因而言，任何特殊环境都可能导致部门对备选
方案的选择。进一步说，部门对预算环境是有利或不利的认识，在
预算策略选择上可能与环境是否真的有利或不利一样重要。另一个
影响部门预算选择的因素，可能是部门领导的个人特质是谨慎的或
勇敢的、好斗的或和蔼的。这些因素——随机变化、部门的认识和
部门官员的个人特质——可能会打乱部门对将在何时使用何种预算
策略的确定性预测。即使没有这些混淆不清的因素，使命与预算策
略之间的关系也是复杂的。本章为在更深层次上研究真实世界的复
杂性提供了理论基础。发展关于最大化部门资源的部门策略理论，
并未能缓和批评预算最大化理论造成的道德困境。公众对部门是否
应获得更多资源的关注，从创建理论和随后关于部门如何开发策略
去完成使命的经验检验中分离出来。进一步的研究，需要为证明这
个演绎预算理论提供经验证据。

参考文献

Almond, Gabriel A., and Powell, G. Bingham Jr. *Comparative Politics*, 3rd ed. Boston: Little Brown, 1980.

Axelrod, Donald. *Budgeting for Modern Government*, 2nd ed. New York: St. Martin's Press, 1995.

Barkdoll, Gerald L. "Scoping Versus Coping: Developing a Comprehensive Agency Vision." *Public Administration Review*, 52 (July/August 1992): 330—338.

Cothran, Dan A. "Entrepreneurial Budgeting: An Emerging Reform?" *Public Administration Review*, 53 (September/October 1993): 445—454.

David, Otto A.; Dempster, M. A. H.; and Wildavsky, Aaron. "A Theory of the Budgetary Process." In Paul Peretz (ed.), *The Politics of American Economic Policy Making*. Armonk, NY: M. E. Sharpe, 1987: 169—201.

Downs, Anthony. *Inside Bureaucracy*. Boston, MA: Little, Brown, 1967.

Duncombe, Sydney, and Kinney, Richard. "Agency Budget Success: How It Is Defined by Budget Officials in Five Western States." *Public Budgeting and Finance*, 7 (spring 1987): 24—37.

Dunleavy, Patrick. *Democracy, Bureaucracy, and Public Choice*. New York: Prentice Hall, 1991.

Glaser, Mark A., and Hildreth, W. Bartley. "A Profile of Discontinuity between Citizen Demand and Willingness to Pay Taxes: Comprehensive Planning for Park and Recreation Investment." *Public Budgeting and Finance*, 16 (winter 1996): 96—113.

Jones, L. R. "Policy Development, Planning, and Resource Allocation in the Department of Defense." *Public Budgeting and Finance*, 11 (fall 1991): 15—27.

Keigher, Sharon M. "State Medicaid Budgeting in Hard Times: Implications for Long-Term Care." *Public Budgeting and Finance*, 8 (summer 1988): 49—66.

Kliman, Al. "A Successful Budget Process." *Public Budgeting and Finance*, 10 (summer 1990): 110—114.

LeLoup, Lance T. "The Myth of Incrementalism: Analytical Choices in Budgetary Theory." *Polity*, 10 (summer, 1978): 462—509.

LeLoup, Lance T., and Moreland, William B. "Agency Strategies and Executive Review: The Hidden Politics of Budgeting." *Public Administration Review*, 38 (May/June 1978): 232—239.

Levine, Charles; Rubin, Irene; and Wolohojian, George. *The Politics of Retrenchment*. Beverly Hills: Sage Publications, 1986.

Lindbloom, Charles E. "The Science of 'Muddling Through.'" In Paul Peretz (ed.), *The Politics of American Economic Policy Making*. Armonk, NY: M. E. Shaxpe, 1987: 156—168.

Lowi, Theodore J. "American Business, Public Policy, Case Studies, and Political Theory." *World Politics*, 16 (July 1964): 667—715.

Malysa, Lani L. "A Comparative Assessment of State Planning and Management Capacity: Tidal Wetlands Protection in Virginia and Maryland." *State and Local Government Review*, 28 (fall 1996): 205—218.

Mason, Jan; Wodarski, John S.; Parham, T. M. Jim; and Lindsey, Elizabeth W. "Agency Directors and Budget Cuts." *Public Welfare*, 30 (winter 1985): 27—32.

Meyers, Roy T. *Strategic Budgeting*. Ann Arbor: University of Michigan Press, 1994.

Mikesell, John L. *Fiscal Administration: Analysis and Application for the Public*

Sector, 4th ed. Belmont, CA: Wadsworth Publishing Co. , 1995.

Musgrave, Richard A. , and Musgrave, Peggy B. *Public Finance in Theory and Practice*. New York: McGraw-Hill, 1973.

Niskanen, W. A. *Bureaucracy: Servant or Master*. London: Institute of Economic Affairs, 1973.

Posner, Paul. "Understanding the Federal Budget. " *Public Administration Review*, 57 (May/June 1997): 274.

Ripley, Randall B. *Policy Analysis in Political Science*. Chicago: Nelson-Hall, 1985.

Rubin, Irene S. *The Politics of Public Budgeting: Getting and Spending, Borrowing and Balancing*. Chatham, NJ: Chatham House, 1990.

Schneider, Anne L. , and Ingram, Helen. *Policy Design for Democracy*. Lawrence: University of Kansas Press, 1997.

Sharkansky, Ira. "Four Agencies and an Appropriations Subcommittee: A Comparative Study of Budget Strategies. " *Midwest Journal of Political Science*, 9 (August 1965): 254—281.

Tullock, Gordon. *The Vote Motive: An Essay in the Economies of Politics, with Application to the British Economy*. London: Institute of Economic Affairs, 1976.

Weimer, David L. , and Vining, Aidan R. *Policy Analysis: Concepts and Practice*, 2nd ed. Englewood Cliffs, NJ: Prentice Hall, 1992.

Whicker, Marcia L. *Controversial Issues in Economic Regulatory Policy*. Newbury Park, CA: Sage Publications, 1993.

Whicker, Marcia L. , and de Lancer, Patria D. "The Implications of Types of Voter Rationality for Tax-Cut Initiatives. " *Public Budgeting and Financial Management*, 8 (winter 1997): 461—480.

Wildavsky, Aaron. *The New Politics of the Budgetary Process*, 2nd ed. New York: Harper Collins. 1992.

第 13 章

结果预算

劳伦斯·L.马丁

有关公共预算理论的书籍文章似乎都是从对 V.O. 科伊的敬意开始的。为什么不打破这个传统呢？人们对科伊（1940）的纪念很大程度上是源于他对公共预算趋向非理论的批评以及他的著名问题：应该根据什么来决定将 X 美元配置给项目 A 而非项目 B 呢？

在过去的 60 年中，公共预算实践已经给科伊的问题提供了无数的回答。分配问题已被回答为：资金控制（线项目预算）；管理控制（绩效预算）、计划和项目（项目预算）及其各种表现形式，例如计划项目预算（PPB）和目标管理（MBO）；尝试去克服渐进主义，例如零基预算（ZBB）；增加管理的判断力（企业家预算），等等。然而，就预算理论而言，还无法弄清楚这些公共预算体制代表理论对过程的任何真正胜利。

有评论说，公共预算体制是构思时的"时间和环境"的反映（Rubin，1996）。依据当今的时间和环境，今天的政府较为重要的力量之一就是绩效衡量（Hatry and Whosley，1994）。"政府绩效和结果法案"（GPRA）（公共法律 103—62）、政府会计标准委员会（GASB，1994）主动报告的服务努力与成就（SEA），以及各州和地方政府绩效评估项目都是关于政府项目结果（完成、成效或影响）数据的收集和报告。

绩效衡量除了关注政府项目的结果，也要求增加政府的透明度和改善政府的外部沟通。透明度的最宽泛含义是政府对利益相关者（如被选出的官员、市民、利益集团等）是尽可能开放和可视的。沟通意味着政府应以利益相关者易懂的语言提供项目的信息、结果和伴随成本（McTigue，2001）。有争论认为透明度和沟通是与绩效衡量概念不可分的（Chan，2001）。掌握关于政府项目结果和伴随成本的易于理解的绩效信息，使利益相关者在对待政府项目责任上处于有利的地位。在政府会计标准委员会声明授权的第 34 条（GASB，1999）关于州和地方政府会计和报告的新标准中，透明度和沟通作为绩效衡量的一个方面被强调。

以绩效衡量收益的现有水平和结果的特殊性来看，一些政府所执行的被称为"结果预算"就不足为奇了。再回到科伊的问题，结果预算将传统体系方法提升了一步，为分配问题提供了一个答案：基于完成结果比较项目 A 与项目 B 及其伴随成本。

结果预算：在公共预算理论中的位置

从实践超越理论时起，结果预算就是一种有趣的政府现象。在公共预算文献中，除了几个值得注意的观点（Martin，2001，2000，1997；Gianakis and McCue，1999），结果预算概念鲜为人知。因此，不存在普遍认可的结果预算定义。

戴维·奥斯本（David Osborne）和特德·盖布勒（Ted Gaebler）在其有影响力的著作《政府再造》中，提出了一个实用的定义，即结果预算是"一个聚焦于资金活动结果的预算体制"（Osborne and Gaebler，1992：161）。戴维·奥斯本和特德·盖布勒并不是第一个使用结果预算这个词的人，但他们的定义获得普遍认同（Martin，

2000，1997；Gianakis and McCue，1999）。事实上，结果预算一词先于戴维·奥斯本和特德·盖布勒，在人员服务管理文献中已经使用了一段时间。例如，在1990年的教科书《设计和管理项目：一个基于效果的方法》中，作者特别提及结果预算，将其描述为项目预算的延伸（即组织成本对主要项目的分配），将结果目标和项目目标联系起来计算出每一结果的单位成本（Kettner，Moroney and Martin，1990：162，177—178）。

图13.1利用"扩展体制模型"（Martin and Kettner，1996）说明了结果预算体制与其他公共预算体制的不同之处。图13.1强调的是结果预算与其他三个主要的公共预算体制（分项列支、绩效和项目）的比较。

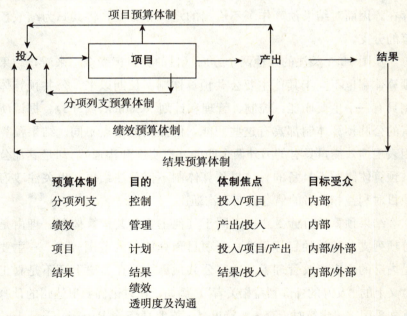

预算体制	目的	体制焦点	目标受众
分项列支	控制	投入/项目	内部
绩效	管理	产出/投入	内部
项目	计划	投入/项目/产出	内部/外部
结果	结果 绩效 透明度及沟通	结果/投入	内部/外部

图 13.1　扩展体制框架下结果预算与其他公共预算体制的比较

结果预算体制关注的中心与其他主要公共预算体制有质的区别。如图13.1所示，结果预算是唯一以结果为中心的公共预算体制。除了这一明显区别外，结果预算在公共预算文献中也经历了很长时间才被认可为公共预算理论的新分支。

结果及结果预算为预算理论的重要分支，可归因于把结果预算和绩效预算等同起来的倾向。将结果预算作为绩效预算的一部分或分支的习惯思维，否认了以产出为中心和以结果为中心的重要区别。公共预算学者大多认为绩效预算关注"政府所做的事"（Tyler and Willand，1997），而不是政府行为的结果。例如，托马斯·林奇（Thomas Lynch，1995：373）在其代表作《美国的公共预算》中，提出了经典的绩效预算定义："它是一种表现政府项目的投入和产出的预算形式，因而易于证明项目的经济和效率"（强调附加的）。但结果预算关注的是结果和效力（投入与结果之比），而不是产出、经济和效率。绩效预算没有认识到结果的重要性，甚至忽略了结果的存在，因而对结果预算作了不恰当的定义和分类，将其归为绩效预算的分支。

从图 13.1 关注的其他两个方面（目的和目标受众）来看，结果预算体制也不同于其他主要公共预算体制。长期以来，公共预算体制具有三个主要职能：控制、管理和计划（Schick，1966）。据说所有的公共预算体制都具有这些职能，但强调的重点不同。结果预算因表现绩效衡量具有的另外两个职能（透明度和沟通），却是其他公共预算体制所不具备的。结果预算体制不仅关注结果，也关注政府项目对利益相关者的信息透明和沟通。

结果预算的目标受众也不同于其他主要公共预算体制。理由是分项列支、绩效的目标受众——项目预算体制的范围较小——主要是内部的政府行政管理者。这些公共预算体制在历史上还不是真正意义上的"友好的外部利益相关者"。例如，在讨论佛罗里达州的预算优先采用结果预算时，森·帕特里夏·格罗甘（Sen Patricia Grongan）评论说："我们所选择的表现预算的方法毫无意义，没有人彻底审查预算法案并告诉我们正在买的是什么"（Hosansky，1994：26）。

结果预算因融合了结果、透明度和沟通目的以及外部目标受众等焦点而不同于其他公共预算体制，这是它被认可为公共预算新分支的保证。

结果预算：一个概念的框架

结果预算的实施涉及两个主要决定：（1）选择基础方法；（2）选择分析单位。这两个方法的详细讨论如下。

选择基础方法

戴维·奥斯本和特德·盖布勒（1992）确定了两种基本的结果预算方法：（1）将特定预算结果与预算过程相联的预算体制；（2）为完成特定结果而购买或分配特定资源的预算体制。

联系方法像产出成为绩效预算的一部分一样，使结果成为预算文件和预算过程的一部分。联系方法使利益相关者了解有哪些特定资源朝着计划达成的哪些结果分配。购买方法涉及特定资源分配以达成特定结果。购买方法优于简单地将结果与资源相联的方法，它以准契约方式把目标锁定在特定资源而达成特定结果。

购买方法显然比联系方法更复杂，因而也更难实施。然而，不管结果预算是停留在联系方法还是继续发展到购买方法，联系预算文件和预算过程的结果都是必需的第一步。

分析层面

选择分析层面决定着结果预算发生的水平。从理论上看，结果预算发生在：项目/服务层面、部门/组织层面、州/社区层面或层面之间的组合（Martin，1997）。

项目/服务层面采用的形式是：联系项目/服务层面预算结果，或联系实际购买特定层面的项目或服务的结果。项目/服务层面可以是实施结果预算最简单的层面，也可以与政府会计标准委员会关于服务努力及成就的常规报告一致，政府会计标准委员会已将项目作为分析的基本单位。

部门/组织层面通过联系或购买与部门/组织全部使命一致的结果的手段，尝试去超越单个项目和服务。这个层面的结果预算与战略计划的基本原则相一致（Bryson，1995）。合并战略计划与预算以克服任务破碎和项目重叠的观念，是政府绩效与结果法案（USGAO，1997a，1997b；U.S. DHHS，1997）运作的主要前提。

州/社区层面尝试将地理上决定结果的优先权或在一些社会指标上的特殊购买意愿的增减与预算联系起来。一个社会指标是"把握州或社区脉搏"的一个统计量。经常使用的社会指标包括：贫困率、犯罪率、就业率、住宅拥有率、发病率和死亡率，等等。这一层面的结果预算和州、社区的"基准"努力是一致的。当州/社区层面的结果预算是自然的诉求时，与此相应的是完成州和社区社会指标的结果和资源不是最佳的，并且出现的议题合法性问题是其他层面所没遇到的（Rossi，1997）。尝试在州/社区层面实施结果预算的主要实例是俄勒冈州及其"俄勒冈州基准"项目（Oregon Progress Board，1997，1996a，1996b）。

结果预算的一些实例

亚利桑那州、得克萨斯州和佛罗里达州都全力以赴实施结果预算。这些行动是迫于立法委任的权力，也在一定程度上反映了利益相关者（包括内部和外部）固有的传统公共预算体制的挫败。亚利桑那州、得克萨斯州和佛罗里达州因处于结果预算发展的不同阶段，而代表着有影响和参考价值的小型案例。在三个州中，亚利桑那州经验最少，被看作在结果预算实验阶段的政府个案；得克萨斯州被认为比亚利桑那州更有经验而作为在结果预算精细阶段的政府个案；最后，佛罗里达州因在三个州中最先进而被作为在结果预算组织阶段的政府个案。

亚利桑那州（实验阶段）

按照进入结果预算的时间长度，亚利桑那州是分析的三个州中最没有经验的，因此组织也是最不完善的。亚利桑那州的结果预算也许最好描述为在项目/服务层面运作的联系方法。

与得克萨斯州和佛罗里达州一样，亚利桑那州的结果预算也是立法行为的结果。《亚利桑那州预算改革立法案》（1996 年法律，第 339 章；1995 年法律，第 283 章；1993 年法律，第 252 章）中指出，通过一系列法定集体行动，促使亚利桑那州政府的所有行政机构和部门、大学体制和州审判组织都要：（1）确认由他们主办和赞助的每个项目；（2）形成所有已确认项目的战略计划和绩效评估标准；（3）叙述战略计划、绩效评估与州预算及预算过程的关系。亚利桑那州以其现行的"战略计划与预算"的预算体制而区别于以往的预算体制。

亚利桑那州实施结果预算最初的主要工作是将州的所有项目进行确认、分级和归类（例如，一个项目结构的发展）。1995 年亚利桑那州出版了《州政府项目主要目录》第一版。最近，《主要目录》在 2000 年进行了修订（Arizona Governor's Office，2000）。第二步工作是确认绩效评估标准及与预算文件和预算过程的联系。表 13.1 是亚利桑那州经济安全部的两个代表性项目，它们将绩效评估与预算资源相联系。

表 13.1 的调查表明，在亚利桑那州的项目结构中，单个项目（如老年工人项目）包含一个或多个目标（如增加转移到无补贴就业的参加者人数）在 2001 年以及前两个财政年度这三年的绩效评估、目标和预算资源。表 13.1 虽然没有展示所有的类型，但可以看出亚利桑那州采用了五种绩效评估（投入、产出、结果、质量和效率）。对利益相关者来说，亚利桑那州的结果预算虽不是完美的沟通工具，但它确实使政府项目比在传统公共预算体制下更透明。

表 13.1　亚利桑那州经济安全部的结果预算（2001 财政年度）

老年工人项目			
目标 1：通过将老年工人转向自力更生，来改善 55 岁以上工人的生活质量。			
绩效评估	1999 年	2000 年	2001 年
转移到无补贴就业的参加者人数（%）	47	48	50
目标 2：改善 60 岁及以上低收入者生活质量，并为有特殊需要儿童提供有意义的代际间联系。			
绩效评估	1999 年	2000 年	2001 年
对项目表示满意的受访者（%）	65	68	71
预算（000）	1999 年	2000 年	2001 年
一般基金	0.0	935.0	975.4
其他拨款基金	0.0	0.0	0.0
其他非拨款基金	399.0	502.1	502.1
联邦基金	11 539.3	13 016.9	13 543.8
项目总额	11 938.3	14 454.0	15 020.4
家庭支援服务			
目标 1：预防 5 岁以下儿童家庭虐待及疏忽儿童照顾。			
绩效评估	1999 年	2000 年	2001 年
儿童接受服务的数量	2 530	2 530	2 530
无虐待或疏忽儿童的项目家庭有效报告（%）		96	96
目标 2：促进五岁以下儿童的健康和发展。			
绩效评估	1999 年	2000 年	2001 年
项目受发育保护儿童确认适时延误百分比（%）	80	84	88
预算（000）	1995 年	1996 年	1997 年
一般基金	2 933.4	4 000.0	5 000.0
其他拨款基金	0.0	0.0	0.0
其他非拨款	0.0	0.0	0.0
联邦基金	0.0	0.0	0.0
项目总额	2 933.4	4 000.0	5 000.0

　　资料来源：State of Arizona，*Master List of State Government Programs 2000—2001* (Phoenix：Author，1997)，176—177，186。

　　人们很可能会问：为什么亚利桑那州会采用结果预算体制？有双重答案：一是由于州的意愿；一是所谓结果预算自然演进的结果。《亚利桑那州预算改革立法案》对强调项目结果的绩效评估表达了明确的偏好。就意愿而言，亚利桑那州无疑希望推行结果预算。但并不是该州项目结构中的所有部分都采用有效用的结果绩效评估。例如，在表 13.1 中，至少可确定有一个绩效评估（在目标 2 下获得服务的孩子数目）可能不被大多数人认定为结果。因为该州的许多项目有待发展为有效结果，可供选择的绩效评估（例如投入、过程和产出）包含的缺省是必要的，但随着时间的推移，结果测量的意愿将居支配地位。对亚利桑那州采用结果预算意愿的两项研究（Martin，2000；Franklin，1997）都证实了该州由采用投入、过程和产出测量转向更多采用结果测量的行动。

　　在实验阶段，单个地方政府使用的各种绩效评估显然是结果预算自然演进过程的一部分。亚利桑那州的主张为得克萨斯州和佛罗里达州结果预算实践提供了有益的经验借鉴。随着时间的推移，这两个州也展现出由采用多类型的绩效评估转到主要集中在结果测量的进展。

　　当亚利桑那州采用项目/服务层面的结果预算时，应该注意到许多项目在本质上常常包含一个或多个子项目，而它们很可能被认为是单个项目。几个离散项目或子项目群又进入更大项目集群中，成为结果预算自然演进的一部分并服务于多个目的，这使牵涉到的项目总数减少了。几个相似项目群归入项目集群有助于减少任务破碎和项目重叠。实际上，结果项目集群可能提供更多有用的信息给利益相关者。最后，可投机性地预期部门的管理者，在未来特定项目或项目集群的资源使用中需要更多的判断力。项目或项目集群越大，管理者就越能够行使更大的控制权。

得克萨斯州（精细化阶段）

得克萨斯州的结果预算可最恰当地描述为联系方法在项目/服务

层面和部门/组织层面的运作。得克萨斯州被列入第一批发展到结果预算的州的行列。在 1991 年，得克萨斯州立法预算委员会（LBB）通过 2009 议会法案（第 72 届得克萨斯州立法机关）提出，所有部门、机构和项目开始在一个计划和预算体制内运作，中心是结果而非努力和过程（Texas State Auditor's Office，1995）。像亚利桑那州那样，得克萨斯州将现行预算体制称为"战略计划与预算"的预算体制。得克萨斯州采用项目预算的历史可以追溯到 20 世纪 70 年代中期。决定采用不同名称标志着得克萨斯州将其现行预算体制与项目预算相分离或突破（Texas Governor's Office of Budget & Planning，1995）。

得克萨斯州的结果预算立法机关要求州部门开发以结果为核心的绩效评估体系，建立绩效计划与目标，并将绩效目标与州预算文件及预算过程联系起来。在部门和部门间建立起项目的绩效评估与目标后，议会将进行"关键性的测量"。州长的"预算和计划办公室"和制定筹集资金推荐的"议会预算委员会"，将运用这些关键性的测量以及其他绩效评估的信息来决定预算。

表 13.2 显示了作为得克萨斯州酒精和药物滥用委员会的典型项目，具有相关绩效评估、目标和预算资源等方面的项目构成要素。表 13.2 显示得克萨斯州使用了多个结果测量指标。这个发现反映了得克萨斯州要花更长的时间来改进其结果绩效的评估指标，以及对得克萨斯州审计办公室（1997）在评估被州机构、部门和项目使用的结果测量指标的影响。

两年一度的得克萨斯州酒精和药物滥用委员会结果预算在表13.2 中显示，尽管产出和效率测量仍被包括在内，但结果绩效评估与其他类型的绩效评估相比，处于显著地位，因为得克萨斯州所做的是两年一度的预算，可同时显示 2002 年和 2003 年财政年度的数据。表 13.2 清晰地向被选官员和市民传达设计"服务分配"部门目标所完成的结果，指出多个较小的项目被包括在"服务分配"目标内。这个发现意味着得克萨斯州结果预算分析层面可能从项目/服务

表 13.2　得克萨斯州防治酒精和药物滥用任务的结果预算
（2002、2003 预算年度）

	2002 年	2003 年
目标：服务供给。根据州内需求，在防止滥用、干预和治疗方面提供优质服务。		
结果（后果/影响）：		
（1）在获得服务期间年轻人报告说他们戒酒的百分比	85	85
（2）参加治疗的成年人报告说在获得服务期间他们戒酒的百分比	81	82
（3）参加治疗的失业成年人报告说在获得服务期间他们被雇佣的百分比	60	60
（4）年轻人报告说在获得服务期间旷课（或旷工）下降的百分比	47	47
产出（分量）：		
（1）预防项目中接受服务的成年人数量	98 468	98 468
（2）预防项目中接受服务的年轻人数量	273 207	273 207
预算：	$ 30 522 353	$ 30 522 353
效率（单位成本）：		
（1）防治服务中每个年轻人的平均成本	$ 91.33	$ 91.33
（2）防治服务中每个成年人的平均成本	$ 56.57	56.57

资料来源：Legislative Budget Board, *General Appropriations Act for the 2002—2003 Biennium：Text of Conference Committee Report：Senate Bill 1*，〈http：//www. lbb. state. tx. us/WEBDOWN〉，November 19, 2001。

层面转移到部门/组织层面。在某种程度上，主要目标或项目结构的少量标志开始较少地反映项目/服务层面和更多地反映部门/组织层面。

佛罗里达州（组织阶段）

佛罗里达州的结果预算是实施在项目/服务层面上的联系方法和实施在部门/组织层面的购买方法的混合物。在 1994 年，佛罗里达州州立法机构通过《佛罗里达州政府绩效和结果法案》（佛罗里达州法律，第 94—249 章）。佛罗里达州立法机构的两个目标是增加绩效责任和减少分项列支财政控制。佛罗里达州参考现行预算体制作为绩效预算 2（PB2）。绩效预算 2 一词重新赋予了佛罗里达州现行预算体制以某种不同之处，而不仅仅是绩效预算重现的观点。佛罗里达州的立法机构要求通过对绩效预算 2 年度阶段执行经过几年发展，实现对 2002 财政年度的完全执行（OPPAGA，1997a）。

　　大多数佛罗里达州的机构、部门和项目，将结果与预算文件和预算过程联系起来。在结果测量精确后，结果底线被确定，州机构、部门和项目被允许，确切地说是被鼓励从购买方法转向结果预算。55 个主要的州项目在 1999 财政年度（OPPAGA，2000）开始时已经转变为"总额"拨款。

　　那些在绩效预算 2 总额拨款下实施的项目发生了引人注目的变化。以赞同对结果绩效负责任为交换条件，机构、部门和项目管理者获得了更多的弹性。增加弹性的形式有：在预算管理中附加的决定权，在薪酬比例和职位管理中附加的决定权，以及保持高达 25％未花费基金平衡的能力（OPPAGA，2001）。

　　表 13.3 显示了 2002 财政年度由佛罗里达州儿童和家庭部门实施的两个项目（儿童滥用预防和干预以及儿童终身保护）的结果预算。在表 13.3 中，最显著的特征也许是明确强调结果。在识别两个项目的 12 个绩效评估中，就有 10 个是结果。表 13.3 中确认的 2002 财政年度的数据，由这两个项目结果的详细清单构成，以实现对立法机关拨款的回报。在每个结果绩效评估的底线确定和数据被评估为可靠后，这两个项目可以通过请求州立法机构的总额拨款，将购买方法转移到结果预算。按照佛罗里达州绩效预算 2 总额拨款的规定，这两个项目的实施将代表结果预算期望结束阶段的一个例子：友好的预算使用者是透明的和与利益相关者沟通的，也是聚焦于政府项目的结果及其伴随成本。

表 13.3　佛罗里达州儿童与家庭部门的结果预算（2002 预算年度）

儿童滥用预防与干涉	
绩效评估：	标准
（1）完成增强儿童虐待预防项目 3 个月或更多的，在项目完成的 12 个月内没被虐待或被忽视的家庭的儿童百分比（结果）	96
（2）按人口平均计算儿童滥用比率（结果）	23/1 000
（3）在家庭服务中的儿童数目（产出）	120 000
（4）在健康家庭服务中的家庭数量（产出）	6 926
预算	
联邦补助金信托基金	28 378 910
烟草安置	1 000.000
总项目预算	29 378 910

儿童终身保护	
绩效评估：	标准
（1）在案例结束一年内没有发现不当对待的儿童的百分比（结果）	95
（2）重新与家庭团聚的儿童的百分比（结果）	3
（3）在获得服务期间没被虐待或忽视的儿童的百分比（结果）	97
（4）在一年内离家出走的儿童的百分比（结果）	40
（5）按照预警体制时间表由监督者审核的案件的百分比（结果）	100
（6）在 24 小时内展开调查的案件的百分比（结果）	100
（7）在 60 天内完成调查的百分比（结果）	100
（8）领养家庭超出他们被许可能力的百分比（结果）	0
预算：	
一般收入基金	162 707 389
信托基金	541 656 145
总项目预算	704 363 534

资料来源：Florida State Senate，*Senate Appropriations Bill 2001*，〈http://www. leg. state. fl. us/Session/index...2001&Chamber〉，November 18, 2001。

结论

这一章关注结果预算的主题。争论的发生源于它主要聚焦于结果、透明度和沟通目的以及外部目标受众。结果预算应被承认为公共预算的一个新分支。本章识别了结果预算的两个基础方法（联系方法和购买方法）和三个分析层面（项目/服务层面、部门/组织层面和社区/州层面）。本章评论的三个项目案例提供的例子：在项目服务层面实施联系方法（亚利桑那州），在项目/服务层面和部门/组织层面实施联系方法（得克萨斯州），以及将实施在项目/服务层面上的联系方法和实施在部门/组织层面的购买方法的基础工作的混合方法（佛罗里达州）。

这三个案例也表明了结果预算的自然演进过程。在实验阶段（亚利桑那州），政府使用几种类型的绩效评估（投入、过程、产出和结果）；在精细化阶段（得克萨斯州），政府增加使用结果绩效评估和减少其他类型测量的使用；在组织阶段，结果绩效评估的使用占主导地位，并以赞同结果来换取增加基金弹性而形成了建立准合同关系的基础。

关于结果预算的几个结论。第一，从预算理论观点看，最重要的也许是结果预算清晰地代表了一种思考公共预算的新方法。现存的预算计划（分项列支、绩效、项目和零基预算）对于捕获结果预算的焦点、目的和目标受众无能为力。

第二，结果预算不是一些抽象的理论框架；它事实上存在，并且至少在三个州健康、真实地存在。为了让结果预算在公共预算理论中找到适当位置，我们必须首先认识到它的存在，并从立法领域来研究并承认它。

第三，结果预算在各种假设的名称下实施。公共预算文献需要从绩效预算中清晰地区分出结果预算。

第四，结果预算在竞争的机构、部门和项目之间实际影响着资源分配决策。而实际影响资源分配决策的任何公共预算方法，无疑是值得进一步探索的。

最后，就结果及伴随成本对给定 X 美元被分配到项目 A 而不是项目 B 信守的承诺而言，结果预算的确真正代表了过程理论的胜利。如果今天 V. O. 科伊还在世的话，他也可能会点头赞同。

参考文献

Arizona Governor's Office. *Master List of State Government Programs 2001—2001*. Phoenix: Author, 2001.

Bryson, Robert. *Strategic Planning for Public and Nonprofit Organizations*. San Francisco: Jossey-Bass, 1995.

Chan, James. "The Implications of GASB Statement No. 34 for Public Budgeting." *Public Budgeting and Finance*, 21 (2001): 79—87.

Franklin, Aimee. "Examining the Efficiency of Strategic Planning and Performance Measurement." Paper presented at the 1997 Annual Research Conference of the Association for Public Policy Analysis and Management, Washington, DC, November 6—8.

Gianakis, Gerasimos A., and McCue, Clifford P. *Local Government Budgeting: A Managerial Approach*. Westport, CT: Quorum Books, 1999.

Governmental Accounting Standards Board. *Concepts Statement No. 2 of the Governmental Accounting Standards Board on Concepts Related to Service Efforts and Accomplishments Reporting*. Norwalk, CT: Author, 1994.

Governmental Accounting Standards Board. *Statement of Governmental Accounting Standards No. 34. Basic Financial Statements—and Management's Discussion and Analysis—for State and Local Governments*. Norwalk, CT: GASB, 1999.

Hatry, Harry, and Whosley, Joseph. *Toward Useful Performance Measurement—Lessons Learned From Initial Pilot Performance Plans Prepared under the Government Performance and Results Act*. Washington, DC: National Academy of Public Administration, 1994.

Hosansky, David. "Tell Me Where The Money Went." *State Legislatures*, 1994: 26—29.

Kettner, Peter M.; Moroney, Robert M.; and Martin, Lawrence L. *Designing and*

Managing Programs： An Effectiveness-Based Approach. Beverly Hills： Sage Publications，1999.

Key，V. O. "The Lack of a Budgetary Theory." *American Political Science Review*，34 (1940)：1137—1144.

Lynch，Thomas D. *Public Budgeting in America*，4th ed. Englewood Cliffs，NJ： Prentice Hall，1995.

Martin，Lawrence L. *Financial Management for Human Service Administrators*. Boston： Allyn & Bacon，2001.

Martin，Lawrence L. "Management Notes： Budgeting for Outcomes in State Human Service Agencies." *Administration in Social Work*，24 (2000)：71—88.

Martin，Lawrence L. "Outcome Budgeting： A New Entrepreneurial Approach to Budgeting." *Public Budgeting*，*Accounting and Financial Management*，（spring 1997)：108—126.

Martin，Lawrence L. ，and Kettner，Peter. *Measuring the Performance of Human Service Programs*. Thousand Oaks，CA： Sage Publications，1996.

McTigue，Maurice. "Testimony Before the Subcommittee on Government Efficiency， Financial Management and Intergovernmental Relations，Committee on Government Reform. U. S House of Representatives，June 19，Washington，DC，Mercatus Center，George Washington University，2001.

Office of Program Policy Analysis and Government Accountability（OPPAGA). *PB2 Status Report*. Tallahassee： Author，2000.

Office of Program Policy Analysis and Government Accountability（OPPAGA). "2001 Legislative Changes Regarding Performance-Based Program Budgeting." <http:// www. oppaga. state. fl. us/monitor/budget/events. html> November 19，2001.

Office of Program Policy Analysis and Government Accountability（OPPAGA). *Performance-Based Program Budgeting in Context： History and Comparison*. Tallahassee： Author，1997a.

Office of Program Policy Analysis and Government Accountability（OPPAGA). *Performance-Based Program Budgeting in Florida： Current Status and Next Steps*， *Report No. 96—77B*. Tallahassee： Author，1997b.

Office of the Texas State Auditor. *An Audit Report on Performance Measures at 26 State Agencies—August 1997*. Austin： Author，1997.

Oregon Progress Board. *Governing for Results： Using Benchmarks to Define and Measure Progress toward Strategic Priorities*. Salem： Author，1996a.

Oregon Progress Board. *Oregon Benchmarks-Data Director*. Salem： Author，1996b.

Oregon Progress Board and the Governor's Oregon Shines Task Force. *Oregon Shines II： Updating Oregon's Strategic Plan*. Salem： Author，1997.

Osborne，David，and Gaebler，Ted. *Reinventing Government*. Reading，MA： Addison-Wesley，1992.

Rossi, Peter. "Program Outcomes: Conceptual and Measurement Issues." In Edward Mullen and Jennifer Magnabosco (eds.), *Outcomes Measurement in Human Services*, Washington, DC: NASW Press, 1997: 20—34.

Rubin, Irene. "Budgeting for Accountability: Municipal Budgeting for the 1990s." *Public Budgeting and Finance*, 16 (1996): 112—132.

Schick, Allen. "The Road to PPB: The Stages of Budget Reform." *Public Administration Review*, 2 (1966): 40—63.

Texas Governor's Office of Budget and Planning. "Strategic Planning and Budgeting in the New Texas: Putting Service Efforts and Accomplishments to Work." *International Journal of Public Administration*, 18 (1995): 409—441.

Texas State Auditor's Office of Planning. *Guide to Performance Measurement for State Agencies, Universities, and Health-Related Institutions*. Austin: Author, 1995.

Tyler, Charlie, and Willand, Jennifer. "Public Budgeting in America: A Twentieth Century Retrospective." *Journal of Public Budgeting, Accounting and Financial Management*, 9 (1997): 189—219.

U. S. Department of Health & Human Services. (USDHHS). *Strategic Plan—U. S. Department of Health and Human Services. Washington*, DC: Author, 1997.

U. S. General Accounting Office. (USGAO). *Managing For Results—Using the Results Act to Address Mission Fragmentation and Program Overlap*. Washington, DC: Author, 1997a.

U. S. General Accounting Office. (USGAO). *The Results Act: Observations on the Department of Health and Human Services' April 1997 Draft Strategic Plan*. Washin,ton, DC: Author, 1997b.

第14章

哲学、公共预算和信息时代

托马斯·D. 林奇　辛西娅·E. 林奇

　　这一章讨论的是，将哲学作为理解公共预算的镜片来使用。定期改革者必须改变规定，去顺应改变社会的基本力量。镜片的隐喻也许是解释这个争论的最好方式。当我们年轻时，我们可能很幸运地不需要眼镜。但是随着我们逐步变老，最终很多人会需要眼镜。随着时代过程的变迁，我们有时甚至需要改变镜片的规定（Lynch and Dicker，1998）。

　　在这一章，我们讨论哲学在决定镜片上的重大影响，透过镜片社会可观察到其自身，还讨论公共预算的镜片如何影响公共政策。本章第一部分解释了人类认识从意识形态到信仰体系最终到哲学的逻辑过程。这些多少有点深奥的表达思想方法集合，深远而实际地影响着我们指挥组织和制定政策。哲学作为公共政策的表达方式，最终影响着我们如何描述和理解公共预算。在第一部分，我们要花些时间讨论民主的意识形态如何影响被称为公共预算的组织过程。随后，我们讨论两种极大地影响过美国公共预算的哲学思潮。

　　本章的第二部分，关注于阐明特定预算形式如何影响公共政策和管理。这部分联系前面讨论的哲学，但主要目的是强调公共预算对政策和管理的重要影响。因此，公共预算的学生需要将之视为一个联结。文化，包括哲学和决策模型影响着公共政策，也同样影响着公共政策和管理的代理机构。这个理论比起通常如何描述公共预算更为复杂，但也更生动地解释了为何发生预算改革运动，以及预算怎样影响决策和管理过程。这个理论是一条因果影响的链条，研究者可用于识别关联和独立变量，甚至在复杂计算机模型上模拟。尽管检验理论超出了本章的范围，但研究者可以检验它。

第三部分重新关注第一部分的因果理论，即关注那些驱使我们改变预算过程的现行因素。我们认为信息技术明显影响和改变着我们的社会。这些改变产生了一种情形，即我们陈旧的方法或简单的镜片不再适应新形势，而与那些驱动力一致的改革产生。这一社会基本范式的转变，创造了培育包括公共预算新方法的组织改革的环境因素。在这部分，我们要识别那些刺激现行预算改革的偶然力量，我们还要清楚地表达这些改革将会产生的适当形式。我们还认为，这些强大力量会持续到21世纪，并且我们会明智地适应和引导它们。

综上所述，我们认为在公共管理中，我们不仅设计和检验理论，还在社会中扮演重要角色。我们主张必须生活在社会中，但我们也可以在社会中扮演前瞻性角色，用适当的方法来塑造它。我们不能停止改革，因为它们无论有无我们都会来临，但我们可通过减少那些改革对人类文明可能产生的消极影响，来塑造那些改革的产品。这部分召唤我们不仅要利用我们理解周围世界的知识，还要在我们能力范围内去有目的地塑造它。

哲学和公共预算

界定公共预算的逻辑范式

意识形态作为影响生活方式的一套共同价值观和设想，与这些思想的实用性一起界定了我们用于选择眼镜和镜片的逻辑范式。在美国，一个重要的意识形态——民主——帮助界定了决策者使用的逻辑范式。其他信仰体系及子系统，如我们对待道德和精神的方式，同样影响我们做大多数基本决策的方式，但它们不是本章简单描述要表达的中心（Lynch，995）。

民主是一个有着多重含义的术语，因为不同社会对它有不同的解释。在美国，起源于英国的民主更多地从反抗英国经济重商主义政策的殖民行动背景下逐渐形成。结果是，这种民主强调有限代表政府和高度尊重政治少数派的权利。在共和国开始时，殖民地的农业导向文化，考虑某些如新闻出版自由的权利，于是，他们以此为基础将其写入宪法中。创立人将这些视为阻止暴政和允许政府和平演变的手段。在过去两百多年里，社会的集体价值观变化了，一些核心概念的定义也发生了改变。例如，民主的一个方面是投票权。选民这个词的含义，从所有成年男性白人土地所有者逐步演变到18岁以上无论性别、种族背景、财产所有权的所有公民（Lynch，1995）。

詹姆斯·麦迪逊的《联邦党人文集》（*Federalist Paper*）1780年第10篇，解释了由国家创立人建立的美国政府民主体系。无论个人和群体是为利他或利己动机将其政治愿望付诸实践，他们很快认识到，群体行动和在政治过程中指挥其党派的政治努力能最大化其对政府的影响。党派之间相互影响并调整政策，是基于游说集团的相关力量以及通过改变意识形态来改变影响力的诉求。任何既定时期的政策的成功都可能由于经济利益，但甚至那些利益都常常依赖于共同的、有效性被质疑的信仰体系的力量（Lynch，1995）。

在美国，民主的意义依赖于党派讨价还价、少数派和基本人权、权利扩散和党派集体行动随时间流逝的影响等观念。公共预算是维系思想与行动的纽带，因此能够反映作为其中一部分的意识形态文化。例如在美国，一个政治权力分散的体系，使预算决策常常要经历艰难的党派讨价还价过程。党派作出决策，然后尝试通过游说过程去影响对方。一个例证是，公共代理机构顾客群体（即那些直接受代理机构活动影响者）确实能游说立法机构和执行者。因此，执行者、立法机构和顾客群体影响的复杂混合，基本决定了一个代理机构的行动。实现对代理机构影响的最重要手段，就是通常被称为预算的政策文件。一个观念在有足够资源保证之前，仅仅是一个好意愿。编制预算者在头脑中有计划和计划成就。然而，他们对那些计划的确切性质及其目标和目的，也许仅有一个模糊的概念。尽管这些计划概念是模糊的，但他们相信那些计划成就足以为一系列活动去要求和筹措资金，他们相信这些活动会取得预期效果（Lynch，1995）。

在美国，人们很容易看到预算过程的很多民主理念的影响，例子包括公共听证、信息自由和"阳光"法律和规制。它们是对更早期的政治少数派和基本人权要求的反映。这些要求打开了关于预算细节的对话，并且涉及各种政策制定者、媒体和感兴趣的公众。美国政府体系被政治科学家称为与议会民主对照的总统体系，它要求行政和立法领导在一定程度上的合作，以完成诸如基本文件所规定的必要的政策授权。被称为民主的信仰体系，极大地影响美国人及其他人制定其公共预算决策的方式，但一些更微妙的影响因哲学影响的滞后而不易识别。

公共预算是政府决策过程。源自政治哲学理论的几个概念模型解释了我们应该如何做公共政策决策，这并非出人意外。预算过程的改革者很看重这些理论或概念模型。因此，我们必须认识这些理论和模型，以理解当代预算及预算改革的复杂性。概念模型是让使用者能够理解和处理复杂现象的工具。我们依据使用者的目的判断一个工具是"好"或是"坏"。例如，锤子对建造棚屋可能是绝佳的工具，但对砍木材就是一件糟糕的工具。

专业人员依据模型帮助其完成任务的有用性和时效性来评价概念工具和理论。改革者根据它们对政策环境的适用性来评价决策模型。如果模型和他们的环境不和谐，那么模型就是"坏的"，即意味着这个模型不适合特定使用者的情形或目的，但同样模型对其他人在其所处时期和环境下却可能非常适合。因此，在美国某时期可能是好的预算实践，在其他国家或在美国其他时期却可能是坏的预算。在分析政策问题时，一个建议的时效性也是重要因素。政策制定者和管理者常常发现他们处在必须做决策的情形中，因为哪怕是所谓的不决策，在预算中也是资源的一种权威分配。当数据或分析不可用时，决策者就必须用世俗认知、个人偏好判断或当代政治意识形态做决策。因此，从决策者选择何种模型作为其决策方法看，"可做的"甚或依据政策分析执行者的实际是非常重要的（Lynch，1995）。

　　　　模型：工具和镜片

　　回到本章导言形容的"镜片"隐喻，爱德华·利汉（Edward Lehan）指出预算形式和过程不是中立的因素："人们倾向于依据摆在面前的去思考。这种人类行为公理在预算过程中扮演着重要角色"（Lehan，1981：3）。因此，预算及其相关过程是帮助我们做公共决策时看清楚的眼镜。由于预算决策是社会价值和信仰的最好表达，当做出最终政策决定时，决策者执行的预算实践和改革变得非常重要。主导文化的意识形态引导着一种逻辑范式，在其中，决策者必须完成其任务，以此方式帮助界定什么是"好的"和"坏的"。

　　佩蒂约翰和格瑞泽尔在其发表于《公共预算与财政管理》杂志（*Journal of Pubic Budgeting and Financial Management*）的一篇文章中，引用了 R. F. 芬诺爵士的一段话：

　　预算形式决定着对话将包含的内容。决定行政—立法拨款对话内容的人，将具有巨大的智力优势。他确定基准框架，决定备选方案，设定讨论议程，降低其不确定性以及增加其胜算。（Fennoe，1997：27）

　　由于他们直接影响决策过程的结果，因此，预算结构或形式会在预算决策中有所不同。预算形式定义了读者的真实世界，并引导他们的注意力和思维过程。换句话说，预算形式创造了镜片，我们可以通过它理解自己的真实世界。例如，分项列支预算往往转移决策者对政策议题的注意力，迫使他们去考虑特定支出项目。因此，多数人考虑各种支出项目规模的正确性，而不是与那些项目相关的计划和政策的正确性。分项列支预算对运行控制是很有用的，特别是当某人想在部门中牢牢控制雇员的时候。

分项列支形式强调按照支出的货币单位承担会计责任，但不是政策制定者想去达成的更大目的。通过保证钱仅花费在可接受的支出上，政策制定者完成了一种会计责任，但这种方法不能保证经理人的能力引导并最终完成项目目标。审计和分项列支预算的结合，引导政策制定者将焦点转向支出。这种结合创造了一种对抗腐败的会计责任类型，有助于阻止公共雇员背离严格的规程，加强对雇员行为的更严格控制（Lynch，1995）。

然而，分项列支预算的现实是，这种形式的会计责任模糊了政策制定者开展政府活动的目的。为此，在进步／自由的时代，挫折伴随着预算过程。改革者因而创建了项目预算。预算官员不是通过支出的分项列支形式，而是通过影响更大的政策目的的活动，用项目预算把开支分组。例如，人们的预算将通过如法规实施和住房检查活动来代替工资预算。这种方法允许决策者将其政策辩论的焦点集中在政策差异、备选项目的选择以及项目支出水平上。项目预算于是成为策略计划和决策的有用工具，因为随着分析以往政策解决过程的程序，人类思维被集中在政策议题上。

伯克和渐进主义

尽管存在很多决策模型，但本章仅引用渐进变化模型和理想理性模型。它们是预算中最常用的两个模型。我们应该将渐进模型与对美利坚合众国建立有重大影响的民主理论联系起来。由于 19 世纪保守思潮的牢固根基，以及 18 世纪英国埃德蒙·伯克（Edmund Burke）的哲学，渐进模型接受了关于主要公共政策应以缓慢渐进的步骤变化的观点。它断言，没有哪个或哪些决策者能理解主要政策变化的全部含义。根据渐进模型，政治力量应该互相调整其立场，随着时间流逝改变公共政策。这种天性保守的方法，意味着政策体系的偏向是反对激进、创新的改变。

埃德蒙·伯克（1729—1797 年），出生在一个朴实的爱尔兰律师家庭，在文学和法律方面受到良好教育。在开始政治生涯前，他做过相当一段时间的作家和编辑，持续了近 30 年。在写作《理性时代》（*Age of Reason*）的巅峰期，E. 伯克哲学思想的一个重要特征，是他一贯排斥用于抽象理解政策的理性（Haque，1998）。伯克认为，使用纯理性去指导人们行动存在巨大风险。他认为，领导者应用理性容易误导其行动。他主张个人热情控制所有政策行动，由此在随后的逻辑显得理性时，允许抽象原则主观决定。

伯克信赖经验而非理性。他相信，"一个聪明人是从经验而非推测得出其全部思想的"（Haque，1998：185）。即使对法律有坚定信念，伯克认为宪法建立合法化的政府活动在理论上是一回事，在事实和经验上又是另一回事。经验可以揭示运行在行动过程中的潜在力量，这些行动最初看来是无价值的，但在更大视野中却是至关重要的。他认为，实践和耐心将允许我们接受起初被我们拒绝和排斥、但对我们最重要的东西（Haque，1998）。

伯克强调从经验获得知识，与他的朋友大卫·休谟认为经验是所有推理的基础不同。按照哈克（Haque）的观点，伯克对现代公共管理的贡献尽管大部分超出本章范围，但总体上来说是巨大的。然而，他对纯理论推理的极不信任，以及他在政策行动中忍耐和实践的哲学，直接影响了如大卫·林德布洛姆和艾伦·维尔达夫斯基这些学者，他们反过来又影响了渐进预算理论（Jones，1995；Haque，1998）。

接下来是这种方法的例子。在国家层面上，一个代理机构开发一个预算，将其提交到主管部门、总统管理和预算办公室以及国会。在预算批准过程中，代理机构扮演提倡者角色；评论者（例如管理和预算办公室）质疑提案的合理性。评论者做决定后，这个过程会随其后审查过程的其他参与者而继续，有时还会质疑早前评论者的决定。这个过程与渐进变化模型一致，在其中政策常常经过多年缓慢的相互调整，因为有人提倡而有人去适应它。

渐进变化模型有助于专家理解公共政策制定的政治环境，但在理解技术分析决策工具上是没有用的，这些工具是在更复杂预算环境中通常使用的。在政治环境中，策略和冲突在参与者（顾客群体、代理机构、部门、中心行政预算办公室和立法机构）中形成。存在可解释的策略，需要的策略如培育活跃的顾客群体、代理机构专业能力认证的发展以及开发临时机会策略的技能。技术政策分析不是渐进方法的中心，除了可能在党派适应过程中增强政治争辩的程度。从渐进变化模型、项目和预算分析的推理，必须能及时捕捉政治机会并能理解那些在党派协商环境中必须使用这些分析的人（Lynch，1995）。

在理性主义者运动的环境下，伯克理论不流行是可以理解的。他的影响有时是不引人注目的，因为他没有追随所处时代的主流思想。他与启蒙运动背道而驰，这一运动将理性视为界定理性主义秩序发展中的政治和政府的关键（Haque，1998）。

边沁和理性主义

杰里米·边沁（Jeremy Bentham，1748—1832）是一个天才儿童，12岁就进入了牛津大学皇后学院。他追随其父的脚步，17岁就进入了法庭。尽管他对法律有极大兴趣，但从未实践它，而是花费了一生中很大精力尝试改革它。在案件中他挑战的是教育、健康、监狱和经济不公正。他倡导的详尽改革包括年度选举、同规模选区和无记名投票（Martin，1998）。

边沁最为我们熟知的贡献，是他的"公共利益"构想，一般称为功利主义。边沁是一个坚定的经验主义者，致力于完备的分析方法。他相信，在社会观察中使用定量方法，会产生更准确的分析，因为它将从负载价值的语言和缺乏感情而模棱两可的术语中解脱出来。按照劳伦斯·马丁（Lawrence Martin）的说法，"边沁想发展一门研究人类行为的科学"（Martin，1998）。

边沁是一个多产作家和娴熟的语言大师。他为流行英语词汇增加了如最小化、最大化、理性、编纂和道德败坏等词（Martin，1998）。更重要的是，他把"物品"这个词的含义从亚里士多德式的优良品质与特性或行为联系的主题词转变为物质所有权这个新意思。"物品"成为一个一般产品词汇，我们可以很容易相加和量化。价值被认为是"物品"而不是"好的"人性品质。

功利主义是伦理学的重要理论。简单说，我们根据其重要性判断任何行动的道德价值。功利原则可简单陈述为，"它是衡量最大多数者的最大幸福"（Martin，1998）。这就允许计算者能够测量行为效用或各种备选行为效用。这意味着我们可依据预期结果评估每个个体的提议行为。公共预算占有者的净效应是为了确定一个适当的政策或计划，为此我们必须首先彻底计算每个备选政策的成本和收益，以及收益必须超过成本，否则行动就会错误。在马丁看来，边沁的功利主义影响，"对公共政策有深远和持续的影响······公共选择理论、理性选择理论、博弈理论和决策科学，通常都有其功利主义根基"（Martin，1998）。

20 世纪

渐进预算

在渐进模型中，主要公共政策通过谨慎渐进步骤逐渐发展；政治力量互相调整其立场，公共政策随时间不断改变。这是一种本质保守的方法，它倾向于决策者反对激进、创新的备选方案。21世纪的渐进预算改革，集中于在财政年度开始前为政府制定收支政策，它来自三种版本：分项列支、项目和执行。表14.1显示分项列支预算形式。

表 14.1　分项列支预算形式

法规实施	去年	今年	预算年	预算年—今年
员工服务	$ 49 000	$ 52 000	$ 60 000	$ 8 000
合同服务	6 000	5 900	6 590	690
供应量	576	1 200	1 606	406
总数	55 576	59 100	68 196	9 096

资料来源：Thomas D. Lynch and Cynthia E. Lynch, "Twenty-First Century Budget Reform: Performance, Enterpreneurial, and Competitive Budgeting", *Public Adiministration Quarterly*, 20 (fall, 1996): 255—284; Thomas D. Lynch and Cynthia E. Lynch, "The Road to Enterpreneurial Budgeting", *Journal of Public Budgeting*, Accounting and Financial Management, 9 (spring, 1997); 161—180。

表14.1为法规实施单位展示了一个简单的表格，描述了三年里的三个对象。分项列支预算形式因"预算年—今年"这一栏而是渐进的。这个特点把读者的注意力吸引到预算年和现行年的差异上。很多读者的思想会集中于证实那些差异。政策制定者会集中注意本年到下一年变化的重要增量。

表14.2和表14.3是渐进性质的项目和绩效预算的例子。项目预算编组了表格，并集中于单位的活动。绩效预算通过增加表14.3记录的产出而建立在项目预算基础上。如果分析者想将注意力集中在效果而非效率上，也可使用项目结果进行测量。作为备选方案的一种，分析者可以同时使用项目产出和结果测量，但他们必须小心以避免混淆这两组数据。注意到这三个表的所有"预算年—今年"栏，都使这些形式是渐进的。这就是每个形式吸引眼球和理解镜片所在之处。

表 14.2 项目预算形式

法规实施	去年	今年	预算年	预算年—今年
计划检查	$ 49 000	$ 52 000	$ 60 000	$ 8 000
调查	6 000	5 900	6 590	690
教育	576	1 200	460	1 606
总数	55 576	59 100	68 196	9 096

资料来源：Thomas D. Lynch and Cynthia E. Lynch, "Twenty-First Century Budget Reform: Performance, Entrepreneurial, and Competitive Budgeting," *Public Administration Quarterly*, 20 (fall 1996): 255—284; Thomas D. Lynch and Cynthia E. Lynch, "The Road to Entrepreneurial Budgeting," *Journal of Public Budgeting*, *Accounting and Financial Management*, 9 (spring 1997): 161—180。

表 14.3 执行预算形式

法规实施	去年		今年		预算年		预算年—今年	
	总额	产量	总额	产量	总额	产量	总额	产量
计划检查	$ 49 000	500	$ 52 000	550	$ 60 000	600	$ 8 000	50
调查	6 000	100	5 900	110	6 590	130	690	20
教育	576	200	1 200	400	1 606	500	406	100
总额	55 576	800	59 100	1 060	68 196	1 230	9 096	170

资料来源：Thomas D. Lynch and Cynthia E. Lynch, "Twenty-First Century Budget Reform: Performance, Enterpreneurial, and Competitive Budgeting", *Public Adimination Quarterly*, 20(fall, 1996): 255—284; Thomas D. Lynch and Cynthia E. Lynch, "The Road to Enterpreneurial Budgeting", *Journal of Public Budgeting*, *Accounting and Financial Management*, 9(spring, 1997): 161—180。

  1974 年美国联邦预算立法机构增加了渐进预算概念的复杂性，"预算年—今年"栏显示了如艾伦·维尔达夫斯基这些学者争论的渐进主义的简单版本，是对纯正的渐进主义的一种扭曲。尽管事实是，今年预算政策仍然和预算年一样，但预算年的总额仍可以增长。这种差异源于许多原因，包括通货膨胀或资本项目在项目周期内每年数量变化的连续性。依据 1974 年的法规，分析者通过使用现行服务预算（CSB）这个预算年—今年的政策（Jones，1995），来适应这个补充改进。表 14.4 是使用现行服务预算概念的分项列支预算。

表 14.4　现行服务预算形式

法规实施	去年	今年	现行服务预算	预算年	现行服务预算—预算年
员工服务	$49 000	$52 000	$53 000	$60 000	$7 000
合同服务	6 000	5 900	6 000	6 590	590
供给	576	1 200	1 400	1 606	206
总额	55 576	59 100	60 400	68 196	7 796

　　渐进变化模型是理解公共政策制定的政治环境的极好工具，但却不能解释与预算分析相关的更多技术性难题。运用这个模型，那些准备预算的人可以更好地理解党派在程序中运用的策略，以及主导预算过程的参与者（顾客群体、代理机构、部门和中央预算办公室）中产生的冲突；可以定义策略的存在，需要的实践诸如代理机构培育活跃委托人、其他审查官员如预算检查者的信心开发，以及下列策略中开发临时机会的技能。从渐进变化模型、项目和预算分析者的推理看出，利用政治机会和使预算文件易于理解，对那些在党派讨价还价环境中必须使用预算分析的人们的价值(Lynch，1995)。

理性预算

　　在 20 世纪里，预算过程改革者通常使用边沁的理性模型来表述其争论。这个现代哲学模型把决策系统地分为六个阶段：第一阶段，建立一整套可操作目标，对每个可能完成的目标给予不同的重视程度。第二阶段，建立与重视程度相符的其他价值和资源的完整清单。第三阶段，准备对政策制定者公开的一整套备选政策的清单。第四阶段，准备每个备选方案的成本和收益的一整套有效预测，包括每个备选方案实现各种可操作目标、耗费资源和实现或减少其他价值的程度。第五阶段，通过每个效用来增加每个备选方案的收益和成本的可能性，从而为每个备选方案计算净期望值。最后阶段，比较净期望值并根据最高净期望值确定可选方案（或更多选择方案）。简单地说，利用理性模型要求决策者明确其目标，分析其备选方案和选择最符合目标的方案（Lynch，1995）。

形式随理性模型而不同。表 14.5 显示了结果绩效预算这个理性分析思想。分项列支形式与理性模型不一致，因为它不允许对各种政策进行理性选择的思考。如果分析者增加结果测量，单个项目预算形式便能一致。在这个表中，表述结果测量依据的是因结构问题导致的财产火灾损失，而且，这个测量是为法规实施而不是为在法规实施中的任何项目制定的。在这个例子里，我们寻找较小的数目。我们可以增加其他结果测量，如因建筑结构导致的事故或因拥有更具吸引力的建筑而拥有的财产价值。结果预算的挑战通常是，只有少量而非许多具有代表性的重要结果测量。一个结果测量的简单增加，产生了表中显示的绩效预算。要注意预算年－今年或预算年－现行服务预算栏是不存在的。考虑到正当的理由，因此，预算形式将读者的注意力集中在预算年这一栏。

表 14.5　项目结果预算形式

法规实施	去年	今年	预算年
	产出额	产出额	产出额
计划检查	$49 000	$52 000	$60 000
调查	6 000	5 900	6 590
教育	576	1 200	1 606
总额（财产火灾损失）	55 576($19.8m)	59 100($17.4m)	68 196($13.4m)

资料来源：Thomas D. Lynch and Cynthia E. Lynch, "Twenty-First Century Budget Reform: Performance, Enterpreneurial, and Competitive Budgeting", *Public Adiministration Quarterly*, 20 (fall, 1996): 255—284; Thomas D. Lynch and Cynthia E. Lynch, "The Road to Enterpreneurial Budgeting", *Journal of Public Budgeting*, *Accounting and Financial Management*, 9 (spring, 1997): 161—180.

理性模型有助于我们理解 20 世纪大多数预算改革的核心和分析的技术难题。预算改革的历史，很多涉及各种字母改革的努力，像计划项目预算（PPB）和零基预算（ZZB）。在所有例子中，都希望改善政策决策的环境，因为改革者假定，关键领导人如总统或城市管理者，可以实施决策的理性模型。他们不同意 19 世纪伯克式渐进主义的保守信念，并且认为理性决策会达成更好的公共政策。这种信念导致社会科学家开发了许多对预算尤为重要的分析技术，如趋势图、分散图、回归分析、成本—收益分析和边际成本分析（Lynch，1995）。

理性预算的各种形式强调理性的不同方法。没有任何一种方法限制计划项目预算形式，但大多数会将它与边沁的收益成本功利主义联系起来。分析者通过说明推荐的数字代表了项目收益与成本的最佳比率，来证实预算年这一栏的数目。分析者经常把项目收益转换成美元总额，与项目成本形成一个比率。一个不太成熟的方法是仅将预算年的美元总额代表成本，预算年的结果代表收益。零基预算是预算使用边际效用经济概念的另一个理性方法。这个方法集中于寻找最佳边际结果，于是，我们可以从我们的税金中获得最高回报。

理想—理性模型带来的问题是：（1）它要求你面对无限；（2）它不使用反馈信息和评估技术；（3）经常不适当地让你假设，你总可以在分析中使用比率标尺。这个模型要求我们的思考依据无止境的计算、定义无止境的备选方案和执行无止境的分析。因此，那些用这个模型工作的人，经常主张使用参数，如在给定时间框架中采用最好的解决办法。另一个问题是，模型没有认识到反馈和评估的作用。因此，理性模型的一个有用变量是用评估过程来取代它。

尽管可能不一定能分析解决问题，但是政策制定者会发现分析技术在很多情形中是有用的，有时甚至一个不充分的分析也比不做任何分析好。然而，尽管尝试改进理性分析，但它的有用性仍存在障碍。例如，组织中技术分析的熟练程度通常较低，合格的分析家要么无法到职，要么受雇分析家不能使用分析技术或者更糟的是使用那些不正确的技术，由此降低了公共政策制定的质量。

在今天快节奏的技术世界，没有任何决策模型是适用于所有情形的。渐进变化模型的作用是大的，因为它有助于专家理解预算制定过程的人性和政治方面。当一个技术分析可以指导决策者做更好的决策时，渐进模型虽然重要，但通常不能给政策制定者提供帮助。理性模型为专家提供了一系列卓越工具，在很多情况下可以帮助政策制定者。然而，它也可能导致错误和幼稚的期望，因为模型忽视了政治背景，甚至要求的分析是不可能的。这个模型鼓励一些个人在预算过程中忽视时效，追求不必要的昂贵数据、无止境地搜寻备选方案，以及要求将实现不了的目标清晰化。理性模型是有用的，专家应该学习与之相关的分析技术。然而，分析者也必须对其局限性有充分的认识（Lynch，1995）。

21 世纪

技术的影响

不论时代如何，当社会上关键领导人不满意现行预算过程的结果时，预算改革就会发生。一般而言，当社会处于快速变化，当前实践既不令人满意又不能迅速适应时，改革就会发生。在任何时代与时代之间，当那些关键领导人认为改革是必须的，预算改革就会发生。20 世纪 60 年代，约翰逊总统根据他期望的指挥和控制政府的方法而设定的政策目标，认为当时的预算过程是不能令人满意的。20 世纪 90 年代，克林顿总统和戈尔副总统，从削减成本和寻找有效管理政府任务的新方法出发，认为预算过程创新不足。

德国的经济学家马克斯·韦伯认为，政府是在应对社会的复杂变化中成长的。在韦伯的指挥和控制模型下，工业革命中以货币为基础的资本主义经济的快速增长，推动等级制度组织的快速发展（Melchior，1998）。理性和渐进决策方法，都在组织管理的指挥和控制方式中运用得很好，而理性方法尤为适用。功利主义的改革促进了社会各方面的理性。他们假定，个人通过知识能够自我完善。

在一个知识个体的社会，派别将会分散，政策制定者易于确定公共利益（Melchior，1998）。

相反，渐进改革则增进了责任和义务。政策制定中的保守和谨慎维持了神圣的公众信任，在此过程中，保守派迈出易于改正任何错误的小步，被看作是高尚和最小化其风险和责任。

在 20 世纪，官僚是伯克式（译者注：保守主义）和功利主义哲学的奇怪混合。一方面，他们在其公共政策方法中追求科学和理性。因此，他们的方法充满事实和数字，使他们相信在决策中应该摒弃炽热之心驱使下的冲动行为。另一方面，全面调查需要耗费大量时间，维护公众信任的道德责任要投入金钱的全部负担，迫使政策制定者采用渐进的行为方式。

在步入 21 世纪的时候，我们对社会组织的需求再次发生重要的变化。尽管没有哪位哲学家触及企业主义的主题，但我们仍然可以在 J. B. 塞、F. A. 哈耶克、路德维希·冯·米塞斯、亚当·斯密和大卫·李嘉图的著作中看到其根源。更多当代重要学者，包括约瑟夫·熊彼特、以色列·科泽和南希·罗伯茨，从彼得·杜克尔开始，包括戴维·奥斯本、特德·盖布勒、W. 爱德华兹·戴明、汤姆·彼得斯（Tom Peters）和罗伯特·沃特曼（Robert Waterman），把企业主义带入公共管理领域（Melchior，1998）。

未来学家如奈斯比特（Naisbitt，1994）、德鲁克（Drucker，1989a，1989b）和赖克（Reich，1992）告诉我们，信息技术正在改变我们的社会。他们预言，我们中更成功的组织将通过改变自身去利用新技术，在此过程中我们也会改变。汉默和钱皮（Hammer and Champy，1992）与奥斯本和盖布勒（1993）组成的研究团队，附和未来学家的观点，提出需要流程再造和再发明的不仅是私人组织，而且包括政府。

由于信息时代的技术，随着越来越多的组织适应了新技术的便利，包括政府在内的社会发生了根本变化。指挥和控制模型，是 20 世纪开展业务的旧方式，已不能满足我们的需求。当我们迈入信息时代，我们所经历的环境与渐进/自由主义时代创建的指挥和控制模型已截然相反。如表 14.6 所示，技术进步的速度在信息时代比渐进/自由主义时代更快。新职位的主要来源，是从制造业到服务业和知识产业的社会转型。组织结构正经历着从自上而下的等级制度向协调伙伴关系的工作网络和互联网改变。过去经济成功的关键是大众营销，现在则是在全球市场中的专业地位。最后，甚至社会结构也从强大的邻里和家庭单位，转变为与功能失调家庭单位共存的分散社区中的孤立个体。

表 14.6　比较渐进/自由主义时代与信息时代的特征

特征	渐进/自由时代	信息时代
技术进步的速度	缓慢演进	惊人速度
新职业来源	主要是制造业	服务和知识产业
组织结构	自上而下的等级制度	网络、互联网、合伙企业、协作团队
经济成功的关键	大众营销	以专业地位为目标的全球市场
社会结构	强大的协会、团体、邻里和家庭单位	孤立个体、分散社区、功能失调的家庭单位

资料来源：David Osborne and Gaebler, *Reinventing Government* (New York: Plume, 1993), 15。

迅速发展的信息技术与世界范围的竞争结合，使转变可能发生，甚至迫使转变发生。我们显然必须迅速演进以信息为基础的组织，以适应我们工作的组织方式不仅在心仪的结构而且在基本原则上变化的结果。为了成功，这种演进不会随小的变化发生，而必须对包括公共预算在内的所有程序全部重新设计。随着社会越来越复杂，越来越需要一个灵活、自适应和负责任的政府。引用托马斯·杰斐逊位于华盛顿特区的纪念碑上的话："随着新发现的产生，新事实被发现，方式和舆论改变，组织必须进步以跟上时代步伐。"我们现在必须重建我们的体系、控制和公众观念，这些都是 100 年前变革的产物。

预算的企业家精神意味着改变在公共部门使用的管理和政策方

法，让那些公共机构以企业家的方式思考。换句话说，公共组织必须以新的方式使用其资源，增强其效率和效果(Osborne and Gaebler，1993)。这不是说公共部门应该像商业那样运作，因为公共与私人部门之间存在根本差异。而是说，改革者告诉我们，应该聚焦于用更企业家的方式来管理和履行公共服务(Osborne and Gaebler，1993)。

企业家预算（EB）的实践处于早期发展阶段，但其原理是可以描述的。美林·史蒂芬·金（Merrill Stephen King，1995：1）定义它是"一种预算方法，通过政策和主要行政部门确立总支出限额和政策重点，然后提供弹性和类似于私人部门的激励，让项目经理决定其预算具体如何支出最佳，以及决定实现政策重点的方法"。在交换开支增加的权力中，政策制定者支持管理者对结果高度负责。这种程序寻求创建一种组织环境，即"当形势变化时，精益、分散的、创新的、灵活的、适应的和迅速地学习新方法……能够尽可能有效和创造性地做事"(Osborne and Gaebler，1993)。

在传统的指挥和控制预算中，政策制定者等待代理机构的领导和项目经理向他们提出要求。在企业家预算中，则会发生更多的权力转授。支出限额和执行方案，通常以上年度的支出和方案为基准，提供控制决策的出发点。分析者有时用公式表示陈述支出，以把握政策制定者决定所有支出的百分比增长或下降。企业家的预算是很简短的——有时仅有几页，与通常很长的进步时代控制主导的分项列支预算形成强烈对比。这种方法使政策制定者集中于重大政策事务，而不是分项列支的各项条款，后者使政策制定者倾向于用那些项目微观管理的代理机构活动（Cothran，1993）。

代理机构的领导和项目经理有权用最合适的方式来分配和花费资金，以完成政策使命的授权。然而，在这种自由权的交换中，每个项目必须有清晰的使命陈述和使用特定绩效标准可测量的目标，以保证代理机构的领导和项目经理对政策制定者负责。企业家预算最显著的特征是代理机构的能力，在某些情况下，甚至是项目在未用金额与赚得金额上均能保持一定比例。企业家预算的成功，是建立在其前身——绩效预算之上的。后者要求使命陈述、可测量目标和对象，效率和效果两种绩效标准，以及包括使用公众满意调查和焦点群体在内的反馈环路。绩效预算由代理机构领导和项目经理指定职责和实现问责（Cothran，1993）。

企业家预算基本脱离了老资格的指挥和控制预算方法（Hammer and Champy，1992）。企业家预算作为思想形式更大转变的一部分，将注意力集中在把代理机构领导或项目指挥者的官僚行为转变为考虑收入产生和效率主导的管理。信息时代，要求管理者聚焦于项目的绩效底线，而不只是财政年度结束前花掉拨款金额。企业家预算聚焦于让他们去询问，如何将竞争融入到我们称为政府服务而本质是垄断的活动中？

改革者告诉我们，政策制定者可以在政府中成功地使用市场机制和竞争。在进步时代，预算利用垄断公共代理机构去管理公共职能。企业家政府采用竞争的方法，放弃任何可能造成垄断的方法。毫无例外，政策制定者可以提供任何服务或政府职能，去经历一个真实的竞争过程或安排。例如，亚利桑那州凤凰城，提供了一个常被引用的此类竞争过程的例子（Osborne and Gaebler，1993）。城市决定将其固体废弃物的收集私有化。他们把较大的凤凰城分成五个区域。在一个五年期里，他们公开地向每个区域提供多年合同。通过保证有至少三个签约人提供服务，凤凰城保障了一个真正的竞争过程。结果是以更低的成本为公众提供了更好的服务。

结论

正如彼得·德鲁克（1985：17）所说："如今时代为企业家精神和创新所做的，大体上是 30 年前我们首先为企业管理所做过的：开发基本原则、实践和训练。"如果未来学家是正确的，那么我们的确是进入了一个新时代，我们必须认识到，包括预算在内的政府正经历根本变化。如果 100 年前向我们显示了任何东西，我们能够期待在 21 世纪将会迎来预算改革的浪潮，却是在信息时代背景下才提出了预算的三个用途。我们的专业挑战，是去认识发生在我们身上的根本变化，我们必须运用我们的能力，推动政府活动的发展持续改进。

尽管这些改革是不可避免的，我们也必须意识到改革的一些负面影响（O'Toole，1997；Cope，1997）。它们将产生一些社会问题。在公共管理中，我们处于用周密行动去缓和这些问题的位置上。正如本章预算理论表述的含义，预算既是自变量也是因变量。我们必须接受这种活动的依赖性，但这不意味着我们没有影响和仅仅是强大力量的牺牲品。尽管我们不能停止改革，但我们可用学术成就分享预算手段及其相关过程。因此，当公共预算影响我们的政策和管理时，这一点很紧要（Wolf，1997）。

因此，在这里我们认为，我们在公共管理中的角色，首先是去理解形成公共预算的起因，以及公共预算怎样影响社会政策和管理。其次，通过利用我们从学术成就获得的洞察力，我们必须主动积极地调整我们能够施加影响的因素。于是，我们可以成为塑造社会强大影响力的代理机构的关键部分。

我们需要创新，但这是伴随哲学判断和技术引起社会变迁的创新。依据德鲁克（1985：19）所说："创新是企业家的特殊工具，他们利用这种工具将变化作为机会来开发……它能够被表述为一种方法，能够学习也能够实践。"我们的挑战是，如何站在巨人的肩上，面向未来更新自我。我们必须创新，接纳变化为我们的朋友。理论是实践的基础，当信息时代促使我们直面社会变迁的环境时，我们需要去提升理论。我们的挑战是，认识我们所处的时代，我们必须接受变化、回应变化和开发其中的机会，而不是徒劳地阻挡其必然性。我们需要改善公共组织，使之永远成为积极影响人类和我们身处其中的大环境的代理者。我们也应该发展我们如何才能做到最好的理论和模型。我们希望本书就是这样一个理论。

参考文献

Cope, Glen. "Bureaucratic Reform and Issues of Political Responsiveness." *Journal of Public Administration Research and Theory*, 7 (1997): 461—471.

Cothran, Dan A. "Entrepreneurial Budgeting: An Emerging Form." *Public Administration Review*, 53 (September/October, 1993): 445—454.

Cruise, Peter. "Values, Program Evaluation and the New Public Management." *International Journal of Organization Theory and Behavior*. (Forthcoming)

Drucker, Peter F. *Innovation and Entrepreneurship*. New York: Harper and Row, 1985.

Drucker, Peter F. *Managing for the Future, the 1990s and Beyond*. New York: Truman Taley Books/Plume, 1989a.

Drucker, Peter F. *The New Realities*. New York: Harper and Row, 1989b.

Gaebler, T., and Osborne, A. "Entrepreneurial Government Makes Good Sense." *The Public Manager*, 21, 3 (fall 1992): 4—6.

Geri, Laurance R. "Federal User Fees and Entrepreneurial Budgeting." *Journal of Public Budgeting, Accounting and Financial Management*, 9 (spring 1997):127—142.

Gore, Al. "From Red Tape to Results: Creating a Government That Works Better and Costs Less." *A Report of the National Performance Review*. Washington, DC: U.S. Government Printing Office, September 7, 1993.

Government Accounting Standards Board (GASB). *Government Accounting Series Concept Statement Number 2 on Concepts Related to Service Efforts and Accomplishments Reporting*. Norwalk, CT, 1995.

Hammer, Michael, and Champy, James. *Reengttneering the Corporation: A Manifesto for Business Revolution*. New York: HarperBusiness, 1992.

Haque, Akhlaque. "Edmund Burke: The Role of Public Administration in a Constitutional Order." In Thomas D. Lynch and Todd Dicker (eds.), *Handbook of Organization Theory and Management*. New York: Dekker, 1998.

Jones, L. R. "Aaron Wildavsky: A Man and Scholar for All Seasons." *Public Administration Review*, 55 (Jan/Feb 1995): 3—16.

Lehan, Edward A. *Simplified Governmental Budgeting*. New York: Longman, 1981.

Lynch, Thomas D. "Budget System Approach." *Public Administration Quarterly*, 13 (fall 1989), 321—341.

Lynch, Thomas D. *Policy Analysis in Public Policymaking*. Lexington, MA: Lexington Books, 1975.

Lynch, Thomas D. *Public Budgeting in America*, 5th ed. Englewood Cliffs, NJ: Prentice Hall, 1995.

Lynch, Thomas D. , and Dicker, Todd J. "The Lens of Understanding. " In Thomas D. Lynch and Todd Dicker (eds.), *Handbook of Organization Theory and Management*. New York: Dekker, 1998: 1—14.

Lynch, Thomas D. , and Lynch, Cynthia E. "The Road to Entrepreneurial Budgeting. " *Journal of Public Budgeting, Accounting and Financial Management*, 9 (spring 1997): 161—180.

Lynch, Thomas D. , and Lynch, Cynthia E. "Twenty-First Century Budget Reform: Performance, Entrepreneurial, and Competitive Budgeting. " *Public Administration Quarterly*, 20 (fall 1996): 255—284.

Lynch, Thomas D. , and Lynch, Cynthia E. "Twenty-First Century Philosophy and Public Administration. " In Thomas D. Lynch and Todd Dicker (eds.), *Handbook of Organization Theory and Management*. New York: Dekker, 1998.

Lynch, Thomas D. ; Yun, Hwang; and Lynch, Cynthia. "Cycle of History and Budget Reform: The Next Stage Entrepreneurial Budgeting?" Paper presented at the 1996 International Speyer Workshop on Assessing and Evaluating Public Management Reform, Speyer, Germany, 1996.

Martin, Lawrence. "Contracting Out: A Comparative Analysis of Local Government Practices. " In Thomas D. Lynch and Lawrence Martin (eds.), *Comparative Public Budgeting and Financial Management*. New York: Dekker, 1993: 225—239.

Martin, Lawrence. "Jeremy Bentham: Utilitarianism, Public Policy and the Administrative State. " In Thomas D. Lynch and Todd Dicker (ods.), *Handbook of Organization Theory and Management*. New York: Dekker, 1998.

Melchior, Alan C. "Public Entrepreneurism: A New Paradigm for Public Administration?" In Thomas D. Lynch and Todd Dicker (eds.), *Handbook of Organization Theory and Management*. New York: Dekker, 1998.

Naisbitt, John. *Global Paradox*. New York: Avon Books, 1994.

Naisbitt, John. *Megatrends*. New York: Warner Books, 1984.

Osborne, David, and Gaebler, Ted. *Reinventing Government*. New York: Plume, 1993.

O'Toole, Lawrence. "The Implications for Democracy in a Networked Bureaucratic World. " *Journal of Public Administration Research and Theory*, 7 (1997): 443—459.

Pettigjohn, C. D. , and Grizzle, G. A. "Structural Budget Reform: Does It Affect Budget Deliberations?" *Journal of Public Budgeting, Accounting and Financial Management*, 9 (spring 1997): 26—45.

Reich, Robert. *The Work of Nations*. New York: Vintage Books, 1992.

Rost, J. *Leadership for the Twenty-First Century*. New York: Praeger, 1991.

Schick, Allen. "The Road to PPB: The Stages of Budget Reform." *Public Administra-tion Review*, 26 (December 1966): 243—258. Reprinted in Jay M. Shafritz and Albert C. Hyde, *Classics of Public Administration*. Oak Park, IL: Moore Pub-lishing, 1978: 249—267.

Stephen King, Merrill. "The Entrepreneurial Budgeting System of Texas Parks and Wildlife Department." Paper presented at the American Society for Public Admin-istration, San Antonio, Texas, 1995.

Wolf, Patrick. "Why Must We Reinvent the Federal Government? Putting Historical Developmental Claims to the Test." *Journal of Public Administration Research and Theory*, 7 (1997): 353—388.

各章作者简介

朱丽亚·白柯特是俄亥俄州亚克朗大学公共管理和城市研究系的助理教授。她的研究兴趣包括本地政府债务管理、公共财政、政府结构和公共法律。

约翰·弗雷斯特是美国总会计署策略事务部门的资深分析家。他也是《公共管理评论》的编委，2001年担任预算和财政管理协会的会长。最近，他的研究集中于预算理论。他的研究出现在许多杂志和书籍上。

杰拉西莫斯·A.加纳基斯1992年在佛罗里达州立大学获得公共管理方面的博士学位，成为肯特州立大学和佛罗里达中心大学的助理教授，现在在佛罗里达中心大学教预算、财政管理和研究设计。他曾担任佛罗里达州圣彼得堡市的预算管理者，也在市警察局担任管理分析者。他在财政管理和政策组织领域的研究成果发表在《公共管理评论》、《美国公共管理评论》、《国际公共管理杂志》、《刑事司法杂志》和《公共生产和管理评论》等杂志上。

默尔·哈克巴特是肯塔基州立大学的财政和公共管理教授。他之前是肯塔基州的预算局长、肯塔基州立大学公共行政马丁学院院长及商业和经济学院副院长。哈克巴特还是州政府委员会的高级研究员，肯塔基州高等教育委员会委员。他的研究集中于公共财政管理和预算。

W. 巴特利·希尔德雷思是堪萨斯州 Wichita 州立大学城市和公共事务管理 Hugo Wall 学院和 W. Frank Barton 商务学院的著名公共财政教授、大学董事会董事，有超过 150 篇文章，是州与地方预算的国家咨询委员会成员和城市财政局长。

米根·M. 乔丹是阿肯色州立大学政府研究所公共管理助理教授。乔丹博士在奥斯汀学院获经济学学士，在阿肯色州立大学获公共管理硕士，在肯塔基州立大学马丁学院获公共管理博士。

L. R. 琼斯是加利福尼亚州 Monterey 海军研究生学院的公共管理 Wagner 教授。他最近合著的两本书：《公共管理：21 世纪公共机构复兴》和《联邦政府的预算和财政管理》在杂志上广为宣传。

阿曼·卡恩在得克萨斯州立技术大学任政治科学与公共管理助理教授。作为一名经济学家和规划者，他曾获经济学硕士、城市和区域规划科学硕士、公共管理博士。担任得克萨斯州立技术大学公共管理研究生课程主任，最近担任一些专业管理杂志的编委。卡恩博士曾在各种论文集和专业期刊上发表文章。

托马斯·P. 劳斯是佐治亚州立大学公共与国际事务学院的教授和代理院长。他是《管理者、立法者与预算：美国州的多样化》（1991）一书的合编者。他关于州预算的文章在很多学术杂志出现。1998 年他获得预算和财政管理协会颁发的艾伦·B. 维尔达夫斯基终身学术成就奖。曾担任美国公共事务与管理学院协会（NASPAA）主席，现在是国家科学院院士。

兰斯·T. 勒娄普是华盛顿州立大学 Mary Johnson 政治科学的指导者和著名教授，他从 1996 年至 2001 年在此任教，担任系主任和 Thomas S. Foley 研究所所长。2000 年在华盛顿州立大学（WSU）被学士帽协会授予年度教授。在乔治城大学获得学士学位后，又在俄亥俄州立大学获得硕士和博士学位。他近期研究包括总统制—议会制的关系、后赤字时代的预算、中欧的政治和经济过渡以及法国和欧洲的反全球化议题。他的著作包括：《总统和议会：在制定政策中的合作和斗争》、《预算、管理和制定政策：一个比较视角》。他的《预算政治》一书已出版了四版。他曾在重要杂志包括《美国政治科学评论》、《公共管理评论》、《政治制度》、《政治学杂志》和《公共预算和财政》发表过文章。1980—1981 年任英格兰 Exeter 大学研究员，1995 年为 Budapest 大学经济学资深 Fulbright 学者，2001 年为法国西部 Catholic 大学访问教授。他在斯洛文尼亚 Ljubljana 大学也有教职工作。

辛西娅·E. 林奇是 Southern 大学 Nelson Mandela 城市和公共事务及公共政策学院的博士生。她也是 Scott Balsdonde 公司主席，担任组织伦理学和绩效评估领域的顾问工作和专业培训。1993 年在马萨诸塞州立大学获计划和管理学士，1996 年在路易斯安那州立大学获公共管理硕士学位。1998 年她与托马斯·D. 林奇合著《光的话语》（*The Word of Light*）一书。

托马斯·D. 林奇是路易斯安那州立大学 E. J. Ourso 商学院的公共管理教授。他在纽约州立大学洛克菲勒学院获公共管理硕士和博士学位。他在联邦政府工作了 6 年，自 1974 年他已经在 6 所大学做过学者。他在各国和国际杂志发表过很多文章，写了 12 本书，其中《美国公共预算》是该领域超过 15 年的重要教科书。他最近的书是和辛西娅·林奇合编的《光的话语》以及和 Todd Dikker 合编的

《组织理论和管理：一个哲学方法》。1992 年，林奇博士担任美国公共管理协会主席，最近担任 13 个国家和国际杂志的编委，是 3 个专业杂志的创始人。他还是创刊于 1999 年的一本电子杂志《全球虚拟伦理评论》（*Global Virtual Ethics Review*）的编辑。

劳伦斯·L. 马丁是哥伦比亚大学社会服务学院社会服务管理的副教授，讲授公共预算与财政管理及其他专题。在成为学者前，马丁博士从事了 15 年的州和地方政府管理者工作。他的研究兴趣包括：公共预算和财政管理、社会服务管理、私有化、外包、公共—私人竞争、绩效评估以及近期的结果预算。

克利福德·P. 麦克丘是佛罗里达 Atlantic 大学公共管理助理教授，曾在肯特州立大学任助理教授。他讲授的领域包括预算、会计和财政管理领域。1994 年在佛罗里达州国际大学完成他的公共管理博士课程之前，曾在一些地方政府任职预算官员和财政主管。他在财政管理方面的研究在很多杂志上发表，如《美国公共管理评论》、《公共生产和管理评论》、《公共预算和财政》和《公共预算、会计和财政管理杂志》。

杰拉尔德·J. 米勒是新泽西州立大学公共管理副教授，他讲授政府预算和财政，特别是政府债务管理。他发表了 50 篇研究文章，出版了 18 本书，包括《政府财政管理理论》和《债务管理手册》。米勒博士在 Auburn 大学获经济学学士和公共管理硕士，在佐治亚州立大学获政治科学博士。

莫昌焕是 Rutgers 大学公共管理博士。他作为资深研究者，在韩国首尔的韩国运输研究所工作。他是运输政策、运输财政、预算、国际公共财政、全球化、联邦主义、公共生产和研究方法领域的很多文章的作者。他的其他研究兴趣包括文化、公民参与和私有化。他在韩国首尔 Sogang 大学获商务管理学士，在佛罗里达州立大学获公共管理硕士。

詹姆斯·R. 拉姆齐是 Louisville 大学的经济学教授和肯塔基州的预算局长。他曾在西肯塔基大学和北卡罗来纳大学担任财政副主席。他曾担任的职务包括肯塔基州首席经济学家、肯塔基州共识税收预测集团（Consensus Revenue Forecasting Group）成员。他的出版物和研究集中于债务与投资管理以及州预算过程。

弗雷德·汤普森是俄勒冈州 Willamette 大学 Geo. H. Atkinson 管理研究生院 Grace and Elmer Goudy 公共管理教授和政策分析家。他是《公共管理：21 世纪公共机构复兴》（1999）、《重建五角大楼》（1994）、《政策和实践管理》（1982）等书的合编者，也是《国际公共管理杂志》的编辑。

玛西娅·林恩·威克尔是 Rutgers 大学公共管理研究生部主席和教授。她是许多学术文章和 60 本书的作者或合编者，研究领域包括预算、政策分析、立法机构政策、教学法、方法论、组织分析、总统直辖的政府机构、策略规划、模拟和领导才能。她也是美国众议院成员、美国政策科学协会（APSA）的国会研究员，她还为各种政府机构工作，包括美国参议院预算委员会，健康、教育和福利等其他部门。威克尔博士在肯塔基州立大学获政治科学博士。1998 年完成本书的第 12 章后，她于 1999 年 3 月去世。尽管她早在 1998 年 10 月已经病重，仍然参加了同年在华盛顿召开的 ABFM 会议。她在会议上提交了第 12 章，并坚持开完会议。

凯瑟琳·G. 威洛比是佐治亚州立大学 Andrew Young 政策研究

学院城市研究和公共管理系的副教授。她的研究关注州和地方政府预算和决策，发表在许多同行评审的公共管理和公共政策杂志上。最近的研究和应用课题包括：州际免除登记及其对个人隐私影响的发展评估，50 个州绩效预算分析和评估改革，协助地方政府管理者开发应用知识评估工具。她与 Kurt Thurmaier 博士合编了《国家预算政治和政策》一书。

译后记

    翻译是一种再创作过程。《公共部门预算理论》一书的翻译，经历了两年多的艰难历程。无论是国外预算理论还是英文翻译，对译者都是巨大的挑战，但也是一个极好的学习过程。译者从中认识到，预算不是一个简单的算术问题，而是奠定国家繁荣和个人幸福的基础；预算不仅是在法定经济和社会需求之间分配稀缺性公共资源的政治工具，而且是确定提供公共项目和服务方式与途径的行政管理工具；不仅是指导国家经济发展的经济工具，还是确保政府官员对授权项目的收支负责，向公众提供其遵守财政诚信和纪律情况的会计工具。而不同时期的不同预算理论，在运用于不同区域、部门的预算过程时，有其独特的功能及局限性，中国的预算改革可以从中借鉴经验并吸取教训。

    在翻译过程中，中山大学政治与公共事务管理学院的马骏院长和牛美丽博士给予了大力指导和帮助，在百忙之中多次对翻译中存在的问题提出修改意见。他们严谨的治学态度使我受益良多，借此机会对他们表示衷心感谢！在本书部分内容的翻译和校对中，译者得到肖潇、何景灵、潘双黎、何穗晖、杨丽君、夏桂芳、陈雪勤等人的大力协助，在此对他们付出的辛勤劳动表示谢意！

韦曙林于广州

2009 年 7 月 17 日

上海市版权局著作权合同登记章：图字 09—2007—028 号